용포 속의 비밀,
미치도록 가렵도다

용포 속의 비밀, 미치도록 가렵도다

승정원일기에서 찾아낸 조선 왕들의 가려움

지은이 | 방성혜
펴낸이 | 김성실
기획편집 | 이소영 · 박성훈 · 김진주 · 채은아 · 김성은 · 김선미
마케팅 | 곽흥규 · 김남숙
인쇄·제책 | 한영문화사
펴낸곳 | 시대의창
출판등록 | 제10-1756호(1999. 5. 11)

초판 1쇄 발행 | 2015년 12월 10일

주소 | 121-816 서울시 마포구 연희로 19-1 4층
전화 | 편집부 (02) 335-6125, 영업부 (02) 335-6121
팩스 | (02) 325-5607
이메일 | sidaebooks@daum.net

ISBN 978-89-5940-586-2 (03900)

이 도서의 국립중앙도서관 출판시도서목록(CIP)은
서지정보유통지원시스템 홈페이지(http://seoji.nl.go.kr)와
국가자료공동목록시스템(http://www.nl.go.kr/kolisnet)에서 이용하실 수 있습니다.
(CIP제어번호: CIP2015031616)

용포 속의 비밀, 미치도록 가렵도다

승정원일기에서 찾아낸 조선 왕들의 가려움

방성혜 지음

시대의창

일러두기

1. 이 책에 표기된《실록》은《조선왕조실록》을 뜻합니다.

2. 이 책의 연도 표기는《조선왕조실록》기년법에 따라 모두 연호로 표기하였으며,
   서기를 병기하였습니다.

3. 이 책의 따옴표 안 내용은《조선왕조실록》과《승정원일기》에 의거하였습니다.

감사의 글

먼저 소중한 기록 유산이라는 선물을 우리에게 남겨준 선조에게 감사의 말씀을 전하고 싶습니다. 역사란 그것이 빛나는 것이건 어두운 것이건 간에 후손들에게 사실 그대로 남겨지는 것이 중요합니다. 조선 시대 국정에 관한 일기를 매일같이 기록하는 일에 참여했던 이름 모를 수많은 선조에게 고맙다는 말씀을 꼭 전하고 싶습니다.

이 책을 완성하기까지 도움을 주신 여러 분에게도 감사의 말씀을 전하고 싶습니다. 의사학醫史學의 길로 인도해주신 경희대학교 한의과대학 김남일 학장님에게 감사드립니다. 한국 의학사를 폭넓게 깨우쳐주신 한국전통의학사연구소 소장 김홍균 교수님에게 저의 마음을 전합니다. 한의학의 문헌을 연구하는 방법을 알려주신 한국한의학연구원 안상우 교수님에게 고마움을 표합니다. 왕실 의학의 길로 인도해주신 경희대학교 차웅석 교수님에게서 큰 도움을 받았습니다.

또한 한의학을 조금 더 넓게 이해하는 데 도움을 주신 경희대학교 김태우 교수님에게도 감사드립니다. 의사학이란 학문에 이렇게 진귀한 보석이 숨어 있는 줄 미처 몰랐으나 교수님들의 지도와 도움으로 조금씩 눈을 뜰 수 있었습니다. 또한 의사학이라는 넓고도 보배로운 바다를 지금도 함께 헤엄치고 있는 경희대학교 의사학 교실의 여러 졸업생과 재학생 들에게도 감사의 마음을 전합니다. 보잘것없는 원고지만 바로 책으로 발간해주신 시대의창 출판사의 여러 관계자분에게도 감사드립니다. 마지막으로 언제나 믿어주고 묵묵히 응원해주는 가족들과 사랑하는 남편, 사랑스러운 두 아들에게도 감사합니다.

上曰 痒則難於痛他

임금께서는
"가려운 것이 아픈 것보다 더 참기 어렵도다"라고 하였다.
《승정원일기》영조 25년 9월 14일

민족의 보배, 《승정원일기》

서울대학교 캠퍼스 내에 위치한 규장각 건물의 지하 서고는 삼중 출입문으로 철저히 통제되어 있다. 또한 이 서고 내부는 20℃의 온도와 55퍼센트의 습도로 일 년 내내 일정하게 유지되고 있다. 이렇게 규장각 지하 서고를 철저하고도 세심하게 관리하는 이유는 바로 수백 년을 거쳐 내려온 《조선왕조실록》과 《승정원일기》의 원본이 이곳에 보관되어 있기 때문이다.

《조선왕조실록》은 대중에게 이미 잘 알려졌지만 《승정원일기》는 그 가치에 비해 상대적으로 덜 알려진 것 같다. 《승정원일기》란 임금의 직속 비서실에 해당하는 승정원에서 기록한 일기를 말한다. 《승정원일기》에는 매일같이 각 관서에서 올라오는 보고 내용과 이에 대한 임금의 처분이 기록되어 있다. 몇 날 며칠 대전에 신하 누가 들어 임금과 어떤 국사를 어떻게 의논하고 처리했는지 그 상세한 사무가 기록되었다. 그뿐만 아니다. 그날의 날씨와 궁중의 중요한 행사와 임금을 포함한 왕실 인물의 건강도 기록되었다. 따라서 《승정원일기》는 조선 시대의 정치, 경제, 사회, 문화, 외교, 법제, 과학, 의학에 관한 내용을 총망라한 대기록이라 볼 수 있다.

《조선왕조실록》은 태조부터 순종까지의 기록이 남아 있으나, 안타깝게도 《승정원일기》는 인조 이후의 기록만 남아 있다. 임진왜란과 이괄의 난을 거치면서 광해군 이전의 기록이 불타버렸기 때문이다. 비록 조선 시대 절반의 기록만 남아 있음에도 《승정원일기》는 총 3,243책이라는 방대한 분량을 자랑한다. 《조선왕조실록》에는 5,400만 자가 실려 있는 데 비해 《승정원일기》에는 2억 4,250만 자가 실려 있다고 하니, 글자 수로 비교하자면 《실록》의 거의 다섯 배에 해당하는 분량인 셈이다. 그런데 조선 후기의 내용만 남아 있는 것이니, 동일한 날짜에 대해 《조선왕조실록》보다 《승정원일기》에 거의 열 배는 더 자세한 내용이 남겨져 있다고 볼 수 있지 않을까?

이러한 대기록의 가치를 인정받아 《승정원일기》는 지난 1999년에는 국보 303호로, 2001년에는 유네스코 세계기록유산으로 지정되었다. 현재 전 세계에서 단일 기록으로는 최대의 역사 기록이 바로 이 《승정원일기》라고 하니, 이 정도면 자랑스러워해야 할 우리 민족의 보배가 아니겠는가!

믿기지 않을 정도의 생생한 대화

내가 《승정원일기》를 처음 접한 때는 대학원에서 박사 학위 과정을 밟던 시절이었다. 나의 전공은 의사학醫史學이다. 한의학의 역사를 연구하는 과정에서 나의 손길은 의서를 넘어 왕실 기록에까지 미치게 되었다. 그러면서 자연스럽게 《승정원일기》를 접했다. 처음에는 그저 참고용으로 《승정원일기》의 일부 내용을 뒤적였다. 그런데 《실록》에는 언급조차 되지 않은 사건들이 《승정원일기》에 빼곡하게 적힌 경우를 하나둘씩 발견하기 시작하면서 이 기록물에 대한 호기심이 생겼다.

박사 학위를 취득한 뒤에는 아예 왕실 의학에 관심을 두고 《승정원일기》를 집중적으로 연구하기 시작했다. 그러면서 왕과 왕비의 질병 기록들을 접했다. 그들이 어디가 아팠고 어의들은 어떤 약을 썼으며 그 결과 병이 나았거나 낫지 못한, 혹은 그들이 사망한 기록들을 파헤쳐 가기 시작했다.

왕실 인물들이 태어나고 병들고 죽기까지의 과정은 《승정원일기》 속에 생생한 대화체로 기록되었다. 내의원(조선 시대 궁중의 의약醫藥을 맡아보던 관아)의 도제조(조선 시대 주요 기관의 일을 총괄하던 정1품

관직)와 의관과 임금이 서로 간에 어떤 질문과 대답을 했는지 마치 몇 백 년 전의 그 시간이 녹음기에 저장된 듯 남아 있는 것이다.

그러다 보니 때로는 믿기지 않을 정도의 대화 내용도 있었다. 신하 한 사람이 자신의 의견을 올렸다가 다른 신하에게 면박을 당하거나, 임금이 세자의 행동거지에 대해 불만을 토로하거나, 궁중의 어의와 민간의 의원이 임금의 치료법을 놓고 격렬한 논쟁을 벌인 등의 내용이 그대로 대화체로 남아 있는 것이다. 눈으로 보면서도 믿기지 않는 이 자세하고도 생생한 기록을 접하면 접할수록 나는 점점 더 여기에 매료되었다.

만약《승정원일기》가 모두 번역된다면 미처 알려지지 않은 새로운 사실들이 무덤에서 마구 깨어나 날개를 펼치며 날아오를 것이다. 어쩌면 역사책의 내용이 상당히 바뀌어야 할지도 모른다. 여기까지 생각이 미치자《승정원일기》의 가치가 새삼 더 크게 느껴졌다.

내가 서울대학교 영어영문학과에 재학하던 시절, 바로 옆 건물에 규장각이 있었다. 등교하면서 지나가고 캠퍼스를 산책하면서도 지나가고 하교하면서도 이 규장각을 매일 지나갔다. 지금 생각하니 규장각의 서고에 보관된 그 귀한《승정원일기》의 원본을 매일 지나친 것이다. 그때는 규장각은 물론《승정원일기》라는 것에도 전혀 관심이 없었다. 하지만 전생에 옷깃을 수만 번 스쳐야 이번 생에 특별한 인연으로 맺어진다는 말처럼, 그 시절 규장각을 수천 번 지나쳤기에 지금《승정원일기》와 남다른 인연이 맺어진 게 아닌가 싶다.

가려움이란 키워드로 역사를 복원하다

나의 박사 학위 논문 주제는 한국 의서에 수록된 피부 질환의 치료법이다. 과거 우리 선조들은 어떤 피부병을 앓았으며 이를 어떻게 치료했는지를 연구했다. 치료법뿐 아니라 과거 왕실 인물이 어떤 피부병을 앓았는지 그 기록을 찾고자 했던 갈증은 《승정원일기》라는 미지의 우물로 나를 이끌었다. 그 깊은 우물 속의 물을 퍼 올리면 퍼 올릴수록 왕실 인물의 피부병에 대한 이야기가 계속해서 솟아 올라왔다.

왕실 인물들은 여러 피부병을 앓았는데 그 과정에서 가려움이라는 증상이 나타났다. 영조가 가려움으로 몸서리치면서 "가려운 것이 아픈 것보다 더 견디기 힘들다"라는 말을 했다. 또 "가려울 때에는 마치 미치광이처럼 된다"라고도 했다. 인간에게 참기 힘든 고통을 주는 것이 바로 이 가려움이란 증상인 것이다.

호기심에 '가려움(癢, 痒)'이란 검색어로 《승정원일기》 사이트를 검색해보았다. 그러자 2,000여 건의 기록이 있음을 발견했다. 이 기록들을 하나씩 열람해보니 단편적인 기록 한 줄만으로는 왜 무슨 병으로 가려움이 생겼는지 알 수가 없었다. 앞뒤 기록을 쭉 훑어보아야 왕 혹은 왕비가 어떤 병에 걸려 가려움으로 고생했는지 알 수 있었다. 그러다 보니 정확히 세어보지는 않았지만 수만 건의 기록을 살펴본 것 같다. 그러자 왕실 인물들의 생로병사와 희로애락이 꿰어지는 것이 아닌가.

혹시 처녀 귀신에 대한 전설을 들어본 적이 있는가? 어느 고을에서 억울하게 죽은 처녀가 귀신이 되어 새로 부임하는 사또를 계속 찾아와 자신의 한을 풀어달라고 했다는 전설 말이다. 가려움이라는 고통을 극심하게 앓았던 왕실의 여러 인물의 기록을 살펴보고 나니, 나는 마치 전설 속 사또가 된 것 같은 기분이 들었다. 가려움으로 온몸을 처절하게 긁었던 저 궁궐 속의 인물들이 자꾸 나를 찾아오는 것만 같았다. 자신들의 이야기를 세상에 알려달라고 부르짖는 것 같았다. 결국 나는 그들의 부르짖음을 외면하지 못하고 책을 쓰기로 결심했다. 아직까지도 규장각 지하 서고라는 '무덤' 속에 갇혀 있는 기록들의 날개를 활짝 펼쳐주기로 한 것이다.

책을 쓰는 과정에서 나는 한 가지 원칙을 세웠다. 내가 한문으로 직접 봐도 믿기지 않는 이 기록들을 한글로 풀어 적으면 독자들이 마치 소설이 아닐까 하는 의구심을 품을 것 같았다. 나는 결코 소설을 쓰는 것이 아니다. 《승정원일기》에 기록된 사건들을 하나씩 가져와 그대로 전달하는 것이다. 그럼에도 일부 내용을 독자들이 의심할 수 있을 것 같아 미리 밝혀둔다. 이 책 본문에 적힌 따옴표 안의 모든 대화나 인용문은 《승정원일기》와 《실록》에서 가져오는 것을 원칙으로 했다. 대화이건 상소이건 왕명이건 간에 따옴표 안에 있는 글은 결코 내가 지어낸 것이 아니다. 역사 기록을 거의 그대로 인용한 것이다. 만약 따옴표 안에 적힌 글 가운데 선뜻 믿기지 않는 내용이 있더라도 그 진실성에 대해서는 의심하지 않기를 바란다.

과거, 현재 그리고 미래

나는 박사 학위를 취득한 뒤 모교 대학원에서 강의를 시작하게 되었다. 강의를 하던 중 대학원생들에게 이런 말을 한 적이 있다.

"여러분은 의사학 교실에 왜 들어왔나요? 의사학을 공부하러? 그럼 의사학이 뭐라고 생각하세요? 의학의 역사? 저는요, 의사학이 별거 아닌 거 같아요. 그냥 과거, 현재 그리고 미래 아닐까요? '과거의 역사를 공부해서 현재에 필요한 지혜를 끄집어내고 이를 통해 미래를 더 좋은 모습으로 발전시키는 것', 이게 의사학 아닐까요?"

이렇게 의사학에 관한 나의 개똥철학을 대학원생들에게 피력하곤 했다. 그런데 왕실 인물들의 피부병 치료 기록 속에, 내가 대학원생들에게 말했던 '과거, 현재 그리고 미래'가 그대로 보이는 것이 아닌가?

밤이 되어 《승정원일기》를 살펴볼 때에는 나는 의사학 전공자였다. 하지만 낮이 되어 환자들을 진료할 때에는 현직 한의사였다. 밤에는 의사학 전공자로서 한문 기록 속에 숨어 있는 왕과 왕비를 만났다. 낮에는 현직 한의사로서 지금 21세기를 살아가는 환자들을 만났다. 그런데 그들이 다르지 않았다. 분명 밤에 만났던 왕실의 가려움 이야기를 낮이 되어도 똑같이 마주하게 되는 것이 아닌가.

어느 환자의 가려움증을 만나게 되면 '아니 이건 어느 임금과 상당히 비슷한데?' 싶었다. 또 어느 환자를 만나게 되면 '이건 이 왕비와 거의 똑같네?' 싶기도 했다. 과거 왕실 인물들의 가려움과 지금 내가 만난 환자들의 가려움이 겹쳐 보였다. 아무리 신분이 높은 왕이나 왕비라 할지라도 결국에는 생로병사와 희로애락을 피할 길 없는 우리와 똑같은 사람이었다.

과거가 곧 현재임을 알게 되니 미래에도 눈길이 갔다. 과거 가려움증을 치료했던 그 역사 속에는 잘한 것도 있고 잘못한 것도 있다. 당시 의관들도 인간이었기에 치료하는 과정에서 실수도 분명 있었다. 과거 역사 속에서 지혜를 끄집어내어 이를 현재에 반영한다면 더 건강한 미래를 만들어볼 수 있겠다는 생각이 들었다. 그래서 과거 이야기를 하는 것에 그치지 않고 현재에 관한 이야기도 함께 이 책 곳곳에 펼쳐보았다. 과거를 거울삼아 현재가 바뀐다면 미래 또한 밝아지지 않겠는가.

이것이 내가 《승정원일기》에서 찾아낸 '과거, 현재 그리고 미래'이다. 과거의 역사를 공부해서 현재에 필요한 지혜를 끄집어내고 이를 통해 미래를 더 좋은 모습으로 발전시키는 것, 이것이 의사학 전공자이자 현직 한의사인 내가 이 책에서 펼쳐 보이고 싶은 이야기이다.

책의 구성과 임금님의 환영 인사

《승정원일기》는 인조 1년(서기 1623년)부터 순종 3년(1910년)까지 288년간의 기록을 담고 있다. 이 가운데 인조 1년부터 고종 40년(1903년)까지의 내용을 국사편찬위원회가 전산화하여 온라인 사이트에서 열람할 수 있다. 따라서 이 책에서는 인조에서 고종까지의 이야기를 담았다. 임금 외에도 왕비나 세자 등 가려움증을 앓았던 왕실 인물의 이야기도 빠트리지 않고 실었다. 다만 헌종과 철종은 가려움증을 앓은 기록이 없어서 싣지 못했다. 그래서 9명의 왕, 2명의 왕비, 2명의 세자, 2명의 세자빈 그리고 1명의 세손까지 총 16명의 왕실 인물들에 대한 이야기를 실었다.

이제 시곗바늘을 뒤로 돌려보자. 시간의 강을 거슬러 올라가 왕과 왕비와 세자가 살았던 조선의 궁궐로 함께 가보자. 이곳에서 그들의 생로병사와 희로애락, 그들의 인생과 질병, 가려움증을 함께 엿보자. 그들이 겪었던 실수와 성공 이야기도 함께 찾아보자.

투명 망토를 입고서 임금이 신하들과 함께 대전에서 정사를 돌보는 모습을 몰래 보고 있다고 상상해보자. 너무 짜릿하지 않은가? 어쩌면 우리를 알아본 눈썰미 좋은 임금님이 이렇게 인사할지도 모르겠다.

"조선의 궁궐에 당도한 것을 환영하오. 하루 종일 정사를 돌봐야 하기에 손님을 따로 대접할 시간은 없을 것 같소. 마음껏 궁궐을 구경한 뒤 돌아가 이곳에서 보고 들은 이야기를 소상히 알려주기를 바라오."

21세기 어느 날
방성혜, 다시 책을 쓰다

차례

감사의 글 · 5
프롤로그 · 7

1장. 인조, 몸에서 초록색 땀이 나다

세 번 절하고 아홉 번 머리를 땅에 찧어라 · 23 | 옆구리가 가렵다 · 24 | 구토와 가려움이 함께 생기다 · 27 | 귀가 울리고 가렵도다 · 29 | 죽기 직전 생긴 두드러기 · 31 인조의 간과 가려움 · 33

2장. 소현세자, 죽기 전의 그 가려움

추웠던 귀국길 · 39 | 고국 땅에 도착했으나 · 41 | 잠시 치료를 중단하겠습니다 · 42 다시 살아난 병마의 불길 · 43 | 가려움이 생기다 · 44 | 옷을 껴입어도 한기가 가시지 않는다 · 45 | 소현세자의 마지막 모습 · 46 | 폐가 병들어 죽은 것인데 · 47 | 독살한 것이 아니라 방관한 것이다 · 49 | 피부의 혈관염은 곧 자반증 · 51

3장. 효종, 자꾸 여기저기가 가렵다

눈이 매우 가렵다 · 55 | 다리가 가려워 초정에 다녀오고 싶다 · 57 | 눈병이 도지고 귀가 가렵다 · 59 | 두드러기가 생기다 · 60 | 눈병과 두드러기가 또 생기다 · 61 | 눈, 코, 피부, 폐 · 62 | 효종의 점막과 가려움 · 64

4장. 장렬왕후, 가장 높은 자리에 있었으나 가장 쓸쓸했다

가장 높은 자리의 여인이었지만 가장 쓸쓸했다 · 69 | 1단계, 얼굴이 붓다 · 71 | 2단

계, 얼굴에서 열이 나다 · 72 | 3단계, 얼굴에서 홍조와 가려움이 생기다 · 73 | 재발
하다 · 75 | 입은 침묵하나 몸은 말하고 있다 · 75 | 방풍통성산의 효능 · 77

5장. 현종, 가려움의 진짜 원인은 이것

당신의 아버지는 장남이 아니다 · 81 | 오른쪽 발가락이 붉고 가렵다 · 82 | 왼쪽 발
이 가렵기 시작하더니 · 83 | 혈변을 보다 · 85 | 손과 눈이 가렵다 · 86 | 이번엔 가슴
과 등이 가렵다 · 87 | 왜 여기저기 가려웠을까 · 88 | 돼지기름의 효과 · 90 | 명현을
겪다 · 91 | 왜 그렇게 자꾸 재발할까 · 92

6장. 숙종, 배 속에 딱딱한 것이 있습니다

인생의 후반기에 몰려온 가려움증 · 97 | 새살이 돋을 때 가렵다 · 98 | 진물이 안 나
오니 더 가렵다 · 100 | 아래 부위를 벅벅 긁어야 겨우 시원하다 · 102 | 목구멍에서
항문까지 · 103 | 복수가 차오르고 온몸이 가렵도다 · 105 | 민간 의사와 어의들 간의
피 튀기는 설전 · 106 | 승하할 때의 모습 · 109 | 숙종이 느꼈던 여러 가려움 · 110
말년을 괴롭힌 가려움의 실체는 무엇인가 · 111 | 간과 가려움 · 113 | 항문 점막과
가려움 · 114 | 감기와 가려움 · 115 | 가려움의 치료 기간이 왜 달랐을까 · 117 | 어
의의 조바심 · 118

7장. 경종, 엄마 잃은 소년의 가려움

유모가 대신 약을 마셔라 · 123 | 희빈 장씨는 자진하라 · 125 | 상소는 계속 올라오
고 · 126 | 잠을 이루지 못하다 · 127 | 배와 등이 가렵다 · 129 | 땀띠는 금방 사라졌
으나 · 130 | 왜 가려움이 생겼을까 · 132 | 가려움이 빨리 나았던 이유 · 133

8장. 인원왕후, 법도가 더 중요하다

아직 그것을 경험하지 않은 젊은 왕비 · 137 | 그리도 피했건만 · 138 | 그를 불렀다 · 140 | 순조롭게 진행되더니 · 141 | 대왕대비의 얼굴에 병이 생기다 · 142 | 의관이 직접 진찰하게 해주소서 · 143 | 연고의 힘 · 145 | 두창이 남긴 눈의 가려움 · 147 종기가 나아갈 때 느낀 가려움 · 148 | 우황의 효능 · 149 | 의녀들의 서러움 · 151

9장. 영조, 임금 몸속의 생명체

가장 오래 살았고 가장 많이 가려웠다 · 155 | 눈이 깔깔하고 가렵다 · 156 | 눈이 충혈되고 가렵다 · 159 | 눈병은 더욱 깊어지고 · 161 | 평생을 따라다녔던 지병 · 164 이번에는 맨살에 뜸을 뜨겠습니다 · 166 | 뜸이 주는 열기와 가려움 · 168 | 임금의 복통이 국법을 바꾸다 · 169 | 뜸이 주는 효과와 가려움 · 172 | 가려움의 대유행 · 175 | 신하들의 신험에 찬 상소가 이어지다 · 177 | 백성들이 가장 효험을 보았던 방법 · 180 | 마침내 특효 처방을 찾다 · 182 | 임금이 친히 이름을 하사한 처방 · 184 죽을 때까지 함께했던 처방 · 186 | 목구멍이 가렵다 · 188 | 두피가 가렵다 · 191 마지막 1년을 함께했던 세 가지 약재 · 195 | 뜸과 함께했던 인생 · 198 | 영조 복통의 본질 · 199 | 영조 몸에 기생했던 또 다른 생물 · 201 | 유황의 효능 · 202 | 영조의 눈은 왜 가려웠을까 · 203 | 눈병의 치료 방법 · 204 | 말년에 찾아온 가려움증 · 205

10장. 현빈궁, 남편 대신 시아버지를 의지하다

1년 만에 남편을 잃다 · 209 | 시아버지와 같은 병을 앓다 · 211 | 동병상련의 선물 · 213 | 왜 저를 혼자 두고 가셨나요 · 214 | 남편의 기일을 맞이하다 · 215 | 며느리의

처소 나인을 후궁으로 들이다 · 217 | 궁궐이 그녀에게 처참한 가려움을 안기다 · 217

11장. 사도세자, 대리청정 후 생긴 가려움증

인중이 길고 뚜렷하니 오래 살 것입니다 · 221 | 느릿느릿 걷는 모습을 보니 웃음이
나온다 · 223 | 여름철에 생긴 다리의 가려움 · 226 | 대리청정과 여름철의 습진 ·
227 | 항문이 가렵다 · 229 | 더운 계절에 좁은 곳에서 · 230 | 아버지가 시킨 대리청
정이 가려움을 일으키다 · 231 | 누구의 잘못이 더 큰가 · 232

12장. 혜경궁, 어찌 화병이 안 생기리오

생지옥과도 같았던 세월 · 237 | 가슴에 항상 화증이 있다 · 238 | 발목이 가렵다 ·
239 | 화병과 가려움 · 241

13장. 의소세손, 온몸에 진물이 흐르다

태열이 무척 심한 아기 · 245 | 귀 뒤에 종기가 생기다 · 247 | 태열은 호전과 악화를
반복하고 · 248 | 턱 아래 또 종기가 생기다 · 248 | 밤마다 술을 마신 세손의 유모 ·
250 | 열 때문이 아니다 · 251 | 먼저 하늘나라로 떠나다 · 253 | 왜 가려웠고 왜 죽었
나 · 254 | 소독수로 쓰였던 상회수 · 256 | 유모의 잘못이 그리도 큰 것인가? · 257

14장. 정조, 더위와 인삼이 싫었던 임금

의서를 직접 편찬한 임금 · 261 | 더위를 잘 이기게 해주는 약 · 263 | 더위를 많이 타
고 울화가 쌓인 임금 · 264 | 고모를 용서하기로 하다 · 266 | 내 병은 땀이 나야 나을
수 있다 · 267 | 인삼이 든 탕약을 나에게 먹이지 마라 · 269 | 왜 가려웠을까 · 270

15장. 순조, 성정이 유약하고 겁이 많은 임금

준비되지 않았던 즉위 · 275 | 첫 번째 전염병 · 276 | 두 번째 전염병 · 278 | 세 번째 전염병 · 280 | 음식으로 보해야 합니다 · 281 | 치료에 소극적인 임금 · 284 | 의관들은 애가 타는데 · 286 | 그렇다면 전하께서 직접 넣어보소서! · 287 | 환부가 가렵다고 자꾸 고약을 떼지 마소서 · 288 | 영민한 세자에게 대리청정을 시키다 · 290 | 두드러기가 생기다 · 292 | 순조가 겪었던 여러 종류의 가려움 · 293 | 이런 가려움은 긁지 말아야 합니다 · 294 | 순조와 같은 환자는 되지 말자 · 296

16장. 고종, 녹두장군이 체포될 때

고종의 즉위 · 301 | 고종의 얼굴에서 시작된 가려움 · 302 | 적어도 몸은 편안하지 않았다 · 304

에필로그 · 307
가려움 연보 · 314
한의학 용어 해설 · 322
참고 문헌 · 349

인조, 몸에서 초록색 땀이 나다

〈인조 가계도〉

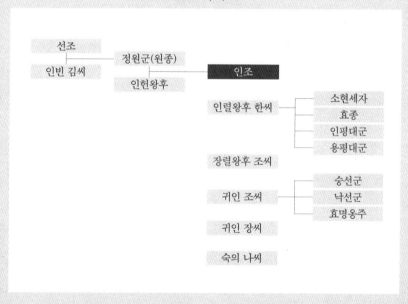

선조
인빈 김씨
정원군(원종)
인헌왕후
인조

인렬왕후 한씨
- 소현세자
- 효종
- 인평대군
- 용평대군

장렬왕후 조씨

귀인 조씨
- 숭선군
- 낙선군
- 효명옹주

귀인 장씨

숙의 나씨

세 번 절하고 아홉 번 머리를 땅에 찧어라

인조 15년(1637년) 1월 30일이었다. 임금은 용포 대신 남색 옷을 입고 백마를 탄 채 남한산성 문을 나섰다. 세자와 여러 신하가 뒤를 따랐다. 백성들은 가슴을 치면서 통곡하고 있었다. 임금 일행은 산을 내려와 삼전도로 향했다.

청 태종은 단 위에서 남쪽을 향해 앉아 있었다. 인조는 단 아래에서 북쪽을 향하여 자리 잡았다. 이제 항복의 예를 행할 때가 되었다.

'삼배구고두례三拜九叩頭禮'.

청 태종이 원하는 항복 의식이었다. '삼배', 세 번 절을 하고 '구고두', 아홉 번 머리를 땅에 찧으라는 뜻이다. 아무리 전쟁에서 졌다고는 하나 한 나라의 임금이 행하기에는 너무 치욕스러운 의식이 아닐 수 없었다.

인조는 인조반정을 일으켰을 때를 떠올렸다. 일개 대군에서 일국의 왕으로 등극했던 때의 감격을 떠올렸다. 이 나라의 가장 귀한 신분인 자신이 오랑캐들에게 이런 치욕을 당해야 하는 상황을 참을 수가 없었다. 하지만 나라를 송두리째 빼앗길 수는 없었기에 굴욕을 참고 항복 의식을 행하지 않을 수 없었다.

항복 의식을 끝낸 뒤 해질 무렵이 되어서야 청나라는 인조를 도성으로 돌아가도록 허락했다. 그러나 세자, 세자빈, 대군과 대군부인은 청나라 측에 남아 있어야 했다. 도성으로 돌아가기 위해서는 한강을 건너야 했다. 한강 나루에는 빈 배 두 척만 남아 있었다. 인조가 배를 타려고 하자 신하들은 다투어 먼저 타려고 인조의 옷을 잡아당겼다. 청나라에 인질로 끌려갈 백성들은 인조를 향해 울부짖었다.

"임금이시여! 임금이시여! 우리를 버리고 가십니까!"

인조가 돌아가는 길을 가득 메워 서서 울며 부르짖는 자가 만 명을 헤아렸다. 인조는 그렇게 한강을 건넜고 가족들을 뒤로 한 채 창경궁으로 쓸쓸히 돌아왔다.

옆구리가 가렵다

병자호란이 끝난 지 2년의 세월이 흘러 인조 17년(1639년)이 되었다. 그날의 기억은 시간이 아무리 지나도 잊히지 않았다. 인조는 자다가도 벌떡 깨기 일쑤였다. 잠에서 깰 때는 항상 그날이 떠올랐다. 어찌 잊을 수 있겠는가. 일국의 군주가 오랑캐들 앞에서 무릎을 꿇어야 했던 그 일을! 항복의 기억으로 몸서리칠 때마다 오랑캐를 향해 끓어오르는 분노와 또 그 분노를 마음껏 폭발시킬 수 없는 자신의 처지에 대한 절망이 교차했다.

전쟁은 겨우 끝이 났다. 망가진 성과 집은 다시 복구되고 있었지만 인조의 몸은 오히려 조금씩 병들어 갔다. 인조 17년 8월이 되었다. 이 무렵 가장 눈에 띄는 증세는 배가 잔뜩 부어오르는 것이었다. 배가 조금씩 부어오르다가 어느 순간 보면 마치 북처럼 되었다. 약을 쓰면 좋아졌지만 시간이 지나면 또다시 부어오르기를 반복했다.

그뿐이 아니었다. 한 번은 옷을 갈아입던 중 기이한 증세를 발견했다. 흰색 저고리를 벗었는데 저고리에 초록색 얼룩이 묻어 있는 것이 아닌가. 분명 입을 때에는 흰색이었다. 그런데 벗을 때에는 옷이 초록색으로 물들어 있었다. 몸에서 초록색 땀이 나와 흰 저고리를 물들인 것이다.

증세가 하도 기이하여 어의와 상의하던 중 인조는 갑자기 몸에 한기가 도는 것을 느꼈다. 창문을 열어둔 것도 아닌데 몸이 부들부들 떨렸다. 그렇게 몇 시간이 지나자 이번에는 반대로 열이 후끈 올라왔다. 조금 전의 한기는 사라지고 이제는 속에서 열이 올랐다.

며칠이 지났다. 임금의 상태를 묻기 위해 대전에 든 어의에게 인조는 자신의 괴로운 증상을 알렸다.

"손바닥과 발바닥이 너무 뜨겁다. 특히 발바닥이 뜨거워 옷과 이불이 닿는 것도 참을 수가 없을 지경이다. 밤에는 손발을 이불 밖으로 내어 놓아야 겨우 침수에 들 수 있다. 이뿐이 아니다. 어제부터는 옆구리가 가렵다. 실은 올여름에도 잠시 가려운 적이 있었는데, 어제부터 또 옆구리가 가려워지기 시작했다. 게다가 소변 색깔이 진하면서 시원하지 않다."

어의는 약을 지어 올리지 않을 수 없었다. 복부가 부어오르는 것은 배 속에서 물이 차기 때문인 것으로 보아 우선 진사오령산을 선택했다. 또 옆구리가 가려운 것은 간의 문제로 보았다. 간은 옆구리에 위치하고 있지 않은가. 얼마 전 흰색 저고리를 얼룩지게 만들었던 초록색 땀과 또 최근 들어 임금의 얼굴에 푸른빛이 돌고 있는 것을 합해 보면 임금은 분명 간에 문제가 있었다. 그래서 간의 열을 꺼주는 청간탕을 선택했다. 어의는 진사오령산과 청간탕 두 가지 처방을 함께 임금에게 올렸다.

다행히도 임금의 가려움증은 금방 가라앉았다. 얼굴의 청색증도 줄어들어 보였다. 소변의 색깔도 밝아졌다. 하지만 복부가 부어오르는 증상은 호전과 악화를 반복했다. 추웠다 더웠다 하는 증상도 마찬가지로 계속 나타났다.

임금에게 이런 기이한 증상들이 반복될 무렵 궁궐은 불미스런 일로 발칵 뒤집혔다. 두 번째 저주 사건이 생긴 것이다. 시어소(임금이 임시로 지내던 궁) 열네 곳, 동궁(세자가 거처하던 곳) 열두 곳, 인경궁 스물여섯 곳, 경덕궁(지금의 경희궁) 네 곳에서 흉측스런 물건들이 발견되었다. 인조는 저주라는 것에 아주 예민했다. 7년 전에도 저주 사

26

건이 있었는데 당시 임금을 폐하고 새로운 임금을 세운다는 백서가 발견되어 인조는 등골이 송연했다. 자신이 광해군을 내쫓은 방식 그대로 자신이 내쫓긴다는 말 아닌가. 의심되는 궁녀들을 잡아다가 국문하고 처형시켰다. 그런데 또 저주 사건이 생긴 것이다. 게다가 궁궐 여기저기서 흉물들이 발견되니 인조로서는 참기 힘든 지경이었다. 다시 의심되는 궁녀들을 잡아들였다. 형문刑問(죄인의 정강이를 때리며 캐묻던 일)과 압슬壓膝(무릎 뼈를 으깨는 형벌)과 낙형烙刑(인두로 살을 지지는 형벌)을 수차례 가했다. 하지만 궁녀들은 모두 자복하지 않고 죽었다. 누가 배후인지 밝히지는 못하고 그렇게 저주 사건이 마무리되었다. 인조는 자신의 몸에 자꾸 기이한 증상들이 생기는 까닭이 누군가가 자신을 저주했기 때문이라는 생각을 떨칠 수가 없었다.

구토와 가려움이 함께 생기다

해를 넘겨 인조 18년(1640년) 1월이 되었다. 대전에서 어의를 부르는 급한 전갈이 왔다. 어의는 대전으로 달려갔다. 인조는 좀 전에 먹었던 점심을 게워내고 있었다. 속이 메스꺼운데도 참고 억지로 수라를 든 것이 결국 탈이 나고 만 것이다.

음식을 토해내고 나니 메스꺼움은 좀 진정되는 듯 보였다. 그런데 메스꺼움이 물러가자 이번에는 가려움이 몰려왔다. 여기저기가 스멀스멀 가려워 인조는 용포 위를 연신 긁을 수밖에 없었다.

구토와 가려움증은 금방 사라지지 않았다. 증상이 계속되자 내의원 의관들이 대전에 들어 임금의 증세를 상세히 알고자 했다.

"구토와 가려움증 모두 과인을 괴롭히고 있다. 그런데 희한한 것은 구토가 심할 때에는 가려움이 덜하고, 가려움이 심할 때에는 구토가 덜하다. 이 무슨 조화인가?"

구토가 심해 음식을 게워내고 나면 가려움이 덜해지고, 가려움이 몰려올 때에는 수라를 들고 나서도 구토 증세가 심하지는 않다는 것이었다.

"요즘 국사가 지극히 번거로워 성심이 걱정과 번뇌로 차 있고 생각이 매우 깊으시니 심화心火가 끓어 이와 같은 병이 생긴 것이라 사료됩니다."

내의원에서는 심화를 꺼주는 황련죽여탕이라는 약을 달여 올렸다. 약을 마신 인조는 바로 얼굴을 찡그렸다. 약 맛이 너무나도 썼기 때문이다. 황련죽여탕 속에는 황련이란 약재가 들어있는데, 이 황련은 유독 맛이 쓰기로 유명했다. 하지만 병이 낫기 위해서는 어쩔 수 없으니 인조는 그 쓴 맛을 견디며 약을 계속 복용해야 했다.

약을 올린 지 하루가 지났다. 어의는 대전에 들어 약효가 있는지 임금에게 물었다.

"증세는 똑같다. 구토도 가려움도 어느 하나 낫지 않았다."

또 하루가 흘렀다. 어의는 대전에 들어 증세가 어떠한지 임금에게 물었다.

"똑같다. 구토도 가려움도 전혀 낫지 않았다."

약을 올린 지 사흘째가 되었다. 그 쓴맛을 견디며 약을 복용하는데 여전히 효과가 없으면 어찌하나 걱정하며 어의는 대전에 들었다. 임금에게 증상이 어떠한지 물었다.

"구토 증세는 조금 덜하구나."

약을 올린 지 사흘이 지나자 구토가 가라앉기 시작한 것이다. 그러자 가려움도 차츰 줄었다. 황련죽여탕을 올린 지 닷새째 되던 날, 인조의 구토와 가려움증은 모두 사라졌다.

귀가 울리고 가렵도다

인조 24년(1646년), 인조는 52세의 나이가 되었다. 1년 전 임금의 장남 소현세자가 죽었다. 청나라에서 볼모로 살다가 풀려나 고국에 돌아온 지 두 달이 지나서 급작스럽게 죽고 말았다. 장남이 죽고 난 이듬해 4월, 인조는 세자빈 강씨를 죽음에 이르게 했다. 세 명의 어린 손자들은 그해 7월에 제주도로 유배를 보내버렸다. 부모를 모두 잃은 어린 아이들은 낯선 땅에서의 생활이 힘들었는지, 9월이 되자 맏손자가 그만 풍토병으로 죽었다는 소식이 전해져왔다.

한 달이 더 흘러 이제 10월이 되었다. 제주도에서 부모를 찾으며 죽어갔던 열두 살 어린 손자의 애통한 비명이 궁궐 담장을 넘은 까닭이었을까, 인조는 귀에서 소리가 울리는 증세로 괴로워했다.

"전부터 간혹 귓속에서 매미 소리가 났는데 이번 달 13일에는 왼쪽 귀에서 홀연히 종이 울리고 물이 흐르는 소리가 났다. 잔잔한 시냇물이 아니라 큰 급류가 흐르는 소리다. 치료해야 하지 않겠는가?"

인조는 어의를 불러 증상을 호소했다. 곧 내의원에서는 회의를 열어 임금의 이명 증상을 의논했다. 적당한 약을 지어 올리고 침과 뜸 치료를 병행했다. 하지만 열흘이 지나도 임금의 이명 증상은 호전되지 않았다.《동의보감》의 처방을 연구하던 한 의관이 귀에 꽂는 외용제를 써보는 것이 어떻겠느냐는 의견을 냈다. 민간에서도 이명이 생겼을 때 약재를 귓구멍 모양으로 빚어 귀에 꽂아 넣어두면 효험을 보기도 한다는 것이다.

외용제를 만들기 위해 필요한 약재는 초목, 파두, 석창포, 송지다. 이 약재들을 곱게 가루 낸 뒤 황랍(벌집에서 채취한 기름)에 섞어 길쭉한 막대기 모양으로 만들었다. 이것을 솜에 싸서 귓구멍에 꽂으면 되는 것이다. 어의들은 외용제를 사용한 뒤 자못 효과가 있지 않을까 기대했다. 하지만 결과는 정반대였다. 효과는커녕 새로운 증상이 나타나기만 했다.

"약재로 만든 외용제를 귀에 꽂은 뒤에도 이명은 여전하다. 이제는 귀가 가려운 증세까지 생겼다."

의관들은 일단 외용제 사용을 중단하기로 했다. 이명이 생긴 지 20여 일이 지났으나 호전되지 않은 상황이라 다른 약을 지어 올렸다. 의관들은 회의를 거듭한 끝에 자신통이탕이란 처방을 내렸다. 연로한 환자가 신장의 기운이 허약해져 이명이 생겼을 때 쓰는 처방이다. 효과를 기대하며 올렸지만 이번에도 결과는 정반대였다.

"이제는 귀가 붓고 찌르는 듯한 통증도 생겼다. 귓속에서 고름이 나오기까지 한다. 밤이 되면 열도 오르니, 어찌 이리 귓병이 낫지 않고 심해지기만 한단 말이냐."

약을 지어 올렸으나 효과는커녕 거듭 악화만 되니 내의원에서도 답답한 노릇이었다. 회의 끝에 전혀 반대의 처방을 쓰기로 했다. 이번에는 방풍통성산이란 약을 선택했다. 붓고 열나고 진물이 나는 등의 일체 염증 증상에 쓰는 약이다.

다행히 이 약이 효과가 있었다. 이후 인조의 귓병은 차츰 호전되어 붓고 진물이 나고 소리가 울리는 증상이 모두 사라졌다. 귓병이 완전히 낫기까지 인조는 한 달가량 방풍통성산을 복용해야 했다.

죽기 직전 생긴 두드러기

인조 27년(1649년) 5월 1일, 55세의 인조는 온몸을 사시나무 떨듯 부들부들 떨었다. 너무 추웠다. 추워서 견딜 수가 없었다. 어의는 학질(말라리아)로 진단하고 치료약을 급히 올렸다. 그날 밤 땀이 흠뻑 흘러 온몸이 젖었다. 날이 밝자 추워서 몸이 떨리는 증세는 사라졌으나 이번에는 열이 오르고 목이 바짝 마르고 두통이 생겼다.

이틀이 지난 5월 4일, 인조의 몸에 두드러기가 생겼다. 열이 오르는 와중에도 인조는 가려워 온몸을 긁었다. 사흘이 지나 5월 7일, 열이 극에 달했다. 인조는 숨을 헐떡였다. 목구멍에서는 가래 끓는 소리가 넘쳤다. 정신이 혼미해졌다. 시선을 허공에 둔 채 손을 공중에

뻗어 휘저었다. 배꼽과 배가 풍선처럼 팽팽하게 부풀어 올랐다.

어의는 인조의 맥을 잡았다. 오른쪽 손목에서는 맥이 뛰는 듯하다가도 멈춘 것 같았다. 왼쪽 손목의 맥을 잡았다. 맥이 극도로 가늘고 약했다. 어의가 죽력(대나무의 진액) 한 되에 생강즙을 짜서 넣고 구미청심환 아홉 알을 연이어 올리자 인조는 겨우 정신을 차렸다. 세자가 인조에게 다가와 물었다.

"소자가 누구인지 아시겠습니까?"

인조가 대답했다.

"내가 아무리 병이 들었다고는 하나 네가 누구인지 어찌 모르겠느냐? 너는 세자이니라."

이번에는 인평대군이 물었다.

"소자는 누구이옵니까?"

인조가 대답했다.

"너는 인평이 아니더냐."

새벽이 되자 상태가 조금 안정되어 인조는 침수에 들었다. 코를 고는 소리가 온 방 안에 크게 울렸다. 또 하루가 지나 5월 8일이 되었다. 열은 조금 내렸고 숨 쉬기도 조금 더 편해졌다. 하지만 오후 세시 무렵이 되자 다시 위독해졌다. 열이 또 오른 것이다. 어의가 죽력청심원을 계속 올렸으나 인조의 배는 더욱 부풀어 오르기만 했다. 이제는 손발도 퉁퉁 부었다. 전날 새벽부터 지금까지 소변이 단 두 차례밖에 나오지 않았다. 대변도 어제부터 나오지 않았다. 관장제 다섯

개를 항문에 밀어 넣자 겨우 대변이 조금 나왔다.

고뇌하던 세자는 인분人糞을 물에 녹인 야인건수野人乾水를 써볼 것을 제안했다. 또한 조협과 반하 가루를 인조의 콧속에 뿌려 인조가 재채기를 하도록 했다. 하지만 아무런 효과가 없었다. 맥은 점점 약해져만 갔다. 그렇게 배가 부풀어오르고 손발이 퉁퉁 부은 채 인조는 승하했다.

인조의 간과 가려움

과연 인조는 누군가의 저주 탓에 초록색 땀이 나고 옆구리가 가려웠을까? 물론 그렇지는 않다. 인조는 분명 간에 문제가 있는 것으로 보인다. 초록색 땀이 났던 까닭은 인조가 색한증色汗症을 앓았기 때문이다. 간이 좋지 않아 지질대사에 이상이 생기고 혈중 빌리루빈(노쇠한 적혈구가 분해되면서 생성되는 담즙 색소 성분) 색소와 땀샘의 리포푸신 색소의 수치가 증가하게 되면 갈색, 초록색, 푸른색, 검푸른색 등 색깔이 있는 땀이 나올 수 있는데 이를 색한증이라고 한다. 인조의 흰색 저고리가 초록색으로 물든 것은 바로 이 색한증 때문이었다.

또 옆구리 부위의 가려움증은 담즙(쓸개즙)이 원래 다녀야 할 길로 흐르지 않고 옆구리의 피부로 역류했기 때문이다. 담즙이란 간에서 만들어지는 소화액이다. 간이 담즙을 만들면 간 속에 무수히 존재하는 담관이라는 파이프를 통해 담즙을 운송시켜 담낭(쓸개)에 저장해두었다가 음식을 섭취하게 되면 십이지장으로 배설한다. 그래서 정상적인 간에서는 담즙이 담관으로 흐르고 혈액이 혈관으로 흐른다. 만약 간에 어떤 문제가 생겨 담관 어딘가가 막히면 담즙은 제 길로 흐르지 못하고 혈관으로 들어가 혈액과 섞여버린다. 그런데 이 담즙에는 소화액뿐 아니라 간이 해독 작용을 한 뒤 생기는 빌리루빈, 콜레스테롤, 지방산 등 온갖 찌꺼기도 섞여 있다. 간의 문제로 담관이 막히게 되면 담즙 속의 빌리루빈 성분이 피부의 혈관으로 들어가므로 가려움증이 생기는 것이다.

인조가 옆구리 부위에 가려움증을 느꼈던 것은 바로 담즙 속 빌리루빈이 옆구리의 혈관으로 역류했기 때문이었다. 만약 빌리루빈이 소변으로 나오게 되면 유로빌리루빈의 형태가 되어 소변의 색깔이 짙어진다. 인조가 짙은 색 소변이 나왔다고 한 것을 볼 때, 역시 담즙이 담관을 따라 흐르지 않고 엉뚱한 길로 흘렀음을 알 수 있다.

구토와 가려움증이 함께 생긴 것 역시 간과 관련이 있다. 보통 간 기능에 장애가 생기면 소화불량을 동반하는 경우가 많은데 여기에도 담즙 배설이 관여한다. 음식이 소화관으로 들어오면 원활한 소화를 위해 담즙이 소화관으로 배설된다. 만약 담즙 배설이 원활하지 못하면 소화불량이 생긴다. 소화관으로 배설되지 못한 담즙은 결국 혈관으로 섞여 들어가서 피부 가려움증을 일으키게 되는 것이다. 인조가 구토와 가려움증을 함께 앓았던 것 역시 담즙이 제 갈 길을 가지 못했기 때문이었다.

인조가 사망하기 직전 두드러기가 생긴 것도 그렇다. 사망할 당시에 복부가 북처럼 부풀어 오른 상태였는데, 이는 만성 간 질환이 복수를 일으킨 것으로 의심할 수 있다. 그 과정에서 담즙 배설이 원활하게 되지 못하면서 두드러기와 가려움증이 생긴 것이다. 물론 인조가 구체적으로 어떤 간 질환을 앓았는지는 알기 힘들다.

결국 담즙이 혈관으로 섞여 들어가 깨끗해야 할 혈액이 담즙에 섞인 찌꺼기로 오염되어 가려움증이 생겼다. 담즙이 원래 흘러야 할 담관으로 잘 흐른다면 아무 문제가 없다. 가지 말아야 할 혈관으로 잘못 섞여 들어가 가려움증을 비롯한 여러 문제가 생긴 것이다.

귀에서 소리가 나면서 붓고 가렵고 진물이 났던 것은, 이명과 중이염이 의심된다. 특히 중이염을 앓는 과정에서 귀가 가렵고 아프고 진물이 났다. 중이염은 귀의 고막 안쪽에 있는 작은 공간에 생긴 염증이다. 염증이 있으니 염증 찌꺼기가 생겼을 것이고 그 찌꺼기가 이 작은 공간을 채운 것이다. 염증 찌꺼기가 귓속에 고여 원활하게 빠져나가지 못하니 귀가 붓고 가렵고 아프고 진물이 나왔던 것이다.

인조는 반정을 통해 임금의 자리에 오른 뒤 행복했을까? 전혀 그렇지 않았던 것 같다. 패전에 대한 자괴감, 항복의 치욕으로 인한 분노, 청나라에 대한 공포, 임금의 자리에서 끌어내려질까 하는 불안감, 장남에 대한 미움 등 이런 부정적인 감정들이 인조를 끊임없이 괴롭혔다. 병자호란 이후 조선인 포로 처분에 관해《조선왕조실록》에 남겨진 글의 일부를 보면 이러한 인조의 심정을 조금이나마 엿볼 수 있다.

"내가 오랜 병중에서 이런 일을 보게 되었으므로 밥을 먹어도 목에서 넘어가지 않고 잠자리에 들어도 잠을 이룰 수가 없다. 또 생각하면 눈물이 나고 말을 하려고 하면 목이 메이며, 위를 보나 아래를 굽어보나 모두 부끄럽고 두려워 스스로 용납할 곳이 없다. 아, 이번 일을 당한 백성들이 아무리 나를 꾸짖고 원망한다 해도 이는 나의 죄이니 어찌 피할 수 있겠는가."

이렇게 가슴속에서 끊임없이 휘몰아치는 감정의 소용돌이가 인조의 건강을 급격히 악화시켰을 것이다. 결국 인조는 병들었고 가려웠고 또 죽어갔다.

소현세자, 죽기 전의 그 가려움

〈소현세자 가계도〉

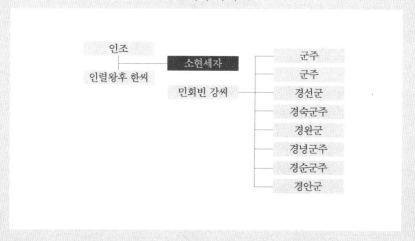

인조

인렬왕후 한씨 —— 소현세자

민회빈 강씨 —— 군주
군주
경선군
경숙군주
경완군
경녕군주
경순군주
경안군

추웠던 귀국길

병자호란에서 패한 뒤 인조는 삼전도에서 항복 의식을 치르고 궁으로 돌아왔으나, 소현세자 부부는 청나라 진영에 계속 붙잡혀 있어야 했다. 청나라가 세자 부부를 인질로 요구했기 때문이었다. 청나라 군대가 본국으로 돌아갈 때 세자 부부 역시 청으로 떠나야 했다.

머나먼 청나라로 끌려가기 전 소현세자는 하직 인사를 하기 위해 잠시 인조에게 들렀다. 하직을 고한 뒤 길을 나서자 신하들이 길가로 몰려와 통곡하며 소현세자를 전송했다. 한 신하가 세자가 탄 말의 고삐를 붙잡고 당기며 울부짖었다. 그러자 세자 역시 내색은 못했지만 참담함을 금할 수 없었던지 말을 멈춘 채 한참 동안 그 자리에 서 있었다. 청나라 측 인사가 채찍을 휘두르며 모욕적인 말로 소현세자의 발걸음을 재촉했다. 그렇게 차마 떨어지지 않는 발걸음을 겨우 떼어 청으로 향했다.

청나라에 볼모로 끌려온 지 8년이란 시간이 흘렀다. 그동안 많은 일을 했다. 조선인 포로들을 속환하는 문제, 청나라가 조선에 병력을 요구하는 문제, 각종 물화에 대한 무역을 요구하는 문제 등을 처리하며 청과 조선 사이에 잡음이 생기지 않도록 최대한 조심스럽게 조율했다. 이 살얼음판과도 같던 세월을 보낸 뒤 인조 22년(1644년) 11월 마침내 청으로부터 영구 귀국을 허락받았다. 이제 드디어 고국인 조선 땅으로 돌아갈 수 있게 된 것이다!

북경에서부터 한양 땅까지 돌아가는 머나먼 길에 올라야 했다. 겨울의 칼바람이 불기 시작하고 있었다. 추위를 뚫고 대륙을 가로질러 한양 땅까지 이동해야 하는 험한 여정이었지만 날씨가 춥다고 해서 고국으로 돌아가는 기쁜 여정을 늦출 수는 없었다. 소현세자 일행은 짐을 꾸려 길을 나섰다. 11월부터 시작된 귀국길은 이듬해 2월까지 이어졌다. 1년 중에서도 가장 추울 때 귀국을 감행한 것이다.

소현세자는 비록 몸은 추웠으나 마음은 기쁘기 그지없었다. 이제 고국으로 돌아가 백성들을 보듬으며 조선을 더욱 굳건하게 만들리라. 또다시 청나라의 발굽에 짓밟히지 않도록 강하고 굳센 나라를 세우리라. 추위에 손발이 시렵고 몸이 떨렸지만 소현세자의 심장만은 귀국의 환희로 뜨거웠다.

고국 땅에 도착했으나

고국 땅은 점점 가까워지고 있는데 이상하게도 소현세자의 몸은 점점 말을 듣지 않았다. 목구멍에서 끈끈한 가래가 계속 올라왔다. 숨을 쉬기가 힘들었다. 목이 바짝바짝 말랐다. 기침이 끊이질 않았다. 귀국길에 그만 세자는 병을 얻은 것이다. 아픈 몸을 이끌고 한양 땅에 겨우 도착한 때는 인조 23년(1645년) 2월 18일이었다.

세자가 한양으로 돌아오자마자 내의원 의관들이 바로 달려갔다. 8년 만에 돌아온 일국의 세자가 병든 몸이라니, 의관들은 바로 약을 지어 올렸다. 일단 기침부터 진정되도록 이모영수탕이란 약을 황급히 지어 올렸다.

귀국길이 너무 힘들었던 탓일까? 소현세자의 병세는 금방 좋아지지 않았다. 기침은 계속 소현세자의 몸을 괴롭혔다. 숨 쉬기도 여전히 힘들었다. 열이 올라 어지럼증과 갈증도 있었고, 입맛이 쓰고 속이 메스꺼웠으며 신물이 올라와 수라를 드는 것조차 힘들었다.

내의원에서는 일단 열을 잡아야겠다는 판단에 소시호탕으로 약을 바꿔 올렸다. 다행히 약이 효과가 있어서 사흘이 지나자 열은 절반 이상 떨어졌다. 남은 증상들을 마저 치료해야 했다. 오랑캐 땅에서 8년간의 고생스런 볼모 생활을 마치고 이제 겨우 돌아온 세자가 병중이라니, 궁궐 사람들은 그저 안타까운 마음으로 동궁전을 바라보고 있었다.

잠시 치료를 중단하겠습니다

귀국한 지 20여 일이 지나 3월 10일이 되었다. 소현세자는 여전히 병과 싸우고 있었다. 어지럽고 숨 쉬기 힘든 것은 조금 줄었으나 기침은 여전했다. 게다가 며칠 전부터는 극도의 피로감이 몰려왔다. 팔다리에 기운이 하나도 없고 하루 종일 정신이 맑지 못했다. 납덩이가 누르고 있는 것마냥 온몸이 무거워 그저 드러누워 잠만 자고 싶었다. 수라를 올려도 제대로 들지 못했다. 속이 메스꺼웠기 때문이다. 탕약도 힘들게 겨우 삼켜야 했다.

어의는 탕약과 수라를 좀 더 편하게 들 수 있도록 화담청화탕이란 약을 올렸다. 약이 효과가 있었던 것일까? 세자는 차츰 회복했다. 어지럽고 숨이 차고 메스꺼운 것은 거의 사라졌다. 아직 기침은 있으나 호전되고 있는 것은 확실했다.

내의원 도제조와 어의는 인조를 알현했다. 세자의 상태를 보고하고 치료 과정에 대한 허락을 받기 위해서였다.

"세자의 증상을 진찰하여 보건대 이제 거의 회복되었습니다. 비록 열이 아직 약간 남아 있기는 하나 입에 쓴 약을 연이어 올릴 수는 없다고 봅니다. 앞으로 열흘간 약을 중단하고자 합니다. 지금부터 모든 침 치료와 약 치료를 중단하고 열흘 뒤에 증세를 살펴 다시 적당한 약을 의논하고자 하니 허락해주소서."

"그리하라."

인조는 바로 허락했다. 병세의 불길이 완전히 꺼진 것은 아니었기에 계속 약을 복용해야 하지 않았을까? 그러나 인조는 그 어떤 질문도 반대하지 않고 치료를 중단해도 좋다고 허락했다.

다시 살아난 병마의 불길

열흘간 모든 치료를 중단하고 상태를 지켜보기로 했었다. 하지만 치료를 중단한 지 나흘이 지난 3월 18일, 내의원 도제조와 어의는 다시 인조에게 달려가야 했다. 세자의 증세가 악화되었기 때문이었다.

"세자에게 열흘간 조리하면서 증세를 살핀 뒤 다시 약을 올리기로 했었습니다. 그런데 세자가 숨 쉬기 힘들고 가슴이 답답하며 정신이 혼미한 증세가 다시 심해졌다고 합니다."

이제 호전되고 있다고, 병의 기세를 꺾어놓았다고, 조리만 잘하면 나을 것이라고 판단한 것이 실수였을까? 세자의 증세는 치료를 중단하자 바로 악화되었다. 어의는 다시 처방을 올려야 했다.

세자는 분명 폐에 문제가 있는 듯했다. 도성에 도착한 뒤부터 지금까지 기침은 그치지 않았고 이제는 호흡곤란 증세까지 나타났기 때문이다. 이는 분명 폐의 문제로 보였다. 어의는 의논 끝에 폐의 열을 내리는 청폐탕을 지어 올렸다.

약을 올리고 닷새가 흘렀다. 안타깝게도 증세는 더욱 심해졌다. 세자는 호흡이 힘들어 거칠게 숨을 헐떡였다. 가슴이 답답한 것도 여전했다. 이제는 양 옆구리가 당기기까지 했다. 계속 청폐탕을 올렸다. 하루가 지나자 세자는 가슴이 답답하다 못해 심장이 벌떡벌떡 뛰는게 느껴지기까지 했다. 꺼진 줄 알았던 병마의 불길이 다시 살아나더니 이제는 걷잡을 수 없이 맹렬하게 번지고 있었다.

가려움이 생기다

세자가 귀국한 지 40여 일이 지나 이제 4월 1일이 되었다. 고국 땅으로 힘들게 돌아왔건만 세자는 지금 귀국의 기쁨을 누리기는커녕 갑작스러운 병마와 싸워야 했다. 어의는 청폐탕을 계속 올렸다. 하지만 기침과 호흡곤란은 여전히 세자의 몸을 떠나지 않고 있었다.

그러던 가운데 새로운 증상이 하나 더 나타났다. 세자는 오른쪽 다리가 가려웠다. 마치 두드러기와도 같은 발진이 다리에 돋아 올라 무척이나 가려웠다. 세자는 가려움을 이기지 못하고 끊임없이 다리를 벅벅 긁어댔다.

어의는 청폐탕을 계속 올렸다. 보름이 지났건만 세자는 여전히 호전되지 않았다. 머리가 아프고 어지럽고 정신이 맑지 못했고 기운이 없어 온몸이 무거웠다. 배 속이 불편했고 양 옆구리가 당겼다. 온몸에 편한 데가 없을 지경이었다.

세자는 그렇게 힘들게 하루하루를 넘기고 있었다. 이보다 훨씬 더 고통스러운 시간도 모두 이겨냈는데, 이까짓 병은 얼마든지 이겨낼 수 있다 굳게 믿으며 세자는 정신을 다잡았다. 하지만 운명의 시간이 점점 다가오고 있었다.

옷을 껴입어도 한기가 가시지 않는다

이제 세자가 귀국한 지 두 달이 지났다. 여전히 세자는 병마와 싸우고 있었다. 세자의 몸을 집어삼킨 병마는 잔인한 이빨로 세자의 몸을 꽉 문 채 놓아주지 않았다. 이겨낼 수 있을 거라고 세자가 희망을 품을수록, 이 지독한 병마는 잔인한 이빨로 더욱 강하게 세자의 몸을 물어뜯고 찢는 것 같았다.

4월 23일, 승지가 급히 인조에게 달려와 고했다.

"금일 세자에게 오한으로 몸을 부들부들 떠는 증세가 생겼습니다. 의관이 진찰한 바로는 22일 밤 갑자기 이 증세가 나타났고 오늘 또 같은 증세가 나타나니 이는 학질이 분명하다고 합니다. 의관 이형익이 세자에게 침을 놓고자 하니 전하의 허락을 구한다고 합니다."

학질이란 추웠다 더웠다 땀이 나는 한열왕래의 증세가 반복되는 병을 말한다. 즉, 덜덜 몸을 심하게 떠는 단계인 오한, 고열과 두통과 갈증이 생기는 단계인 발열, 땀이 나면서 체온이 정상화되는 단계인 발한이 주기적으로 반복되는 병이다. 이는 서양의학에서 말하는 말라리아와 유사하다.

세자가 앓는 오한은 지독했다. 세자는 이불을 여러 겹 뒤집어쓰고 있어도 한기가 해소되지 않아 몸을 덜덜 떨어야 했다. 인조가 총애하는 내의원 의관 이형익이 세자에게 침을 놓기로 했다.

저녁이 되자 다행히 오한기는 풀렸다. 하지만 그러기가 무섭게 이번에는 열이 올랐다. 고열 탓인지 세자는 정신이 혼미해졌다. 내의원에서는 급히 청심원을 올렸다. 증세는 조금 진정되는 듯 보였으나 밤새 세자는 열이 내리지 않아 제대로 침수에 들지 못했다.

하루가 지났다. 이제 세자는 호흡곤란으로 다시 숨을 헐떡였다. 숨쉬기가 너무 힘들어 자리에 눕지도 못할 지경이었다. 어의는 급히 약을 달여 올렸다. 학질을 치료하는 시호지모탕이었다.

하루가 지나고 이틀이 지나 4월 26일 아침이 되었다. 세자의 목구멍에서 가래가 끓어오르는 소리가 들렸고, 세자는 더욱 숨 쉬기 힘들어 했다. 세자의 상태를 알리는 보고가 인조에게 속속 도착했다.

"세자의 상태가 지극히 위중합니다."

"세자의 상태가 다급합니다. 응급의 상황을 미리 생각하지 않을 수 없습니다. 어의들에게 숙직을 준비시켜야 합니다."

그렇게 시각이 흘러 낮 12시 무렵이 되었고 힘들게 숨을 헐떡이던 세자는 끝내 세상을 뜨고 말았다.

소현세자의 마지막 모습

소현세자는 그렇게 허망하게 죽었다. 너무나 갑작스레 죽었기에 세자의 죽음을 두고 온갖 소문이 돌았다. 이 소문에 결정적인 불을 지핀 것은 바로 인렬왕후의 조카인 진원군 이세완의 입에서 나온 말이었다. 이세완은 왕실의 인척 자격으로 소현세자의 염습에 참여했다. 이때 그는 세자의 시신을 볼 수 있었다.

"세자는 본국에 돌아온 지 얼마 안 되어 병을 얻었고 병이 난 지

수일 만에 죽었는데, 온몸이 전부 검은빛이었고 이목구비의 일곱 구멍에서는 모두 선혈鮮血이 흘러나오므로, 검은 천으로 얼굴의 반쪽만 덮어놓았으나, 곁에 있는 사람도 그 얼굴빛을 분변할 수 없어서 마치 약물에 중독되어 죽은 사람과 같았다."

이세완의 말을 들은 사람들은 흉흉한 소문이 사실이 아닐까 하는 의구심을 품지 않을 수 없었다. 소현세자는 독살된 것이 맞을까? 그렇다면 누가 세자를 독살했을까? 인조의 총애를 받고 있던 후궁 조소용과 가까운 사이였던 의관 이형익이었을까? 그는 세자가 죽기 직전에 침을 놓지 않았던가? 그렇다면 누가 독살을 사주했을까? 혹시 친아버지인 인조가 독살을 지시했던 것일까? 소문은 꼬리에 꼬리를 물고 퍼졌다. 그러나 진실은 아무도 알 수 없었다.

폐가 병들어 죽은 것인데

정말 소현세자는 독살당했을까? 《조선왕조실록》의 간략한 기록을 보면 그리 의심할 수도 있겠으나, 《승정원일기》의 자세한 질병 기록을 살펴보면 그렇지 않았을 가능성이 높다. 첫 번째 이유는 소현세자가 이미 병에 걸린 상태로 한양에 도착했다는 데 있다. 한양에 도착한 뒤에 병이 생긴 것이 아니었다. 세자는 인조의 손길이 닿기 전부터 이미 병마에 시달리고 있었다. 두 번째 이유는 독살이 아니더라도 소현세자가 죽음에 이르렀던 그 과정은 의학적으로 충분히 설명이 가능하다는 데 있다.

우선《조선왕조실록》에 기록된 이세완의 증언을 살펴보면 소현세자의 시신은 온몸이 검은빛이었고 이목구비에서 선혈이 흘러나왔다고 한다. 온몸이 검은빛이었다는 것은 세자가 사망 직전에 청색증이 왔었다는 것을 뜻한다. 청색증이란 혈액 속의 산소가 줄고 이산화탄소가 증가해 온몸의 피부가 파랗게 변하는 증상을 말하는데, 입술, 손톱, 귀, 광대, 점막 부위에 특히 심하게 나타난다. 이목구비에서 선혈이 흘러나왔다고 한 것은 이목구비의 출혈을 연상케 하는 어떤 짙은 색깔의 자국이 있음을 말한다. 그렇다면 이는 입술과 귀 그리고 얼굴의 점막 부위에 청색증이 특히 심했던 것으로 해석된다.

소현세자는 사망하기 몇 달 전부터 기침 증상을 끊임없이 앓아왔다. 물론 단순한 감기일 수도 있으나 발열, 호흡곤란, 가슴 답답함, 옆구리의 당김 증세가 동반되었던 것을 감안한다면 감기라기보다는 오히려 폐렴에 더 가깝다고 볼 수 있다. 폐렴의 증상은 발열, 기침, 객담, 오한, 흉통, 호흡곤란 등이다. 폐를 싸고 있는 흉막에까지 염증이 퍼지면 옆구리에 통증이 생기게 된다. 호흡기 증상 외에도 두통, 메스꺼움, 구토, 복통 등이 나타날 수 있다. 이는 소현세자가 귀국 직후 앓았던 증상들과 거의 일치한다.

만약 폐렴을 치료하지 못한다면 호흡곤란으로 사망할 수 있다. 폐렴이 진행될수록 호흡에 차질이 생기면서 혈액 속 산소가 줄고 이산화탄소가 증가해 청색증이 나타나는 것이다. 여기까지 본다면 소현세자는 폐렴으로 사망했을 가능성이 높다.

독살한 것이 아니라 방관한 것이다

폐렴으로 결론짓기 전에 한 가지 증상을 더 고려해보아야 한다. 소현세자가 죽기 얼마 전 다리에 두드러기 형태의 발진이 생기면서 가려움을 느꼈다는 사실이 중요하다. 물론 폐렴이 진행되면서 정말 우연히 다리에 두드러기가 함께 생겼을 수도 있다. 하지만 더 큰 가능성이 있는 질병이 있다. 소현세자처럼 다리에 가려움증이 생기면서 동시에 폐렴과 유사한 증상을 동반하는 질병이 있는데, 바로 혈관염이란 것이다.

혈관염이란 혈관 벽에 염증이 생겨 발생하는 질병으로 감염이나 면역계의 이상으로 인해 생긴다. 혈관염이 생기면 발열, 근육통, 식욕저하, 체중감소, 피로감 등이 나타난다. 이 혈관염은 큰 혈관에서부터 작은 혈관에까지 모두 발생할 수 있으며 폐나 신장과 같은 장부에서 나타날 수도 있고 피부에서 나타날 수도 있다. 인체 어느 부위의 혈관에 염증이 생겼느냐에 따라 다양한 증상이 생긴다. 만약 피부 가까이 위치한 혈관에 염증이 생긴다면 두드러기성 혈관염이 된다. 증상은 두드러기처럼 가려움이 생기면서 피부에 붉은색이나 보라색 출혈반이 생기는 것이다. 출혈반이란 피부 아래나 점막에 출혈이 생겨 만들어지는 얼룩진 무늬를 말한다. 만약 폐의 혈관에 염증이 생긴다면 폐혈관염이 된다. 증상은 폐렴과 아주 유사하다. 발열, 기침, 호흡곤란이 나타나는데 복통이나 복부팽만감과 같은 위장관 증상도 나타날 수 있다.

그렇다면 소현세자의 증상을 다시 돌이켜보자. 소현세자가 한양 땅에 도착한 2월, 마치 감기에 걸린 듯 열이 오르고 기침이 나오며 가래가 끓었다. 그런데 점점 시간이 지날수록 폐렴과 유사해졌다. 호흡곤란이 생겼고 식욕저하, 피로감, 복통, 옆구리 당김과 같은 증상도 찾아왔다. 4월 1일이 되자 다리에 두드러기처럼 발진이 생기면서 가려움증이 나타났다. 마지막에는 극심한 오한과 발열, 호흡곤란이 나타나더니 4월 26일에 이르러 사망했다.

사망하기 직전에는 호흡곤란으로 산소가 부족해 피부에 청색증이 나타났을 것이다. 두드러기성 혈관염이 진행되면서 붉은색이나 보라색의 출혈반도 나타났을 것이다. 사망 후 시신 염습에 참여했던 이세완은 세자의 온몸이 청색증으로 인해 푸른색을 띠고 있는데 특히 이목구비 주변의 색깔이 더욱 어둡게 변한 것을 목격하고 독살을 의심했던 것이다. 세자의 다리에는 출혈반도 있어서 시신의 모습을 더욱 참담하게 만들었을 것이다.

따라서 세자는 독살된 것이 아니다. 학질로 인해 죽은 것도 아니다. 폐와 피부에서 동시에 진행된 혈관염을 앓다가 사망한 것이다. 그래서 폐렴과 유사한 증상이 나타났고 또 피부에서는 두드러기와 유사한 증상이 나타났던 것이다. 아버지 인조는 섣불리 독살을 사주하지는 않았다. 청나라에서 돌아온 세자가 이미 병에 걸려 있으니 일단 지켜봤을 것이다. 증상의 차도가 보였을 때 내의원에서 열흘간 치료를 중단하겠다고 했을 때에도 반대하지 않았다. 아들의 질병에 대해 성심을 다해 힘껏 치료하도록 명하지도 않았다. 그래서 독살을 사주했다기보다는 죽으면 죽고 살면 사는 식으로 방관했다고 말하는 것이 더 옳다고 본다.

이미 지나간 역사에 가정은 의미 없을 수도 있겠지만, 만약 소현세자가 그 추웠던 계절에 서둘러 귀국하지 않고 춘삼월 따뜻할 때 돌아왔더라면 건강한 몸으로 귀국할 수 있지 않았을까? 청나라에서 11월이 아닌 3월에 귀국을 허락했더라면, 어쩌면 소현세자와 조선의 운명이 달라질 수도 있지 않았을까?

피부의 혈관염은 곧 자반증

혈관염이라고 하니 무척이나 생소하게 들리겠지만 자반증이라고 하면 어디선가 들어본 적이 있을 것이다. 흔히 말하는 자반증이 바로 이 혈관염의 일종이다. 피부의 혈관 벽에 염증이 생기다보니 혈관 벽이 파괴되고 그 결과 피부 아래나 점막에 출혈이 생기게 된다. 그래서 붉은색이나 보라색의 출혈반이 나타나는데 이를 자반증이라고 부른다. 혈관염은 원인이고 자반증은 증상인 셈이다.

만약 소현세자가 죽지 않고 살았더라면 피부에 생긴 혈관염이 분명 자반증으로 이어졌을 것이다. 그랬다면 어떻게 치료해야 했을까? 자반증의 치료법은 크게 세 가지로 구분해볼 수 있다.

첫째는 혈관 벽에 낀 어혈瘀血을 제거하는 것이다. 혈관 벽에 염증이 생겼으니 그 부위에 혈액이 엉기게 되고 이것이 나중에는 어혈이 된다. 이 어혈을 제거함으로써 혈관 벽을 깨끗하게 청소할 수 있다.

둘째는 혈관 벽에 염증이 생기는 것을 막기 위해 과민 반응을 완화해주는 것인데, 이를 혈열血熱을 식혀준다고 한다. 자반증을 다른 말로 기뉵肌衄이라고 부른다. 풀이하자면 살갗肌에서 생기는 코피衄와도 같은 병이란 뜻이다. 알레르기성 자반증은 과민 반응에 의해 혈관 벽의 염증이 잘 생기고 이것이 피부 아래의 출혈로 이어지므로 혈열을 식혀줌으로써 과민 반응을 완화해줄 수 있다.

셋째는 혈관을 튼튼하게 해서 혈관 벽의 파괴를 막아주는 것이다. 혈관이 약한 사람은 똑같은 자반증을 앓더라도 혈관 벽이 더 쉽게 파괴될 수 있다. 그래서 어혈을 제거하고 혈열을 식혀준 뒤에는 혈관을 튼튼하게 해주는 방법을 쓴다.

피부의 혈관에서만 혈관염이 생길 수도 있지만 소현세자의 경우처럼 장부의 혈관에서도 혈관염이 생길 수 있다. 두드러기나 습진 혹은 아토피는 아무리 심하더라도 피부에 증상이 생기지 장부에까지 나타나지는 않는다. 하지만 이 자반증은 눈에 보이는 피부는 물론 눈에 보이지 않는 장부에도 생길 수 있다. 그래서 다른 피부 질환에 비해 결코 가볍지 않은 병이다. 일국의 세자를 합병증으로 죽게 만든 병이니 혹시라도 이 병을 앓는 환자가 있다면 치료에 만전을 기해야 한다.

효종, 자꾸 여기저기가 가렵다

〈효종 가계도〉

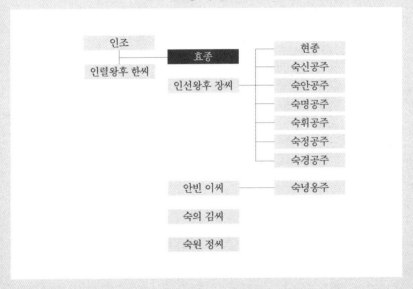

눈이 매우 가렵다

인조 23년(1645년) 4월 26일 소현세자는 황망하게 세상을 떠났다. 인조는 소현세자의 장남을 세손으로 올릴 것이라는 주변의 예상과는 달리, 자신의 둘째 아들인 봉림대군을 세자로 책봉했다. 그가 바로 훗날의 효종이다. 봉림대군은 소현세자와 함께 청나라로 끌려가 험난한 볼모 생활을 함께 했는데, 왕위에 오른 뒤에는 군사력을 키워 청나라에 당한 치욕을 갚자는 북벌론을 펼쳤으나 끝내 성공하지는 못했다.

봉림대군은 죽은 형님의 뒤를 이어 세자의 자리에 올랐다. 1년이 지난 인조 24년(1646년) 8월 16일, 내의원의 의관들은 세자의 얼굴을 자세히 살피고 있었다.

"왼쪽 눈썹의 바깥쪽에 생겼던 붉은색 발진은 좋아지고 있습니다.

그런데 코 옆에 콩알만 한 크기로 발진이 생겼는데 붉은색에 부기도 상당합니다. 뺨 아래쪽에 씨앗만 한 크기로 생겼던 발진은 이제 커져서 바둑알만 한 크기가 되었습니다."

일국의 세자 얼굴이 울긋불긋하니 말이 아니었다. 어의는 얼굴에 생긴 염증을 치료하는 청상방풍탕이란 약을 지어 올렸다. 사흘이 지났다. 세자는 진찰하러 찾아온 어의들에게 새로 생긴 증상을 알렸다.

"양쪽의 눈이 무척 가렵다. 특히 눈가 안쪽이 매우 가려워 손으로 긁는다. 흰자위가 벌겋게 충혈될 정도로 긁어야 가려움이 겨우 그친다. 이 증세는 이번이 처음이 아니라 전에도 이따금 있었다."

이틀이 지났다. 이번에는 세자에게 체기가 있었다. 세자를 다시 진단한 어의는 이제 약을 바꾸기로 했다. 세자의 소화기가 본디 약한데 지금 식체의 증상이 보이고 피부 증상까지 함께 있으니 좀 더 근본을 치료하는 약을 올리기로 했다. 어의가 선택해서 올린 약은 보중익기탕으로 소화기의 허약증을 치료하는 약이었다. 얼굴의 발진과 눈의 가려움증에는 침 치료를 하기로 했다.

약을 올리기 시작한 지 한 달이 지났다. 한 달간 보중익기탕을 복용한 세자는 어의를 불렀다.

"근래 이 탕약을 복용한 뒤로 분명 효과를 보았다. 재채기가 나던 증상도 사라졌고 기력도 자못 튼실해졌다. 이 탕약을 좀 더 복용해보고 싶다."

소화기가 허약해 잡다한 증상이 나타난 것이라 진단한 어의의 판단이 옳았던 것일까? 세자는 약이 효과가 있다며 약을 더 지어달라고 했다. 세자의 요청대로 열흘분의 보중익기탕을 또 지어 올렸다.

"이 약을 먹을수록 효과가 있고 몸에서 기운이 난다. 또 지어 올리도록 하라."

어의는 두 달 동안 보중익기탕을 열심히 지어 세자에게 올려야 했다. 세자의 눈 가려움증은 약을 먹으면서 사라졌다.

다리가 가려워 초정에 다녀오고 싶다

인조가 죽고 세자가 왕위에 올랐다. 세월이 흘러 효종 5년(1654년)이 되었다. 여름철 무더위가 막 지나고 가을의 선선한 바람이 본격적으로 불기 직전인 8월 10일에 효종은 내의원 어의들에게 물었다.

"근래 들어 다리에 습진이 생겨 가려워 긁느라 심히 고통스럽다. 약으로 치료해도 효과가 없다. 날이 추워지기 전에 도성 내 초정椒井에 가서 환부를 담그고 싶은데 어찌들 생각하는가?"

이 무렵 효종은 다리 습진으로 인한 가려움증으로 무척 힘들어 하고 있었다. 약을 써도 재깍 좋아지지 않으니 인경궁 안에 있는 초정에 가서 습진 부위를 담그고 싶은 마음이 간절했던 것이다. 습진이 낫지 않아 송구하던 차에 임금이 초정을 언급하니 내의원에서는 신중히 판단하지 않을 수 없었다.

"무릇 습진을 치료하기 위해서는 온정溫井이 적합하지 초정은 적합하지 않습니다. 게다가 피부병이 있는 사람이 초정에서 목욕하는 것은 7월 15일 이전에나 가능합니다. 지금은 때가 이미 늦어 날씨가 자못 차갑습니다. 이럴 때 만약 옥체를 초정의 찬물에 담그신다면 감기에라도 걸릴까 극히 두렵습니다."

온정이란 더운물이 솟는 우물을 뜻하는 것으로 온천을 말한다. 초정이란 후추처럼 톡 쏘는 맛의 물이 나오는 우물로 찬물이 나오는 냉천이다. 어의가 따뜻한 온천수가 나오는 온정에 가는 것은 가능하지만 차가운 물이 나오는 초정으로 가는 것은 지금 시기에는 불가하다고 했지만, 효종은 가려움이 심해 하루하루가 괴로운 터였다.

"그대들이 말하는 바는 비록 그러하지만 초정으로 효과를 본 사람들도 자못 많다고 알고 있다. 한두 차례 다리를 씻는 것은 온몸을 담그는 목욕과는 다르다. 그대들이 지나치게 염려하는 것이 아닌가?"

가려움으로 하루하루가 괴로운 효종이 계속 초정에 가고 싶은 뜻을 내비치자 어의들도 거절할 수 없었다.

"어의들과 다시 상의한 결과, 무릇 찬 기운에 몸이 상하는 것은 다리에서부터 시작되는 경우가 많으니 초정에 가시더라도 환부를 초정수에 담그는 것은 불가하옵고 초정수로 환부를 씻는 것은 무방하리라 봅니다."

이렇게 해서 효종은 초정으로 갈 수 있게 되었다. 마침내 8월 17일 초정이 있는 인경궁으로 향했다. 초정에 다녀온 지 일주일이 지났다. 내의원에서는 초정수가 효과가 있었는지 물었다. 효종은 "효과가 없는 것은 아니다"라고 대답했다. 아마도 큰 효과는 없었던 것 같다.

눈병이 도지고 귀가 가렵다

2년의 세월이 흘러 효종 7년(1656년) 2월이 되었다. 임금의 눈병이 재발했다. 눈이 충혈되고 껄끄러운 증세가 생겼는데 다행히 며칠 치료하니 호전되었다. 그런데 눈이 좋아지자 천식 증세가 생겼다. 한 달 뒤에는 나았던 눈병이 다시 도졌다. 눈이 껄끄러운 증세가 다시 생겼고 빛을 보면 눈이 부시기까지 했다. 밤이 되면 촛불 가까이에서 책을 볼 수가 없을 정도였다. 효종은 근 한 달가량을 눈병으로 고생하다가 증세가 호전되었다.

제법 날씨가 추워진 10월이 되었다. 이번에는 임금의 귀에 문제가 생겼다. 오른쪽 귀가 붓고 가려웠다. 통증도 있었고 열도 느껴졌다. 귀가 붓다보니 귓구멍이 좁아졌고 가려움과 통증이 더욱 심해졌다. 어의들은 귓병을 치료하는 시호청간탕을 올렸다. 약을 올리자 다행히도 귀의 부기는 빠르게 호전되었다. 효종이 나흘 동안 시호청간탕을 복용하자 모든 증상이 사라졌다.

넉 달이 지나 효종 8년(1657년) 2월이 되었다. 눈병이 또 도졌다. 효종은 세자 시절부터 눈병으로 고생하지 않았던가. 이번에는 눈꺼풀이 부어오르고 홍반이 생겼다. 어의는 눈병 치료를 위해 거풍청열산을 올렸다. 한 달 동안 눈병으로 고생한 뒤에야 눈꺼풀의 부기와 홍반이 사라졌다.

두드러기가 생기다

1년이 지난 효종 9년(1658년) 6월, 효종은 가마에서 떨어져 타박상을 입었다. 존귀한 임금의 몸에 타박상이 생겼으니 온 궁궐 사람이 놀라지 않을 수 없었다. 어의는 바로 달려와 응급 약을 올렸다. 어혈을 없애주는 효능이 있는 우황을 올렸고 유향산통고라는 연고를 만들어 타박상 부위에 발라두었다.

닷새가 흘렀다. 어혈 치료를 하던 중 임금의 몸에서 이유를 알 수 없는 두드러기가 생겼다.

"어제 저녁부터 온몸에 두드러기가 생겼는데 밤새도록 가려워 긁었다. 이 탓에 몸의 열기가 오늘은 자못 더 심해졌다."

두드러기가 생긴 이유를 알 수 없었다. 밤새 잠을 못 이루고 피부를 벅벅 긁을 정도로 심하니, 어의는 어혈 치료는 침으로 하기로 하고 두드러기 약부터 급히 올렸다. 두드러기를 치료하는 대표적인 처방인 승마갈근탕을 올렸다. 이틀이 흘렀으나 임금의 두드러기는 전혀 호전되지 않았다. 어의는 고심 끝에 처방을 바꾸기로 했다.

"두드러기의 가려움이 밤새 그치지 않아 매우 괴롭다는 하교를 듣고 신들이 걱정을 이기기 어렵습니다. 여러 어의와 상의한 결과 승마갈근탕은 그만 올리고 방풍통성산을 올리고자 합니다. 이는 두드러기를 치료할 뿐만 아니라 타박상으로 인한 손상을 치료하는 효과도 있기 때문입니다."

방풍통성산을 올린 뒤 하루가 지나 두드러기는 바로 호전되었다.

"모든 증세가 어제보다 더 좋아졌다. 두드러기 또한 더 이상 생기지 않았다."

단 이틀 동안 방풍통성산을 복용한 뒤 효종의 두드러기는 거짓말처럼 사라졌다.

눈병과 두드러기가 또 생기다

1년의 세월이 흘러 효종 10년(1659년) 윤3월 3일이 되었다. 효종에게 또 두드러기가 생겼다. 이뿐이 아니었다. 눈병이 또 생겼다. 특히 눈병은 이미 여러 차례 재발하여 효종을 괴롭혔다. 어의는 1년 전 두드러기가 생겼을 때 특효를 보았던 방풍통성산을 바로 지어 올렸다.

약을 복용하고 나흘이 지났다. 효종에게는 방풍통성산이란 약이 잘 맞았던 까닭일까. 눈병과 두드러기는 바로 호전되었다. 병이 나은 뒤 효종은 어의를 다시 불렀다.

"모든 증상은 거의 다 나았다. 이제 보약을 먹고 싶도다."

임금은 격무에 시달리랴 병마에 시달리랴 옥체가 무척 힘이 들었던 것 같다. 어의는 팔물탕을 지어 올려 임금의 몸을 보해주었다.

세자 시절에 처음 나타나 재위 말년까지 임금을 괴롭혔던 이 눈병은 효종이 사망하던 순간에도 재발했다. 같은 해인 효종 10년 4월 27일, 임금의 머리에 작은 종기가 생겼다. 처음에는 크기가 작았던 이 종기는 하루하루 급격히 악화되었다. 5월 1일이 되자 종기의 독기가 눈꺼풀에 모여 눈을 뜰 수 없을 만큼 눈 부위가 퉁퉁 부어버렸다. 사흘이 지난 5월 4일에는 종기의 독이 온 얼굴에 퍼진 상태가 되었다. 효종은 1년 전 발에 종기가 생겼을 때 자신을 치료해준 신가귀를 찾았다. 신가귀로 하여금 침으로 종기를 째도록 했다. 그런데 종기를 절개하던 중 그만 얼굴의 혈관을 잘못 건들였는지 효종의 얼굴에서 출혈이 그치지 않았다. 결국 효종은 과다 출혈로 사망하고 말았다. 조선 왕실의 역사상 최악의 의료 사고였다.

눈, 코, 피부, 폐

효종이 앓았던 여러 증세를 가만히 살펴보면 지금의 알레르기 증상과 같다는 걸 알 수 있다. 우선 눈의 알레르기 증상이 상당히 눈에 띈다. 세자 시절이었던 인조 24년 눈 주위 가려움과 안구충혈이 있었고 재채기를 자주 했다. 한동안 잠잠하다가 효종 7년에는 눈동자가 충혈되면서 깔깔한 증세가 생겼다. 효종 8년에는 눈꺼풀이 붓고 발갛게 홍반이 생겼다. 10년에도 눈병이 생겼다.

효종은 천식도 앓았다. 특히 효종 7년과 10년 눈병을 한창 앓던 시기에 천식도 함께 앓았다. 특히 효종 10년에는 눈병, 천식, 코막힘, 피부 가려움의 증세가 거의 동시에 발생했다. 피부의 문제도 꽤 있었다. 효종 즉위년에는 열 손가락 끝과 손바닥의 피부에서 껍질이 벗겨지는 증세가 생겼다. 마침 이때는 무려 두 달 이상 기침 증상을 보이고 있었다. 또 효종 3년(1652년)에는 입 주위에 발진이 생겼고 효종 5년(1654년)에는 다리의 습진이 생겼다. 효종 9년과 10년에는 원인 불명의 두드러기가 생겼다.

아마도 효종에게는 알레르기 증상이 있었던 것 같다. 알레르기란 항원으로 작용하지 않는 물질임에도 인체가 항원으로 인식하여 면역 반응을 일으키는 현상을 말한다. 쉽게 말하자면 일종의 과민 증상으로, 알레르기성 결막염과 비염이 먼저 시작되었다가 나중에는 알레르기성 천식과 피부염의 증세로 이어진다. 이는 효종의 증세와 상당히 유사하다. 처음에는 결막염과 비염이 나타났고 세월이 흐르자 천식과 피부염 증세까지 나타났다. 따라서 효종은 알레르기 체질의 소유자로 보이며, 효종에게 생겼던 여러 부위의 가려움은 이로 인해 나타났던 것이다.

효종 7년에 생겼던 귀의 가려움증은 귓구멍이 좁아질 정도로 귀에 부기가 생기고 열감, 가려움, 통증이 수반되었던 것으로 보아, 외이도염을 앓으면서 나타난 것으로 보인다. 중이염이 고막 안쪽의 작은 공간에서 생기는 염증이라면, 외이도염은 고막 바깥에서 귓바퀴까지의 공간에서 생기는 염증이다. 즉, 귓구멍에서 생기는 염증이 외이도염이다. 외이도에 염증이 생기니 귓구멍이 염증의 찌꺼기로 오염되어서 귀가 가려운 것이다. 귓병이 생기기 전후로 눈병도 생겼는데, 아마도 눈에서 생긴 염증이 잠복해 있다가 가까이 위치한 귀로 옮겨간 것이 아닐까 싶다.

효종의 점막과 가려움

알레르기로 인해 가려움이 생겼을 때 소화기를 치료함으로써 일정 부분 효과를 거둘 수 있다. 효종의 경우에도 그런 사례가 있었다. 세자 시절인 인조 24년에 눈이 가렵고 재채기가 생겼을 때 보중익기탕이란 약을 먹고 효험을 보았다. 더 정확히 말하자면 보중익기탕이란 약에 황련, 지실, 산사, 천궁, 백지, 치자, 황백과 같은 소염 작용이 있는 약재를 소량 추가해서 먹었다. 그런데 어의가 내린 보중익기탕이란 처방은 소화기가 허약한 사람이 여러 증상을 호소할 때 쓰는 약이다. 한마디로 소화기 기능 강화제이다. 어떻게 소화기 약이 알레르기를 호전시킬 수 있었을까?

우리 몸의 소화기, 호흡기, 비뇨기, 생식기 등의 내벽은 점막이라고 부르는 촉촉하고 부드러운 조직으로 덮여 있다. 눈에 보이진 않지만 엄청난 면적의 점막이 우리 배 속에 위치하고 있는 것이다. 이 가운데 소화기의 점막이 알레르기와 이로 인한 가려움증과 특히 연관이 있다.

소화기의 점막은 마치 피부와도 같다. 피부는 외부의 대기와 접촉하지만 점막은 외부에서 들어온 음식과 접촉한다. 그래서 점막은 음식과 접촉하는 내부의 피부인 셈이다. 다만 속에 있기에 안 보이고 잘 안 느껴질 뿐이다.

이 소화기 점막 가운데 장 점막에서 우리 몸의 면역 활동의 70퍼센트가 일어나고 있다. 음식에 실려 들어오는 온갖 이물질, 화학물질,

미생물 등을 방어하고 걸러내기 때문이다. 그래서 점막이 건강하지 못한 사람에게 알레르기라고 부르는 면역 과잉 반응이 잘 나타난다. 소화기 점막이 병들면 음식의 여러 성분에 대해 면역 과잉 반응이 생기고 이로 인해 알레르기 증상이 생겨 피부 가려움증으로 이어진다. 그래서 소화기의 건강을 향상시킴으로써 알레르기를 호전시킬 수 있는 것이다. 효종이 복용했던 보중익기탕이라는 소화기 기능 강화제가 바로 이런 작용을 했다.

소화기가 건강해지면 당연히 소화기의 점막도 건강해진다. 어의가 세자에게 알레르기가 있으니 세자의 장 점막에 자리 잡고 있는 면역 세포의 기능을 바로 잡으려고 이 약을 올려야겠다는 생각을 한 것은 물론 아니었을 것이다. 하지만 우리가 지금 알레르기라고 부르는 눈 가려움증, 피부 발진, 재채기 등의 증상이 나타날 때 소화기를 치료하면 좋아진다는 것을 어의는 알고 있었던 것이 아닐까? 실제로 이 보중익기탕이란 약은 소화기가 허약한 자가 알레르기 질환을 앓을 때 이를 치료하기 위한 기본 처방으로 현재에도 쓰이고 있다.

장렬왕후, 가장 높은 자리에
있었으나 가장 쓸쓸했다

〈장렬왕후 가계도〉

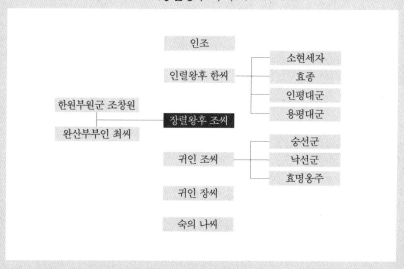

가장 높은 자리의 여인이었지만 가장 쓸쓸했다

인조 15년(1637년) 참담했던 삼전도의 항복 의식을 치른 뒤 인조는 두 아들 부부를 청나라 진영에 볼모로 남겨둔 채 쓸쓸히 궁으로 돌아왔다. 궁에는 가족이 아무도 없었다. 부인이었던 인렬왕후는 2년 전 산후병으로 이미 저세상 사람이 된 터였다. 패전의 슬픔을 위로해줄 부인도 자식도 손자도 없이 인조는 쓸쓸하게 궁에서 지내야 했다.

그러던 가운데 한 젊고 예쁜 궁녀가 인조의 눈에 들어왔다. 그녀와 함께 있으면 현실의 참담함을 잊을 수 있었다. 인조는 이 궁녀를 후궁으로 들였다. 그녀가 바로 소용 조씨다. 인조의 총애가 넘쳤기 때문이었을까? 그해 겨울 조씨는 옹주를 낳았다. 어린 옹주의 재롱에 인조는 기쁘기 그지없었다. 후궁 조씨를 향한 인조의 총애도 한없이 커졌다.

왕실에서는 왕비 자리를 계속 비워둘 수는 없었다. 간택령이 내려졌고 한원부원군 조창원의 딸이 간택되었다. 그녀가 바로 장렬왕후였는데 왕비로 책봉될 때의 나이는 15세였다. 이때 인조는 44세의 중년이었다. 소용 조씨가 장렬왕후를 좋아했을 리 만무했다. 혹시라도 인조의 사랑을 빼앗길까 싶어 온갖 수작을 부려 장렬왕후를 모함했다. 결국 장렬왕후는 궁궐에서 거의 쫓겨나다시피 별궁인 경덕궁으로 거처를 옮겨야 했다. 중전의 거처를 옮길 것이니 적당한 날짜를 잡아보라는 인조의 갑작스런 하명에 신하들이 반대하자 인조는 이렇게 대답했다.

"그곳이나 이곳이나 다 똑같은 궁궐인데 그곳으로 옮겨가는 것이 뭐가 나쁘다는 말인가!"

심지어 출궁하는 날에는 세자가 감기에 걸렸다는 이유로 궐문에서 장렬왕후를 전송하고 배행하는 것까지 못 하도록 하였다. 장렬왕후는 이렇게 쓸쓸히 별궁으로 거처를 옮긴 뒤 그저 조용히 숨죽여 지내야 했다. 이후 인조는 55세의 나이에 이르러 승하했는데 이때 장렬왕후는 26세였다. 새로 등극한 효종이 소용 조씨를 사사했고 비로소 장렬왕후는 다시 궁으로 돌아올 수 있었다.

장렬왕후는 남편의 사랑을 충분히 받아보지도 못했고 부부 생활을 제대로 한 것도 아니었다. 임신도 출산도 경험한 적이 없었다. 궁궐에서의 생활이 자유롭지도 못했을 것이다. 26세에 젊은 과부가 된 장렬왕후는 숙종 14년(1688년) 65세의 나이로 사망했다. 대비, 왕대비,

대왕대비의 자리에까지 올랐다. 남편이 살아 있었을 때에는 후궁에게 모함을 당해 억울한 세월을 보내야 했다. 남편이 죽고 난 뒤에는 슬하에 혈육 하나 없이 쓸쓸한 인생을 살아야 했다.

1단계, 얼굴이 붓다

남편인 인조는 사망했고 장렬왕후는 대비 자리에 올랐다. 성품이 착한 효종은 자신보다 다섯 살 어린 장렬왕후를 어머니의 예로써 극진히 모셨다. 남편의 사랑을 전혀 받지 못한 이 불쌍한 어머니에게 아들로서 효도는 다하고자 했던 것이다.

효종 8년(1657년) 11월 16일, 장렬왕후가 34세 때 일이었다. 대비전이 편안하지 못하다는 전교를 받자 효종은 즉시 의녀를 입진시켜 살피도록 했다.

대비의 얼굴은 퉁퉁 부어 있었다. 특히 귀 뒤에서부터 턱까지, 그리고 양쪽 눈꺼풀 부위가 가장 심했다. 왜 이리 대비의 얼굴이 부었는지 까닭을 알 수 없었다. 밤이 되면 부기가 더욱 심해졌고 침수도 편안하지 못했다. 대비를 살피고 온 의녀의 말을 듣고 어의들은 약을 지어 올렸다. 하지만 대비의 얼굴 부기는 호전되지 않았다. 곧 내의원에서는 의약 회의를 열었다.

지금까지 올렸던 탕약이 모두 효과가 없기에 일반적인 얼굴 부종 치료약을 써서는 안 된다는 의견이 나왔다. 의관들은 일단 환부가 귀 뒤에서부터 턱까지인 점, 그리고 눈에서 증세가 심하다는 점에 주목

해야 했다. 그리고 대비가 스물여섯 되던 해, 선왕이 승하한 뒤부터 이때까지 8년간 쭉 홀로 지내왔다는 사실이 그 무엇보다도 중요하다고 판단했다.

과부나 비구니의 병은 보통 부인들의 병과는 다르다. 부부 생활을 하지 않는 과부와 임신과 출산을 경험하지 않는 비구니는 자궁과 간 경락이 잘 순환되지 않아 병이 잘 온다고 보았다. 그래서 이런 경우에는 얼굴을 치료하는 약을 쓸 것이 아니라 간의 순환을 풀어주는 처방을 쓰는 것이 옳다는 것이다.

의관들이 의견을 모았고 그에 따라 처방은 가미소시호탕으로 결정되었다. 간 경락을 순환시키고 간의 열을 풀어주는 처방이었다.

내의원에서는 가미소시호탕을 달여 대비에게 올렸다. 대비는 약을 먹을수록 침수가 편안해지는 것을 느꼈다. 사흘이 지났다. 잠을 자면서도 땀이 많이 나는 것을 느꼈다. 그리고 다음 날이 되자 얼굴 부기가 빠진 것이 아닌가. 게다가 눈꺼풀의 부기도 함께 빠져 있었다. 하루가 더 지나자 증세는 거의 사라졌다. 대비전에서는 다 나았으니 더 이상 문안하지 않아도 된다는 하교가 내려왔다.

2단계, 얼굴에서 열이 나다

그렇게 대비의 증상이 다 사라진 줄 알았다. 하지만 이틀이 지나자 대비전에서 다시 기별이 왔다. 의녀를 보내 다시 살펴달라는 것이었다.

얼굴의 부기는 사라졌으나 이번에는 얼굴이 뜨거웠다. 수시로 훅훅 얼굴 쪽으로 열감이 올라왔다. 대비전에 다녀온 의녀는 대비의 증상에 대해 이렇게 고했다.

"대비 마마의 얼굴의 부기는 거의 사라졌습니다. 하지만 부기가 사라진 뒤 얼굴로 올라오는 열기로 힘들어 하십니다. 특히 밤이 되면 열기는 더욱 심해진다고 하십니다. 다른 곳은 열감이 없고 유독 얼굴에서만 열을 느끼고 계십니다."

내의원에서는 의약 회의를 다시 열었다. 유독 얼굴에서만 느껴지는 열기를 다스리기 위해 청위사화탕이란 약을 올리기로 했다.

다행히 대비의 얼굴을 훅훅 달구던 열기는 하루하루 줄어들었다. 나흘이 지나자 열기가 거의 가라앉았다. 더 이상 문안하지 말고 약도 올리지 말라는 대비전의 하교가 내려왔다. 하지만 내의원에서는 안심할 수 없었다. 완전히 증상이 사라진 것은 아니니 약을 계속 올려야 한다고 아뢰었다.

3단계, 얼굴에서 홍조와 가려움이 생기다

닷새가 흘렀다. 다 나아가는 줄 알았던 대비의 얼굴에 또 문제가 생겼다. 대비전에 다녀온 의녀는 대비의 상태에 대해 어의에게 이렇게 아뢰었다.

"대비께서는 얼굴빛이 붉은색으로 변해 계십니다. 그뿐만 아니라 가려움 탓에 얼굴을 긁고 계셨습니다."

대비전의 치료가 금방 끝날 줄 알았는데 계속 새로운 증상이 꼬리를 물고 있었다. 먼저 얼굴의 홍조를 치료하는 승마황련탕을 올렸다. 호전이 없어 청상방풍탕을 지어 올렸다. 그래도 호전이 없었다. 대비는 진찰을 위해 찾아온 의녀에게 자신의 증상을 알렸다.

"탕약을 계속 복용하고 있으나 얼굴의 홍조는 아직 낫지 않았다. 가려움도 여전한데 이제는 얼굴뿐 아니라 귀까지 가렵구나. 밤이 되면 가려움이 더욱 심해진다. 간혹 얼굴로 열이 다시 올라올 때도 있다. 이상한 것은 열이 오르는데도 얼굴에서 땀은 나지 않는다. 얼굴과 눈꺼풀이 다시 붓는 것 같은 느낌도 있다. 땀이 나면 부기와 가려움이 나을 것도 같다."

대비의 증상은 다시 악화되고 있었다. 혹시나 대비가 혈이 허하여 그런가 싶어 보혈하는 약을 올렸으나 부기만 더 심해졌다. 호전과 악화가 반복되니 효종은 걱정되고 답답하다며 어의를 재촉했다. 내의원에서는 땀이 잘 나게 해서 얼굴의 열기와 가려움이 나을 수 있도록 가미패독산이란 약을 올렸다. 가미패독산은 피부에 독기가 쌓여 있을 때 땀이 잘 나게 하여 독기를 배설케 하는 처방이다.

약을 올리고 이틀이 지나자 대비는 비로소 얼굴의 홍조와 가려움이 줄어드는 것을 느꼈다. 열감도 줄고 침수도 편안해졌다. 증세가 생기고 낫기까지 총 40일의 시간이 걸렸다.

재발하다

1년의 시간이 흘렀다. 효종 9년(1658년) 10월 30일, 임금의 하교가 내의원에 떨어졌다.

"자전(임금의 어머니를 이르던 말)께서 어제 저녁부터 얼굴에 가려움증과 부기가 생겼다고 하는데 이는 작년에 생긴 병이 재발한 것으로 보여 걱정이 된다. 증상을 살펴 약을 올리도록 하라."

대비가 1년 전에 앓던 바로 그 증상이 또 생긴 것이다. 대비는 얼굴이 붓고 열이 나고 가려워 긁고 있었다. 작년과 증세가 똑같았다. 차이점이 있다면 작년에는 붓고 열이 나고 홍조가 생기고 가려워지는 증세가 차례차례 나타났지만 이번에는 이 모든 증상이 동시에 나타났다는 점이다.

어의는 방풍통성산을 대비에게 올렸다. 대비의 얼굴에 몰려있는 독기를 땀, 대변, 소변으로 골고루 배설하게 할 수 있는 약이 바로 방풍통성산이기 때문이다. 약을 투여하자 악화 없이 대비의 증세는 바로 호전되었다. 열흘이 지나자 이제 다 나았으니 약은 그만 올려도 된다는 대비의 하교가 내려왔다.

입은 침묵하나 몸은 말하고 있다

장렬왕후는 안면홍조증을 앓았던 것으로 보인다. 어의들은 여러 종류의 약을 지어 대비에게 올렸다. 이 가운데 실패했던 처방도 있고 성공했던 처방도 있다. 그렇다면 이 처방들을 살펴보면 장렬왕후가 왜 안면홍조증을 앓았는지 대략 짐작할 수 있지 않을까?

장렬왕후의 증세를 특히 악화시켰던 처방은 양혈凉血지황탕과 양혈養血지황탕이었다. 이 약들은 보약에 해당하는 처방이다. 혈을 보충해주는 약이다. 분명 좋은 처방이지만 장렬왕후에게 이 약을 투여하자마자 증세는 악화되었다. 반대로 증세를 호전시켰던 처방은 가미소시호탕, 청위사화탕, 가미패독산, 방풍통성산이다. 이 약들의 공통점은 강하게 순환을 시켜주고 막힌 곳을 뚫어주는 작용을 한다는 점이다.

그렇다면 장렬왕후의 얼굴에 나타났던 홍조증은 기운이 부족하고 허약해서 생긴 병이 아니었다는 말이다. 오히려 기운이 막히고 몰려서 얼굴에 병이 나타났다는 것이다. 비유하자면 둑 문이 막혀 상류에는 홍수가 나고 하류에는 가뭄이 생긴 것이다. 치료에 실패했던 처방들은 홍수가 난 상류에 물을 붓는 작용을 했다. 성공했던 처방들은 막힌 둑문을 찾아 열어서 상류에 갇혔던 물을 하류로 흘려보내는 작용을 했다.

장렬왕후는 둑 문이 막혀 있었다. 그래서 상류인 얼굴에 체액과 혈액이 갇혀 얼굴 부종, 안면 홍조, 그리고 상열감과 가려움이 생겼다. 막힌 둑 문을 뚫는 처방이 들어가자 비로소 호전을 보였다. 장렬왕후의 얼굴 가려움은 순환이 막혀 생긴 것이었다.

몇 백 년 전 돌아가신 왕실의 여인에게 외람된 얘기일지 모르겠으나 장렬왕후에게는 탕약도 필요했지만 인생의 반려도 필요했던 것 같다. 입으로는 맛난 음식을 먹고 몸으로는 고된 일을 할 필요가 없어 편안했을지 모른다. 하지만 외롭다, 쓸쓸하다 말하고 공감해줄 수 있는 사람도 필요하지 않았을까? 갑자기 얼굴에서 열이 오르고 홍조가 생기고 가려움이 생겼던 것은 입으로 말하지 못한 그 외로움이 몸에서 쌓이고 쌓여 둑 문을 막아버려서가 아니었을까? 공감해줄 인생의 반려가 없었기에 1년 뒤 똑같은 증세가 재발하지 않았을까? 아마 현대에도 인생의 짝꿍이 필요한 수많은 장렬왕후가 있을 것 같다.

방풍통성산의 효능

앞서 효종의 두드러기에도 두 차례나 쓰였던 방풍통성산이 장렬왕후의 얼굴 부종과 가려움증에도 쓰였다. 이 처방은 무슨 효능이 있기에 두드러기에도 쓰이고 부종과 가려움증에도 쓰이는 것일까?

방풍통성산이란 약은 풍風과 열熱과 조燥라는 세 가지 병인에 의해 생긴 온갖 병을 치료해주는 처방이다. 쉽게 말하자면 염증으로 인해 붓고 열이 나고 건조할 때 이 처방을 사용할 수 있다. 피부병이건 변비이건 파상풍이건 경련이건 전염병이건 간에 일체 열독이 있다면 이 처방을 활용할 수 있다. 그래서 피부 질환의 경우에는 여드름, 두드러기, 홍역, 지루성 피부염, 주사비酒渣鼻(코끝이 빨개지고 딸기처럼 울퉁불퉁해지는 만성 충혈 질환 가운데 하나) 등에 활용한다.

이 방풍통성산을 구성하는 약재 가운데 대황, 망초는 열독을 대변으로 내보내고 활석, 석고, 치자는 열독을 소변으로 내보낸다. 길경,

방풍, 마황, 박하, 연교, 형개는 열독을 피부로 내보낸다. 천궁, 당귀, 작약은 장부 간의 혈액 순환을 촉진시킨다. 그래서 대변, 소변, 피부를 통해 체내에 쌓인 온갖 열독을 배출하는 것이다. 이는 염증으로 쌓인 온갖 찌꺼기를 청소해서 대변, 소변, 피부로 배설하게 한다는 뜻이다. 방풍통성산은 염증의 찌꺼기를 제거하는 효과가 뛰어나기에 현재에도 여러 염증성 질환에 자주 사용된다.

현종, 가려움의 진짜 원인은 이것

〈현종 가계도〉

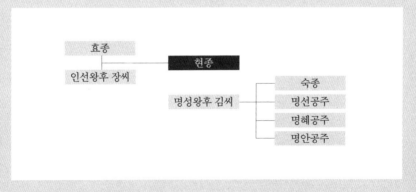

당신의 아버지는 장남이 아니다

효종 10년(1659년) 5월 4일 효종은 얼굴에 생긴 종기를 치료하던 중 과다 출혈로 승하했다. 이제 그의 아들 현종이 19세의 나이로 임금의 자리에 올랐다.

현종은 조선의 왕들 가운데 유일하게 외국에서 태어났다. 효종 부부가 청나라에 볼모로 끌려가 살던 중 현종을 낳았기 때문이다. 또한 현종은 조선의 왕들 가운데 유일하게 후궁을 두지 않았다.

현종 재위 기간에는 흉년이 이어졌다. 특히 현종 11년, 12년(1670, 71년)에는 경신대기근이라 불리는 초유의 기근이 나라를 휩쓸고 지나갔다. 지진, 역병, 냉해, 가뭄, 홍수, 병충해가 연이어 덮쳐 국토가 초토화되었다.

"가엾은 우리 백성들이 무슨 죄가 있단 말인가. 아, 허물은 나에게 있는데 어째서 재앙은 백성들에게 내린단 말인가."

현종은 굶주리는 백성들을 살리기 위해 모든 역량을 집중했다. 왕실은 음식 가짓수를 줄이고 금주했으며 백관은 봉급을 낮추었다. 망국 지경까지 갔던 나라는 겨우 되살아날 수 있었다.

재위 기간 동안 현종을 괴롭힌 것은 흉년만이 아니었다. 예송 논쟁이라 불리는 서인과 남인 간의 싸움이 두 차례에 걸쳐 일어났다. 문제는 아버지인 효종이 장남이 아니라는 것에서 시작되었다. 송시열을 필두로 한 서인 측에서는 아무리 효종이 왕위에 올랐어도 적장자로 인정할 수는 없다는 입장이었다. 반대로 남인 측에서는 장남이 죽은 뒤 차남이 왕위를 계승한 것이므로 효종이 실질적인 적장자라는 입장이었다. 아버지를 적장자로 인정할 수 없다는 서인의 입장은 임금 현종의 정통성을 훼손시켰을 것이다. 이렇게 안팎으로 힘든 시절을 보낸 현종은 34세의 젊은 나이로 사망했다.

오른쪽 발가락이 붉고 가렵다

임금의 자리에 오르고 한 달여가 지난 6월 24일, 현종에게 이상한 증세가 생겼다. 오른쪽 엄지발가락이 붉게 부어오른 것이다. 발가락이 붓다 보니 걸음을 걸을 때도 불편했다. 게다가 가렵기까지 했다. 발톱 주변의 살이 붓고 문드러지고 붉게 충혈되어 있었다.

내의원에서는 발가락에 바르는 약을 지어 올렸다. 세종대왕의 명으로 우리나라에서 생산되는 약재를 총망라하여 정리한 《향약집성방》이라는 의서에는 현종과 똑같은 증세에 쓰는 약이 기재되어 있다. 《향약집성방》에 의하면 발톱을 잘못 자르다가 발가락에 미세한 상처가 생겨 살이 짓무를 때에는 황기가 좋은 약이 된다고 하였다.

먼저 황기를 잘게 썰어 술에 담가둔다. 돼지기름을 약한 불로 끓인 뒤 여기에 황기를 넣고 끓인다. 찌꺼기를 걸러내고 황기가 우려져 나온 기름을 받아 식히면 환부에 바를 수 있는 연고가 된다. 내의원에서는 이것을 효종의 엄지발가락에 바르도록 했다.

연고를 바르자 조금씩 효과가 나타났고 어의는 연고가 떨어지지 않도록 계속 만들어 올렸다. 한 달가량 지나자 발가락은 완전히 회복되었다. 황기로 만든 연고를 발랐을 뿐이었다.

왼쪽 발이 가렵기 시작하더니

1년이 지나 현종 1년(1660년) 6월이 되었다. 이번에는 왼쪽 발에 문제가 생겼다. 왼쪽 엄지발가락부터 세 번째 발가락 사이의 피부가 극심하게 가렵고 살이 짓무르고 갈라진 것이다. 이뿐만 아니라 발등도 붓고 홍반이 심한 상태였다. 발에 습진이 생긴 것이다. 1년 전 엄지발가락의 상태보다 범위나 정도가 훨씬 심했다.

1년 전 발톱 주변의 살이 짓물렀을 때 연고를 발라 효과를 보았으니 내의원에서는 이번에도 연고를 처방했다. 마치현, 대황, 유근피로 만든 연고를 교대로 만들어 올렸다. 또한 금은화로 차를 만들어 여기에 우황 가루를 풀어 함께 마시도록 했다. 침 치료도 함께했다.

환부의 부기는 줄었으나 진물이 계속 흘러나왔다. 이번에는 연고만으로는 안 되겠다 싶어서 다리에서 생기는 여러 염증을 치료하는 당귀점통탕이란 약을 임금에게 올려 복용하도록 했다. 그러자 홍반과 가려움이 조금씩 줄어드는 듯 보였다.

다리의 습진을 잡았다 싶었는데 다른 곳에서 문제가 생겼다. 눈 바깥쪽 눈꼬리에 붉게 홍반이 생긴 것이다. 눈꼬리에 홍반이 생긴 뒤부터 증세들이 쉽게 잡히지 않았다. 습진이 좋아지면 눈이 나빠지고 얼마 뒤에는 습진도 다시 나빠지고 가려움도 심해졌다. 여러 종류의 연고를 종류를 바꿔가며 발라보았지만 효과가 없었다.

그러던 가운데 또 새로운 증상이 튀어나왔다. 오른쪽 머리의 귀 윗부분에 콩알만 한 부스럼이 생긴 것이다. 얼마가 지나자 왼쪽 머리의 귀 뒤쪽에서 좁쌀만 한 부스럼이 생기더니 오후가 되자 금세 콩알 크기로 커졌다. 얼굴에 열과 부기도 올랐다. 두통도 생겼다. 또 얼마가 지나자 오른쪽 귀가 짓무르더니 속에서 진물이 흘러나왔다. 결국 효종은 발가락, 발등, 눈꼬리, 옆머리, 뒷머리, 귀에까지 모두 피부병이 걸렸다.

발에 습진이 생긴 지 한 달하고도 반이 흘렀다. 여러 약도 먹어보고 연고도 발라보았지만 차도가 없었다. 그러던 중 발의 습진 부위가 딱딱해졌다. 임금은 어의를 불러 습진 부위에 침을 놓도록 했다. 하루가 지났다. 신기하게도 습진 부위의 딱딱한 느낌이 호전되었다. 연고를 발랐을 때보다 침을 맞은 후에 더 효과가 있는 것 같았다.

"어제 침이 자못 효과가 있었다. 안쪽 발목의 습진 부위에는 아직 홍반이 있는데 오늘 침을 한 번 더 맞으면 없어질 것 같다."

침을 맞고 즉각 효과가 나타나자 현종과 어의들은 모두 기뻐했다.

혈변을 보다

침을 맞은 이튿날 새벽이었다. 도성 문이 열리고 통행금지 해제를 알리는 종소리가 울렸다. 그때 현종은 갑자기 복통이 느껴졌다. 몸이 으슬으슬 춥고 열도 살짝 나는 것이 왠지 감기 기운과 비슷했다. 대변을 봤다. 설사였다. 그런데 대변에 피가 섞여 있었다. 혈변이었다!

몇 시간이 더 흘러 동이 틀 무렵이 되었다. 다시 잠자리에 들었던 현종은 또 복통을 느껴 잠에서 깼고 다시 설사가 나왔다. 이번에도 피가 섞인 변이었다. 조반을 들어야 할 시간이 되었으나 배가 또 아팠고 두 번이나 혈변을 보았다. 아침나절에만 네 번 혈변을 본 셈이었다. 현종은 더욱 큰 병에 걸린 것이 아닌가 싶어 당혹스러웠다. 그런데 한 가지 신기한 것은 혈변을 본 뒤 오히려 배 속이 편안하고 뭔가 시원한 느낌이 들었다는 점이다.

더욱 신기한 일은 이틀 뒤에 생겼다. 6월 초부터 시작되어 거의 한 달 반 동안 임금의 몸을 괴롭히고 있는 습진이, 그동안 온갖 연고와 약을 다 써도 지지부진 낫지 않던 습진이, 혈변을 보고난 뒤 갑자기 크게 호전되었다.

혈변을 네 차례 보고 이틀이 지나자 발등의 습진 부위에 있던 딱지가 거의 다 떨어졌다. 피부 상태가 좋아진 것이다. 또한 눈의 상태도 자못 좋아졌다. 붉은색의 홍반도 옅어졌다.

또 하루가 더 지났다. 대변에 피떡이 간간이 보였다. 사흘 전처럼 심한 혈변은 아니었다. 그러자 이번에는 얼굴의 열감과 두통이 모두 사라졌다. 혈변을 처음 본 지 이레가 지나자 마침내 발의 습진이 나았다. 내의원에서 임금의 발등이 어떠한지 안부를 묻자 이제 거의 다 나았으니 문안하지 말라는 임금의 하교가 떨어졌다. 6월 초에 시작되어 7월 말이 되기까지 거의 두 달 가까이 홍반과 가려움으로 고통을 주던 습진이 혈변을 본 이후로 확연히 호전된 것이다.

손과 눈이 가렵다

해를 넘겨 현종 2년(1661년) 1월이 되었다. 몇 달간 임금의 피부가 잠잠한가 싶더니 또 문제가 생겼다. 이번에는 오른쪽 손등이었다. 오른쪽 손등의 피부가 짓무르고 가려웠다. 발등의 습진이 겨우 나아 한숨 돌린 지 다섯 달 만에 손등에 또 습진이 생긴 것이다. 내의원에서는 약재를 달여 약수藥水를 만들어 올렸다. 고삼, 사상자, 백반을 진하게 끓여 만든 약수로 손등을 하루 세 번 씻도록 했다. 하지만 효과는 없었다.

열흘여가 지나자 안타깝게도 또 눈병이 생겼다. 왼쪽 눈의 흰자위가 붉게 충혈되었다. 손등의 가려움은 여전했다. 내의원에서 여러 종류의 연고를 만들어 올렸다. 짓무른 살이 아무는 데 특효가 있는 족

제비의 살黃獷肉을 건조하여 가루 낸 것을 뿌려보기도 했다.

한 달이 더 흐르자 현종에게 또 새로운 증상이 생겼다. 왼쪽 서혜부鼠蹊部(사타구니)의 피부가 짓무르기 시작했다. 내의원에서 먹는 약과 바르는 연고를 지어 올렸다. 1월 초에 시작된 손등의 습진은 온갖 치료 끝에 3월 말이 되어서야 겨우 나았다.

이번엔 가슴과 등이 가렵다

가려움은 4년이 지난 현종 6년(1665년) 4월에 또 찾아왔다. 이번에 가려움이 생긴 부위는 가슴과 등이었다. 붉은색의 점이 가슴과 등에 빡빡하게 생겼고 가려움이 느껴졌다. 또 습진이 생긴 것이다. 부위만 달라졌을 뿐이었다. 머리에도 뭔가가 생겨 손으로 눌러보면 좁쌀 같은 알갱이가 속에 있는 것처럼 느껴졌다. 눈병도 또 도졌다. 눈병은 벌써 몇 차례인지 모를 지경이었다.

내의원에서는 열을 내리기 위해 시호사물탕과 황련해독탕을 합방하여 약을 지어 올렸다. 그리고 또 한 가지 처방을 내렸다. 현종에게 온천에 다녀오도록 한 것이다. 현종의 피부병이 심해질 때 온천에 다녀오면 한동안 증상이 수그러들었기 때문이었다.

온천물에 몸을 담근 후 가슴과 등의 습진은 호전되었다. 하지만 그 뒤로도 피부병과 눈병은 계속 재발했다. 종기도 잘 생겨 고름이 차오르기도 했고 눈병은 거듭 재발하여 사물을 보기가 힘들 지경이었다. 그렇게 죽는 날까지 현종은 피부병과 눈병으로 고생해야 했다.

왜 여기저기 가려웠을까

증상을 보면 현종은 습진을 자주 앓는 체질로 보인다. 또 어찌 보면 현대에 만연한 아토피성 피부염을 앓았던 것도 같다. 툭하면 눈 주위와 손발과 가슴 부위에 홍반과 가려움이 생긴 점과 깔끔하게 낫지 않고 장기간 호전과 재발을 반복한 점이 이 질병을 떠올리게 한다. 그렇다면 현종은 아토피성 피부염이 있는 군왕이었을까?

가려움증과 진물이 생겼던 피부 증상만 본다면 그렇게 생각할 수도 있겠지만, 현종이 일생에 걸쳐 앓았던 여러 증상을 본다면 현종은 아토피가 아니라 다른 병을 앓았음을 알 수 있다. 무슨 병을 앓았는지 결정적인 단서를 제공해주는 때가 바로 현종 10년(1669년)이다. 이때 현종은 턱 아래쪽 목 부위에 크기가 호리병만 한 멍울이 생겼다. 속에 고름이 가득 차서 침으로 절개하자 한 되가량의 고름이 터져 나왔다. 턱 아래뿐만 아니라 쇄골, 뒷목, 겨드랑이에도 속에 고름이 찬 동그란 멍울이 줄줄이 생겨났다. 이렇게 목 주변에 동그랗게 멍울이 솟으면서 속에 고름이 차오르는 특징이 있는 질병이 있는데 바로 림프절염이다.

특히나 현종처럼 멍울에 고름이 차는 것은 세균에 감염된 탓이다. 이런 증상이 장기간에 걸쳐 서서히 진행되는 상태라면 결핵균에 의한 결핵성림프절염으로 판단할 수 있다. 보통 결핵하면 결핵균이 폐를 침입한 폐결핵을 떠올리지만, 폐 이외에 다른 곳에 문제가 생길 수도 있다. 대표적인 부위가 림프절이다. 림프절은 목 주위, 쇄골, 겨드랑이, 서혜부 주변에 집중 분포하고 있는데 여기에 결핵균이 침입하면 볼록한 모양의 멍울이 생기면서 속에 고름이 차게 된다. 바로 현종이 앓았던 증상이다.

결핵균이 피부를 침입하면 피부결핵이 되고, 뼈와 관절을 침입하면 골결핵이 된다. 피부결핵의 증상은 피부가 짓물러 궤양이 되거나 좁쌀에서 팥알 크기의 구진丘疹(작고 단단하면서 볼록하게 융기된 피부병변)과 홍반이 생기며 가려움증과 열감이 생기기도 한다. 골결핵의 증상은 주로 요통이다. 결핵균이 척추를 잘 침입하기 때문이다. 이 결핵균은 안구를 침입하기도 한다. 안구가 충혈되거나 눈에 붉은색이나 푸른색 또는 흰색의 막이 생겨 눈자위를 덮게 된다. 모두 현종이 앓았던 증상이다.

현종은 눈병이 매우 잦았다. 또한 피부병도 잦아서 습진과 같은 형태의 피부 질환이 몸의 여기저기에 생겼다. 게다가 재위 말기에는 요통으로 크게 고생하기도 했다. 재위 초기에 현종을 가장 괴롭혔던 병은 눈병과 피부병이었고, 재위 중기에는 눈병과 멍울, 그리고 재위 말기에는 요통이었다. 그렇다면 현종이 결핵을 앓았다고 볼 수 있지 않을까?

결핵균이 침입했으니 현종의 면역 세포는 결핵균과 치열하게 싸움을 벌였고 그 싸움 끝에 생긴 결핵균의 시체와 염증 찌꺼기가 고름 형태로 현종의 림프절에 차올랐다. 이 시체와 찌꺼기로 현종의 림프절이 오염되었고 피부와 척추와 안구도 오염되었다. 그래서 림프절염이 생기고, 습진, 가려움증, 요통, 눈병이 생겼다. 현종은 중증 결핵 환자였던 것이다.

돼지기름의 효과

현종 즉위년(1659년) 6월 현종의 오른쪽 엄지발가락에 염증이 생겨 발가락이 붉게 부어오르고 살갗이 짓물렀다. 이때 내의원에서는 돼지기름에 황기를 넣고 끓여 우려낸 뒤 이 기름을 걸러 식혀 연고로 만들어 환부에 발라주었다. 실제로도 이 연고는 효과가 있어서 현종의 발가락을 낫게 해주었다.

　언뜻 보면 돼지기름을 약용하다니 뭔가 원시적이라는 느낌이 들지도 모르겠다. 그런데 각 동물의 기름에는 특정한 약효가 있다. 먼저 수탉의 기름은 청력 저하를 치료하는 데 효과가 있다. 거위의 기름은 손발이 튼 것을 치료해준다. 오리의 기름은 부종을 치료해준다. 곰의 기름은 기미와 두부 백선을 치료해준다. 고라니의 기름은 종기를 치료해준다. 그리고 돼지기름은 온갖 종기와 악성 피부 질환을 치료하는 효능이 있다. 돼지기름을 연고로 만들어 바르면 피부를 윤택하게 하여 살이 트거나 갈라지지 않게도 해준다. 민간에서 오소리기름을 화상입은 곳에 써서 효과를 보았다는 이야기를 들어본 적이 있을 것이다. 이 역시 특정 동물의 기름 성분에 어떤 약효가 있기 때문에 가능한 것이다.

　임금의 발가락에 염증이 생겨 살갗이 붓고 짓물렀을 때 돼지기름을 이용해서 연고를 만든 것은 원시적이어서 그런 것도 아니고 약재가 없어서 그런 것도 아니었다. 돼지기름의 약성을 피부병 치료에 활용한 것이다.

명현을 겪다

명현이란 호전되는 반응인데 일시적으로 악화되는 것처럼 보이는 현상을 말한다. 치료하는 도중 환부의 크기가 일시적으로 더 커진다든지, 구토나 설사가 생긴다든지, 고름이나 진물이 전보다 더 많이 나오는 등의 증상이 나타날 수 있다. 이는 얼핏 악화되는 것 같지만 실은 호전되는 과정에서 나타나는 일시적인 현상이다.

　피부 질환을 치료하다 보면 어떤 변화가 생겼을 때 이것이 호전 반응인지 혹은 악화 반응인지 헷갈릴 때가 있다. 만약 명현 현상이라면 이런 특징이 있다. 첫째, 환부의 크기가 커지더라도 환부의 성상이 좋아진다면 이는 호전 반응이다. 검었던 색이 밝아지고 두꺼웠던 환부가 얇아지고 있다면 설사 환부의 크기가 커지더라도 이는 호전 반응이다. 둘째, 구토나 설사 혹은 진물과 같이 배설되는 증상이 나타난 뒤 몸이 가벼워지면 이는 호전 반응이다. 진물이나 고름이 터진 뒤 환부의 부기와 홍반이 줄었다면 이 또한 호전 반응이다. 셋째, 몸의 기본적인 생리 상태가 좋아지고 있다면 당장 피부에 변화가 없더라도 이는 역시 호전 반응이다. 대변을 볼 때 더 시원하고 소화가 더 편안해지고 생리통이 줄고 수면이 좋아지고 전에는 안 나던 땀이 난다면 이는 분명 호전 반응이다. 설사 피부가 나빠지는 것처럼 보일지라도 몸이 좋아지면 피부도 반드시 뒤따라 좋아지기 때문이다.

현종에게도 이런 명현이 있었다. 바로 현종 1년에 생겼던 혈변 사건이다. 발등의 습진이 낫지 않아 고생하던 어느 날 새벽, 갑자기 복통이 일더니 네 차례에 걸친 혈변을 보았다. 그러자 배 속이 편안하고 시원해지더니 이틀이 지난 뒤에는 습진이 확 좋아진 것이다. 습진 부위의 딱지가 거의 다 떨어지면서 환부가 얇아졌고 홍반도 옅어졌다. 하루가 지난 뒤 피떡이 섞인 대변을 한차례 더 보자 얼굴의 열감과 두통이 사라졌고 나흘 뒤에는 발의 습진이 싹 나았다.

배 속에 있어 눈으로 보이지는 않았지만 장 점막에 있던 염증과 독소 물질이 혈변으로 배설되면서 점막의 충혈이 호전되었던 것이다. 현종의 장 점막이 깨끗해지자 피부도 함께 깨끗해졌다. 현종의 혈변은 명백한 명현이었다.

왜 그렇게 자꾸 재발할까

질병을 호되게 앓고 난 사람이라면 재발의 여부에 대해 걱정할 것이다. 사실 한평생 재발하지 않는다고 보장할 수 있는 질병은 없다. 왜냐하면 인간人間은 사람 사이에서 살기 때문이다. 여러 사람과 더불어 살기에 어쩔 수 없이 병이 재발할 수 있다. 혼자 뚝 떨어져 산속에 도인처럼 산다면 모든 질병과 희로애락의 고뇌에서 벗어날 수 있겠지만, 대부분의 인간은 그렇게 할 수 없다. 이 속세에서 서로 뒤엉켜

때로는 오염된 환경 속에서 오염된 음식을 먹으며 욕심과 번뇌 속에 뒹굴며 살아갈 수밖에 없다. 그러니 재발의 가능성은 항상 열려 있는 것이다.

왕실 인물 가운데 유독 재발이 심했던 임금이 바로 현종일 것이다. 현종은 습진과 눈병을 자주 앓았다. 습진을 앓았던 해는 현종 1~7년, 9~10년, 15년이다. 눈병은 현종 1년에서부터 사망하던 해인 현종 15년까지 끊임없이 재발하면서 호전과 악화를 반복했다. 이 정도면 임금의 자리에 오른 뒤 습진과 눈병을 주구장창 앓다 승하했다고 해도 과언이 아니다.

현종 6년에 습진이 또 찾아와 가려움증까지 생겼고 눈병도 심해졌다. 현종은 견디다 못해 온천에 다녀오기로 했다. 4월 17일 온양 온천으로 출발해서 21일 도착했다. 이곳에서 뜨거운 온천물에 몸을 담그며 20여 일간 휴양하다가 5월 12일 다시 한양으로 돌아왔다.

그렇게 온천에 다녀온 뒤 현종의 습진과 눈병은 크게 호전되었다. 이에 대해 《조선왕조실록》에는 이렇게 기록되어 있다.

"임금께서 눈병이 있은 이후로 서책의 글자 획을 거의 구분하지 못하였는데, 온천에서 목욕을 하고 난 뒤 크게 효험을 보아 문서의 작은 글자도 뚜렷하게 볼 수 있었으며 수백 걸음이나 떨어져 있는 사람도 구별할 수 있게 되었다. 습진은 거의 흩어져서 아물었고 오른쪽 턱밑 멍울의 남은 기운도 이때에 이르러 거의 사라졌다."

책의 글씨가 안 보일 정도로 눈병이 심해지고 습진과 멍울도 심해

참다못해 온천에 다녀왔는데 이렇게까지 탁효를 보았던 것이다. 만약 이때의 온천행 이후로 습진과 눈병이 영원히 사라지고 다시는 재발하지 않았다면 얼마나 좋았을까? 불행히도 병은 또 찾아왔고 현종은 사망할 때까지 같은 병에 시달려야 했다.

왜 이리 현종의 병이 깔끔히 낫지 않고 재발했을까? 그 이유는 바로 임금이라는 현종의 신분이 문제였다고 본다. 조선 시대 왕의 하루 일과는 혹독했다. 해가 뜨기 전 기상해야 했고 밤 10시는 되어야 모든 공식적인 일정이 끝났다. 지금으로 치자면 새벽 4, 5시에 기상해서 출근하고 밤 10시까지 격무에 시달리다가 겨우 퇴근하는 셈이다. 잠자는 시간 외에는 죽을 때까지 나랏일만 하는 것이 임금의 일과였다. 선위하거나 쫓겨나기 전까지는 절대 그만둘 수 없었다.

그런데 현종은 푹 쉬고 잘 먹으며 요양에만 전념해야 하는 결핵 환자였다. 중병 환자가 이렇게 혹사당하니 어떻게 병이 재발하지 않을 수 있겠는가? 그나마 궁궐을 떠나 온천에 가서 잠시나마 정사를 잊고 요양하니 눈에 띄게 탁효를 볼 수 있었다. 현종 개인의 건강을 생각한다면 그때 한양 궁궐로 돌아가지 말았어야 했다. 그냥 필부로 살면서 세상사를 다 잊고 편안하게 요양했더라면 병이 재발해서 34세의 젊은 나이로 죽지는 않았을 것이다. 임금이라는 신분이 마냥 행복한 자리는 아니었던 셈이다.

숙종, 배 속에 딱딱한 것이 있습니다

〈숙종 가계도〉

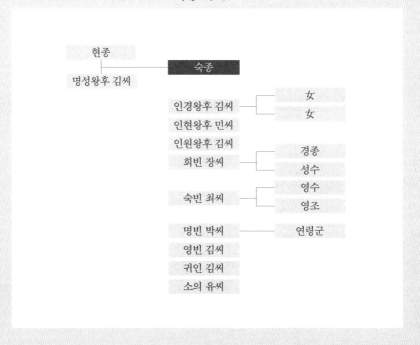

인생의 후반기에 몰려온 가려움증

현종은 34세의 젊은 나이로 승하했다. 이제 빈 옥좌에 올라야 할 사
람은 바로 14세의 어린 숙종이었다. 비록 숙종은 나이가 어렸지만 임
금으로서의 위풍은 당당하기 그지없었다. 숙종은 장남과 정실 왕비
사이에서 태어난 적장자였기 때문이다. 선대 임금이었던 선조, 광해
군, 인조, 효종은 모두 적장자가 아니었다. 후궁 소생이거나 혹은 차
남이었기에 항상 정통성 시비에 휘말렸다. 하지만 숙종은 그 어느 누
구도 시비를 걸 수 없는 당당한 적장자 신분이었다. 어린 나이에 즉
위했지만 숙종은 이 점을 잘 간파하여 신하들에게 휘둘리지 않고 국
정을 주도했다.

　하지만 재위 기간 동안 일어났던 세 차례 사화의 여파가 왕실에까
지 미쳤다. 사화를 거치면서 왕비 자리의 주인이 계속 바뀌었다. 숙

종의 옆을 지켰던 왕비는 인경왕후, 인현왕후, 인원왕후로 총 세 명인데, 사사된 희빈 장씨까지 합하면 총 네 명이 되는 셈이다.

14세에 즉위한 숙종은 46년간 재위하다가 60세에 승하했다. 긴 기간을 재위한 만큼 숙종에게는 병이 잦았다. 가려움증 역시 숙종을 괴롭혔는데 특징적인 것은 재위 후반기에 집중적으로 모여 있다는 점이다. 재위 초반기에는 가려움증이 없었다. 숙종 15년(1689년)에 속이 메스꺼우면서 손목이 가려운 증세가 생겼는데 귤치죽여탕이란 약으로 사흘 만에 가려움이 호전되었다. 숙종 23년(1697년)에는 발등이 붓고 가려운 증상이 생겼는데 자초고라는 연고를 발라 열흘 만에 호전되었다. 하지만 숙종 31년(1705년) 이후에는 한두 해마다 가려움증이 반복해서 도졌다. 숙종 41년(1715년) 이후부터 사망한 46년(1720년)까지는 거의 매일 밤 미칠 듯한 가려움과 싸워야 했다.

새살이 돋을 때 가렵다

숙종 31년, 임금은 이제 45세 중년의 나이가 되었다. 이 무렵부터 숙종 말년을 무척이나 괴롭힌 가려움증이 하나씩 시작되었다. 그해 9월, 숙종은 한쪽 엉덩이를 바닥에서 들어 올린 채 어정쩡한 자세로 정사를 보았다. 왜냐하면 오른쪽 엉덩이에 종기가 났기 때문이었다.

"종기가 난 곳의 살갗이 딱딱하다. 지난밤 몸에서 으슬으슬 한기가 돌더니 종기가 생기려고 그러했던 것 같다. 오늘은 입맛이 없어 수라를 제대로 들지 못했다."

어의는 종기가 난 곳을 살펴보았다. 홍반이 보이는 곳이 종기의 뿌리가 있는 곳이 틀림없을 터였다. 무릇 종기가 생기면 독기가 있는 곳에 붉은 기운이 돌다가 시간이 흐르면 고름이 생긴다. 고름이 충분히 무르익었을 때 침으로 째서 배농한다. 고름을 잘 짜내면 새살이 돋아 종기가 낫는 것이다. 그래서 고름이 생기기 전에는 고름이 잘 익도록 하는 약을 쓰고, 고름이 생긴 뒤에는 고름이 잘 배출되고 새살이 생기게 하는 약을 쓴다. 지금 숙종은 종기가 시작된 터이므로 독기가 고름으로 바뀌게 하는 내탁강활탕이 필요했다. 어의는 약을 바로 지어 올렸다.

닷새가 지나자 기대한 대로 고름이 잘 무르익었다. 이틀 뒤 어의는 침의鍼醫를 대동해서 대전에 들었다. 침의란 침 전문 의관으로, 이번처럼 환부에 칼을 써서 절개를 해야 할 때에는 침의가 나서게 된다. 숙종은 엉덩이의 환부를 침의에게 보였다. 침의는 임금의 종기 부위를 칼로 찢고 두 손으로 힘껏 고름을 쥐어짜냈다. 고통스러워 하는 숙종의 비명이 대전 가득 울렸다. 하지만 침의는 살갗 깊숙이 숨어 있는 보이지 않는 썩은 피고름까지 온전히 다 짜내지 않고서는 깨끗이 나을 수 없노라며 인정사정없이 고름을 짜내었다.

침의의 시술 덕분에 고름은 순조롭게 빠져나왔다. 어의는 이제 다른 탕약을 처방했다. 고름이 빠져나간 자리에 새살이 잘 돋아나게 해주는 탁리소독음을 달여 올렸다.

그렇게 종기가 순조롭게 치료되던 가운데 숙종이 전에 없던 증상을 호소했다. 잘 낫고 있던 종기 부위가 가렵다며 종기가 난 오른쪽 엉덩이를 긁적였다.

"종기가 생긴 곳은 차츰 좋아지고 있다. 수라도 전보다 더 잘 들고 있다. 그런데 종기 부위가 때때로 가려울 때가 있다. 종기가 처음 생겼을 때에는 살갗을 만지기만 해도 통증이 심했으나 지금은 많이 좋아졌다. 그런데 대신 많이 가렵다."

어의는 엉덩이의 가려움을 줄이고자 환부에 침을 놓기로 했다.

"종기의 고름이 빠지고 새살이 돋으려 할 때에는 본디 가려운 법입니다. 환부에 침을 맞으시면 남은 독기가 모두 사라져 가려움도 줄어들 것입니다."

종기 부위에 침을 맞자 과연 어의의 말대로 하루하루 가려움이 가라앉았다. 일주일 정도 침 치료를 하자 이 부위는 더 이상 가렵지 않았다. 종기도 잘 아물었다.

진물이 안 나오니 더 가렵다

숙종 34년(1708년) 윤3월 28일, 숙종은 왼쪽 귀를 연신 긁고 있었다. 어의는 임금에게 증상이 어떠한지를 물었다.

"왼쪽 귀 부근이 붓고 가렵다. 귓속은 아니고 귀 바로 앞쪽이 며칠 전부터 계속 가렵다."

어의는 용안을 살폈다. 임금의 말대로 귀 바로 앞 부위인 뺨의 측면에 붉은 기운이 가득했다. 피부 밑에 진물이 고인 것 같았다. 어의는 고름과 진물을 빨아들이는 체침환이라는 연고를 올렸다.

"체침환을 바르니 진물이 순조롭게 빠져나오고 부기가 차츰 가라 앉고 있다."

하루하루 귀 앞의 부기와 홍반은 줄어들었다. 연고를 바르니 진물이 계속 빠져나왔다. 금방 나을 것 같았는데 이상하게도 연고를 바르면 바를수록 진물이 끝없이 나왔다. 피부 깊은 곳에 꽤나 많은 진물이 있는 모양이었다. 홍반이 빠지고 살도 잘 아물도록 수조고와 신성산이라는 연고도 발랐다.

실은 2년 전에도 똑같은 증상이 있었다. 그때는 일주일 만에 금방 나았는데 이번에는 어인 까닭인지 나을 듯하면서도 계속 진물이 나왔다. 그렇게 보름이 지났을 무렵 비로소 진물의 양이 줄기 시작했다. 이제야 나았나 보다 안심하려는 순간, 숙종은 이상하게 가려움이 더 심해진 것을 느꼈다. 그뿐이 아니었다.

"귀에서 열이 난다. 원래 진물이 나던 귀 앞쪽뿐 아니라 귓속에서도 열이 난다. 진물은 줄었지만 부기와 홍반이 더욱 심해졌다."

어의는 용안을 다시 살폈다. 분명 진물은 줄었으나 다른 증세는 더 심해졌다. 게다가 새로운 증상까지 생겼다. 환부도 더 넓어졌다. 이는 진물이 겉으로 나와야 하는데 속으로 더 깊이 들어가버렸기 때문이라 판단되었다. 아직 진물이 속에 있는데 살이 아물게 하는 연고를 바른 것이 원인인 듯했다. 살이 아물어버리니 진물의 배출 통로가 막혔던 것이다. 다시 진물이 잘 나오도록 침으로 피부를 살짝 째서 통로를 열어주었다. 연고는 십향고라는 것으로 바꾸어 올렸다. 이는 진물을 더 강하게 빨아들이는 약이다. 그렇게 왼쪽 귀 증상이 나아갈 무렵인 5월 2일, 이번에는 오른쪽 귀에 비슷한 증세가 생겼다.

"왼쪽은 이제 거의 나았다. 그런데 사흘 전부터 오른쪽 귓속이 가렵고 진물이 나오고 귀의 속과 겉이 모두 붓고 아프다."

어의는 연교패독산이라는 탕약을 지어 올렸다. 염증으로 인한 진물과 고름을 치료하는 약이다. 연고보다 탕약의 힘이 더 컸던 까닭일까. 연교패독산을 올린 지 나흘이 되자 우측 귀의 증세도 거의 사라졌다.

아래 부위를 벅벅 긁어야 겨우 시원하다

가려움 증세는 부위를 바꿔가며 계속 나타났다. 2년이 지난 숙종 36년(1710년) 5월, 임금은 이제 머리가 희끗한 50세가 되었다. 숙종은 다소 민망한 부위에 가려움증을 호소하고 있었다. 양쪽 사타구니가 너무 가려워 밤마다 잠을 이루지 못했다. 실은 작년부터 사타구니에 부스럼과 홍반이 생기고 살이 짓무른 상태였는데, 이게 낫지 않고 해를 넘겼다. 그러더니 이제는 극심한 가려움증까지 생긴 것이다. 어의는 황백과 고삼을 달인 약수를 만들어 환부를 씻은 뒤 녹황산이라는 가루약을 뿌렸다. 다행히도 가려움증이 호전되고 살이 짓무른 것도 가라앉는 듯 보였다.

여섯 달이 지난 11월 4일, 이번에는 더 민망한 부위에 가려움증이 생겼다. 바로 고환 주위였다. 숙종의 생식기 주변에 볼록한 멍울이 여러 개 생겼다. 오른쪽 멍울은 축축하게 짓물러서 진물이 나는 상태였고 왼쪽 멍울은 딱딱하게 굳은 상태였다. 이 부위가 특히 가려웠던 것이다.

가려움은 침수를 방해할 정도로 심했다. 이에 숙종은 어의에게 하소연했다.

"어제와 오늘은 무척 심하게 가렵구나. 어제가 가장 심했는데 한참 동안 아래 부위를 벅벅 긁어야 겨우 시원해졌다. 그러고 나면 살갗이 따갑기까지 했다."

가려움으로 인해 밤새 침수에 들지 못하고 생식기 주변을 벅벅 긁었다는 말이었다. 어의는 임금이 몹시 안쓰러웠다.

"너무 긁으면 피부가 상하게 됩니다. 또 독기가 들어가 부스럼이 생길 수 있으니 가렵더라도 긁지 말고 부디 참으소서."

어의는 참으라고 했지만 숙종으로서는 참을 수 있을 정도의 가려움이 아니었다. 어의는 끓인 소금물로 환부에 김을 쏘이고 환부를 씻도록 했다. 하지만 이 가려움증은 금방 낫지 않았다. 해를 두 번이나 넘긴 숙종 38년(1712년) 4월에야 멍울이 생긴 부위가 겨우 나았다.

목구멍에서 항문까지

가려움으로 인한 숙종의 고통은 계속되었다. 숙종 40년(1714년) 1월 7일, 숙종의 나이는 54세였다. 임금은 가슴이 답답하고 불편하며 음식을 제대로 삼키지 못하는 병에 걸려 수라를 제대로 들지 못했다. 소변이 잘 나오지 않는 증세까지 겹쳐 발에는 부종이 생기고 무릎이 저렸다. 가슴이 답답해서인지 기침도 했다. 숙종이 여러 날 수라를 거의 들지 못하자 어의는 곡기가 부족한 것을 크게 염려하여 보약을 올렸다. 바로 경옥고를 지어 올린 것이다. 하지만 보약이 맞지 않았던 것일까? 숙종의 모든 증상이 더욱 악화되었다.

어의는 곧바로 정반대의 처방을 하여 약을 바꾸어 올렸다. 사화청폐탕이라는 약을 지어 올렸는데 이는 폐가 위치한 흉부의 기운을 소통시켜주는 약이다. 임금이 식사도 잘 못하고 기침까지 하므로 폐를 먼저 소통시켜줘야겠다고 판단한 것이다. 다행히 약을 복용한 뒤 기침이 줄고 다리 부기도 가라앉았다.

하지만 음식을 삼키지 못하는 것은 여전했고 뒤이어 변비까지 생겼다. 그러던 가운데 1월 26일이 되자 목구멍이 가려운 증상이 겹쳤다. 피부가 가렵다면 그 부위를 긁기라도 하겠지만, 목구멍이 가려우니 손가락을 집어넣어 긁을 수도 없는 노릇이었다. 숙종은 불편하기 짝이 없었다. 목구멍이 근질근질 가려운 느낌은 그야말로 미칠 노릇이었다.

어의는 귤치죽여탕을 올렸다. 다행히 약이 효과가 있어 음식을 삼킬 때 불편했던 느낌이 사라졌고 목구멍이 가려운 증상도 없어졌다. 보름이 지나자 가슴이 좀 편안해진 듯싶었고 수라도 들 수 있었다. 하지만 이것이 끝이 아니었다. 보름 정도 지난 2월 25일, 음식 삼키기 어려운 증상이 재발하고 말았다. 어찌 이리 고통이 끊임없는지, 숙종은 한탄이 나올 지경이었다.

같은 해 7월 13일, 숙종은 또 새로운 곳에 가려움을 느꼈다. 이 무렵 숙종은 변비로 한창 고생하고 있었다. 그 때문이었을까? 항문이 가려웠다. 변비가 심해지면 심해질수록 항문의 가려움도 더했다. 어의는 전에 올린 약을 만성 변비에 적합한 약으로 바꿔 항문 가려움증이 사라지도록 해주었다.

복수가 차오르고 온몸이 가렵도다

숙종 41년, 이제 임금의 나이는 55세가 되었다. 실은 이 무렵 숙종의 건강은 매우 좋지 않았다. 어떤 연유에서인지 복수가 차 복부가 부어오르기 시작했다. 처음에는 미미한 정도였으나 점점 증세가 뚜렷해졌다. 게다가 온몸이 본격적으로 가렵기 시작했다.

"밤중에 열이 오르고 정신이 맑지 못하다. 특히 가려움이 심해 잠을 편히 이루지 못했다. 아침이 되니 열은 가라앉았으나, 배가 부어오르고 입맛이 없어 수라도 들지 못했다. 다리가 당기는 증세 또한 여전하다."

이 무렵 시작된 가려움증은 매일같이 이어졌다. 밤만 되면 열이 오르고 온몸이 가려웠다. 입맛이 쓰고 기침이 났다. 어의의 온갖 치료에도 불구하고 증상이 전혀 호전되지 않았다. 낫기는커녕 오히려 해가 가면 갈수록 하나둘 새로운 증상이 더해지기만 했다.

숙종 42년(1716년), 기존의 증상에 더해 목구멍이 건조하고 다리가 저리는 증상이 생겼다. 피부에 붉은 반점이 생겨났다. 눈이 침침해졌고 오른쪽 눈꼬리가 충혈되면서 눈이 가렵고 깔깔했으며 눈물이 흘렀다. 간혹 호흡곤란 증세가 나타나기도 했다.

이듬해 숙종 43년(1717년), 왼쪽 눈도 충혈되어 눈을 뜨고 감는 데 매우 불편했다. 침을 뱉을 때 피가 섞여 나오기도 했다. 물론 기존의 증상은 여전히 그대로였다.

숙종 44년(1718년), 두통과 어지럼증이 추가되었다. 귀가 아프고 가려운 증상도 더해졌다. 뒷목이 당기고 뻣뻣한 증세도 생겼다. 게다가 혈뇨까지 나왔다. 물론 기존의 증상은 여전히 그대로였다.

숙종 41년 이후로 어의가 안부를 묻기 위해 대전을 찾을 때마다 숙종은 늘 이렇게 말했다.

"야간에 열이 올라 침수에 들지 못하고 이리저리 뒤척였다. 밤새 온몸이 가려워 괴로움이 무척이나 심했다. 배는 부어올라 있고 가슴은 갑갑하다. 목구멍이 건조하고 다리가 당기고 저리다. 나의 이 신음이 밤새 그치지 않았다."

말년의 숙종은 이렇게 가려움을 비롯한 온갖 고통으로 힘겹게 허덕였다.

민간 의사와 어의들 간의 피 튀기는 설전

이렇게 숙종이 온갖 증세와 싸우던 중, 한 민간 의원이 궁에 불려왔다. 숙종 44년 10월 22일, 내의원에서는 무관이자 의원으로도 명성이 높았던 유명우란 사람을 불러와 임금을 진찰하게 한 것이다. 임금의 병이 쉬이 고쳐지지 않을 때에는 이렇게 민간의 유명한 의사를 불러와 임금을 진찰케 하고 의견을 묻곤 했다. 유명우는 온 정신을 집중하여 임금의 맥을 짚었다. 그리고 이렇게 말했다.

"지금 전하의 맥이 긴실緊實(마치 팽팽한 새끼줄처럼 느껴지는)한 맥인 것으로 보아 배와 옆구리 사이에 딱딱한 물체가 있는 것이 분명합니다. 좌우 관맥關脈이 모두 깊은 곳에서 겨우 잡히며 또한 빠르게 뛰는데 좌측이 더욱 긴한 것으로 보아 전하의 몸속에는 반드시 적취積聚가 있습니다."

적취, 즉 딱딱한 덩어리가 있다는 민간 의사의 확신에 찬 말에 어의들은 내심 당황했다. 이제 임금의 옷을 벗기고 배를 살피는 복진을 해보기로 했다. 어의들과 유명우는 돌아가면서 임금의 배를 살피고 손으로 눌러보았다. 유명우가 말했다.

"복부의 옆구리 아래에 단단한 물체가 있습니다. 거듭 자세히 진찰해보니 오른쪽과 왼쪽 옆구리 아래에 모두 있습니다. 지금 전하의 증상을 진찰해보건대 이는 어혈입니다. 열이 오래 쌓이면 반드시 어혈이 됩니다. 어의들이 계속해서 전하에게 보약을 올려도 끝끝내 효과가 없었던 이유는 바로 배 속에 적취가 있기 때문입니다. 반드시 어혈을 풀어주는 약을 써야 효과를 얻을 수 있습니다."

유명우의 말은 지금까지 어의들이 어혈로 인한 적취인 줄 알아보지도 못하고 주구장창 보약만 올려서 효과가 없었다는 뜻이었다. 어의들을 강하게 비판하고 나선 것이다. 유명우의 말을 들은 어의들도 가만있지 않았다. 바로 권성징이 반박하고 나섰다.

"전하의 복부를 겉에서 진찰했을 때 부어 보이기는 했지만 손으로 만졌을 때 어떤 물체가 확인되지는 않았소. 전하에게는 항상 체기가 있었소. 지금 복부의 왼쪽이 높게 부은 것은 어혈로 인한 것이 아니라 체기로 인한 것이오."

어의 방진기도 가세했다.

"우리가 보약만 쓴 것은 아니오. 소통시키는 약도 이미 많이 올렸으나 효과가 없었소. 그러니 유 의원의 말은 논의할 필요가 없소."

여러 어의가 반박했으나 유명우는 한 치도 물러서지 않고 어의들을 더욱 강하게 비판했다.

"보약을 탐하고 소통시키는 약을 싫어하니 전하의 환후가 10년을 질질 끌었던 것이고, 약효도 없었을 뿐더러 결국 적취로 이끈 것 아닙니까! 체기는 적취의 증상 가운데 하나일 뿐입니다."

내의원에서 올린 잘못된 약으로 인해 임금이 적취를 얻게 되었다는 비판에 이번에는 변삼빈과 이징하도 가세했다.

"전에 여러 의관이 적취를 염려하여 전하의 복부를 진찰해보았으나 어떤 형체도 보이지 않았소. 형체가 반드시 있어야 적취라고 할 수 있지 않겠소이까."

"전하의 복부 불편함은 어제오늘 생긴 것이 아니오. 전부터 의관들이 많이 진찰했는데 적취는 확연히 드러나지는 않았소이다."

어의들의 잘못으로 임금이 큰 병을 얻었다는 민간 의원의 신랄한 비판과 이에 반박하는 어의들의 팽팽한 설전에 결국 내의원 도제조는 모든 의관을 뒤로 물려버렸다. 양쪽 모두 굽히지 않는 가운데 결론은 내려지지 않았다. 이후 어의들은 두 번 다시 유명우를 부르지 않았다.

승하할 때의 모습

숙종 44년 1월 12일, 숙종은 오른쪽으로 눕기만 하면 배가 매우 불편하다고 어의에게 호소했다. 시간이 흘러 숙종 44년 10월 22일, 민간 의원 유명우는 임금의 좌우 옆구리 아래에 딱딱한 것이 있다고 주장했으나 어의들은 그의 의견을 받아들이지 않았다. 숙종 45년(1719년) 12월 2일, 숙종을 진단하던 어의는 숙종의 복부를 촉진하다가 오른쪽 복부에서 뭔가 딱딱하게 만져지는 것을 감지했다. 유명우의 진단이 맞았던 것일까?

숙종은 이제 몸이 붓는 걸 느꼈다. 소변이 시원하게 나오지 않았을 뿐더러 손가락으로 등과 허리를 누르면 푹 꺼지는 증상이 나타났다. 가려운 증상은 계속되었고 열이 오르고 정신이 혼탁하고 배가 불러 오르며 다리가 당기고 저리며 목구멍이 건조해 갈증이 났다.

숙종 46년(1720년) 5월, 숙종의 복부는 날이 갈수록 팽창해 배꼽이 볼록하게 튀어나올 정도로 복수가 찼다. 뒤이어 구토와 호흡곤란이 찾아왔다. 숙종은 죽도 조금밖에 먹지 못했고 때때로 혼수상태에 빠졌다. 알아들을 수 없을 정도로 말소리가 빨라지는가 하면 말을 더듬기도 했다. 이런 증상들이 심해지다 마침내 6월 8일 승하했다.

숙종이 느꼈던 여러 가려움

숙종은 오랜 재위 기간만큼 병치레도 많았고 다른 왕들에 비해 가려움증도 많았다. 숙종 31년 종기를 앓다 거의 나아갈 무렵에 생긴 가려움증은 새살이 돋을 때의 현상이다. 피부에 상처가 났다가 나을 무렵이면 스멀스멀 가려움이 느껴진다. 마찬가지로 종기의 고름이 다 빠지고 새살이 차오르면서 낫는 과정에 가려움이 느껴지는 것이다.

숙종 32년(1706년)에는 왼쪽 귀에 중이염을 앓았고 34년에는 왼쪽 뺨에 종기를, 귀에 중이염을 앓았다. 32년에는 일주일 만에 잘 나았으나, 34년에는 진물이 잘 나오지 않고 귓속 깊이 가라앉으면서 가려움과 부기와 열이 더욱 심해져 한 달을 고생해야 했다. 이때의 가려움은 뺨과 귓속에 생긴 염증의 찌꺼기가 귓속 깊이 고여서 더 심해진 것이다.

숙종 36년에는 생식기 주변에 염증이 생겨 가려웠다. 살갗이 따가울 정도로 벅벅 긁어야 겨우 시원할 정도의 극심한 가려움이었다. 생식기가 위치한 하복부는 앉은 자세에서는 가장 아래쪽에 위치하므로 기가 순환이 안 되고 잘 고이기 쉽다. 더군다나 임금의 생활이란 거의 하루 종일 앉아 격무에 시달리며 지내는 것이다. 염증 그 자체도 무척 심했고 또 순환이 잘 안 되는 부위에 생긴 데다가 움직이지 않는 생활을 했기에 증상이 심해질 수밖에 없었다. 결국 하복부에 생긴 염증 찌꺼기가 심해져 순환되지 못하고 고인 탓에 다른 부위보다 가려움이 극심했다.

숙종 40년에는 목구멍과 항문에 가려움증이 생겼다. 이 부위가 가렵기 전 이미 다른 불편한 증세가 있었다. 목구멍이 가렵기 전에는 음식을 삼키지 못했고, 항문이 가렵기 전에는 변비로 고생했었다. 음식을 삼키지 못하는 증세는 식도 점막이 염증으로 부어 있었기 때문으로 보인다. 또 오랜 변비를 앓느라 대장의 점막도 깨끗하지 않았을 것이다. 이는 목구멍과 항문의 가려움으로 이어졌다.

말년을 괴롭힌 가려움의 실체는 무엇인가

숙종은 말년에 복부 팽창, 호흡곤란, 식욕부진, 하지 부종, 소변 배출 장애, 가려움 등을 끊임없이 호소했다. 피부에 붉은 반점이 나타나기도 하고 침에 피가 섞여 나오는 타혈이 생기기도 했다. 코피가 났고 혈뇨를 보기도 했다. 사망할 무렵에는 양쪽 옆구리에서 발견된 딱딱한 물체가 커졌다. 이러한 증상이 생기는 병은 무엇일까? 간경화를 떠올리지 않을 수 없다. 숙종의 오른쪽 옆구리에서 딱딱한 물체가 만져진 것은 간경화가 일어났기 때문이고, 왼쪽 옆구리에 덩어리가 만져진 것은 비장이 비대해졌기 때문이다.

간경화란 간세포의 손상이 장기간 지속되어 간이 딱딱하게 섬유

화한 상태를 말한다. 섬유화가 심해지면 간으로 혈액이 들어가지 못해 주변 장기에 증상이 나타나는데, 초기에는 아무 증상이 없다가 점차 식욕부진, 소화불량, 복부 불쾌감 등 위장 계통의 증상을 느끼게 된다. 또 간으로 혈액이 들어가지 못하니 차츰 비장으로 압력이 몰려 비장이 병적으로 커진다. 신장 기능까지 저하되면 신부전이 발생하여 소변 배출에도 장애가 생기게 된다.

간으로 혈액이 들어가지 못해 복수가 차면 복부 팽창과 하지 부종이 생기고 숨이 차게 된다. 코피나 소화기 출혈이 생기기도 하고 피부에 붉은 반점이 생기거나 모세혈관이 확장되기도 한다. 담즙이 흐르는 길인 담관이 막히면 담즙이 피부로 역류하므로 가려움증이 생기고, 환자에 따라 황달이 나타나는 경우도 있다. 간의 해독 기능이 떨어져 암모니아 수치가 상승하여 뇌에까지 파급되면 간성혼수(간 기능의 현저한 저하로 인한 의식 악화와 행동 변화)가 발생한다. 이런 증상은 숙종이 말년에 호소했던 것과 거의 일치함을 알 수 있다. 숙종은 간경화로 사망한 것이다.

숙종이 말년에 그렇게 가려움으로 고생했던 이유는 바로 간이 망가져서 제 기능을 하지 못해 생긴 일련의 결과였다. 간경화 탓에 간이 수행해야 할 대사 작용, 해독 작용, 담즙 분비 작용 등을 하지 못했기 때문이다. 간이 해독 작용을 하면서 생기는 찌꺼기는 담즙에 실려 배설되는데, 간경화로 인해 해독 기능도 떨어지고 담즙의 분비도 제대로 되지 못하면 독성 물질이 몸에 쌓일 수밖에 없다. 숙종은 간이 서서히 망가지면서 노폐물과 독성 물질로 피부가 오염되어 심한 가려움증이 생겼던 것이다. 어의들이 아무리 약을 써도 낫지 않았는데, 간에 관한 약을 써야 하는데 피부에 관한 약을 썼으니 가려움증이 나을 수 없었다.

민간 의사 유명우가 임금의 복부에서 발견했던 좌우 옆구리의 적취는 바로 간경화와 비장 비대 증상이었다. 만약 보약을 중단하고 어혈을 푸는 약을 올려야 한다는 유명우의 의견을 받아들였더라면 숙종은 좀 더 오래 살 수 있지 않았을까?

간과 가려움

숙종은 세자 시절부터 성질이 사납기로 유명했다. 어린 나이에 임금의 자리에 오른 뒤에도 움츠러들지 않았다. 오히려 적장자 출신으로 나이 많은 정승들을 당당하게 호령했다. 남인과 서인의 정권 다툼을 이용해 세 번이나 사화를 일으켜 국정을 자기 마음대로 주도했다. 그 과정에서 인현왕후를 폐했고 또 세자의 생모를 죽였다. 드라마에서처럼 희빈 장씨가 숙종을 조종한 것이 아니라 숙종이 왕비와 신하 들을 조종했다고 하는 것이 더 맞을 것이다.

숙종은 다혈질 군주였다. 게다가 이런저런 병이 많았다. 폭발하는 성정 때문이었을까? 몸에서도 갑작스레 통증이 폭발할 때가 있었다. 이럴 때 내의원에서 재깍 치료약을 올리지 않으면 숙종은 화가 치밀어 올라 의관을 파직시키기도 했다. 불같은 성미를 지녔던 것이다.

이런 성격을 이기지 못해 숙종은 왕비를 폐하고 희빈 장씨를 죽이고 의관을 파직하고 신하들을 귀양 보냈다. 그 뒤 숙종은 몸이 편안했을까? 그렇지 않았던 것 같다. 속이 메스껍고 횡격막이 뻐근한 증상이 숙종을 자주 괴롭혔다. 특히 메스꺼운 증상은 거의 평생 반복되었고, 국사를 처리하던 중에 갑자기 가슴과 횡격막 부위가 그득하면서 통증이 생기는 일도 잦았다. 분노의 감정은 여러 장부 가운데 특히 간을 병들게 한다. 수십 년의 재위 기간을 거치면서 그렇게 분노를 다스리지 못할 때마다 숙종의 간은 서서히 기능이 멈췄고, 결국 말년에는 간이 굳는 큰 병에 걸려 밤마다 가려움에 치를 떨어야 했다. 숙종의 다혈질이 간을 병들게 하는데 한몫했던 것이다.

항문 점막과 가려움

피부는 겉에 있고 점막은 안에 있다. 종이를 원통 모양으로 동그랗게 말았을 때 겉면이 피부가 되고 속면이 점막이 된다고 생각하면 된다. 피부와 점막이 만나는 경계가 있다. 바로 우리 몸의 구멍이다. 눈, 코, 입, 항문, 요도 그리고 여성의 질이 피부와 점막이 만나는 경계이다.

특정 부위의 점막에 염증이 생기면 그 근처 피부에 여파가 미쳐 가려움증이 생기기도 한다. 이 때문에 알레르기성 비염과 결막염이 생기면 코와 눈이 가렵고, 여성에게 질염이 생기면 그 부위가 가려우며, 치질이나 만성 변비를 앓으면 항문이 가렵다. 숙종에게도 점막의 문제로 인해 근처 피부에서 가려움증이 생긴 경우가 있었다.

숙종 40년 7월, 숙종은 변비로 고생하던 중 항문에 가려움을 느꼈다. 숙종은 이미 오랫동안 변비를 앓아왔기에 항문 점막이 분명 건강하지 못했을 것이다. 변비가 심해지면서 항문이 가려웠던 것은 항문 점막의 안 좋은 상태가 바로 인접한 항문의 피부에 여파를 미쳤기 때문이다.

어의는 원래 쓰던 도수환導水丸이란 약을 멈추고 소풍순기환疎風順氣丸이란 약으로 바꾸어 임금에게 올렸다. 도수환은 장의 연동운동을 강하게 촉진하여 대변을 배출시키는 약이다. 반면에 소풍순기환은 마자인, 욱리인, 산약, 산수유와 같은 약재가 들어 있어 점막에 진액을 공급한다. 점막을 촉촉하고 건강하게 하여 대변이 부드럽게 나오도록 한다. 허약자나 노약자가 만성 변비에 시달릴 때 주로 활용되는 처방으로, 꾸준히 복용하면 점차 대장이 건강해질 수 있다.

소풍순기환을 올린 뒤 숙종의 항문 가려움증은 더 이상 나타나지 않았다. 점막 문제로 주변의 피부가 가려울 때에는 그 점막을 치료하면 피부 가려움은 저절로 사라진다.

감기와 가려움

죽기 얼마 전인 숙종 45년 5월, 숙종은 밤만 되면 심해지는 가려움으로 온몸을 긁었다. 수라를 제대로 들지 못했고 대변이 잘 나오지 않았다. 가슴이 답답하고 목구멍은 바짝바짝 말랐다. 설상가상으로 감기에 걸렸다. 이미 힘든 몸 상태에 감기까지 앓으려니 고역이었다. 다행히 엿새쯤 지나자 감기는 거의 나았다. 하지만 어찌 된 영문인지 가려움은 전보다 더 심해졌다.

감기를 앓는 1주 동안에는 가려움이 더 심해졌지만 신기하게도 한 주가 더 지나자 평소보다 심해졌던 가려움이 싹 사라져버렸다. 밤이 되어도 아무렇지 않았다. 신기한 일이 아닐 수 없었다. 5월 3일에 시작된 감기는 5월 9일에 나았고 가려움증은 5월 16일을 마지막으로 다시 나타나지 않았다.

물론 이 가려움증이 영원히 사라진 것은 아니었다. 같은 해 11월 7일 징글징글한 가려움증이 또 숙종을 찾아왔다. 가려움을 일으키는 원인인 간이 여전히 병들어 있었기 때문이다.

잠시나마 가려움이 사라졌던 까닭은 무엇이었을까? 재미있는 사실은 현대의 피부병 환자들 가운데도 숙종처럼 감기를 앓고 난 뒤 가려움증이 호전되는 경우를 볼 수 있다는 것이다. 양약을 일절 먹지 않고 감기를 앓고 나니 피부가 전보다 깨끗해지고 가려움증도 줄어드는 뜻밖의 경우를 간혹 보게 된다. 그 이유는 감기를 앓는 와중에 면역 세포의 숫자가 늘어나 활성화하면서 바이러스를 죽일 뿐만 아니라 인체에 쌓인 염증 찌꺼기도 함께 청소하기 때문이다. 특히 아토피와 같은 면역 과잉 반응을 보이는 질환의 경우 감기를 앓는 동안 해열제를 쓰지 않고 잘 이겨내면 가려움이 줄고 피부도 깨끗해지는 의외의 결과가 나타나기도 한다.

숙종 역시 감기를 앓았던 덕에 잠시나마 가려움의 고통에서 벗어
날 수 있었다.

가려움의 치료 기간이 왜 달랐을까

숙종은 여러 부위에 가려움증을 앓았다. 어떤 부위는 사흘 만에 낫기
도 했고 어떤 부위는 한 달이 걸리기도 했다. 또 어떤 부위는 몇 년이
지나도 낫기는커녕 점점 심해지기만 했다. 이렇게 치료 기간이 각각
다른 까닭은 무엇일까?

숙종 15년에 생긴 손목의 가려움은 사흘 만에 나았고 숙종 23년의
발등의 가려움은 열흘 만에 나았다. 숙종 34년 귀의 가려움은 치료에
한 달이 걸렸다. 숙종 36년 생긴 생식기 주변의 가려움은 치료에 2년
이 걸렸다. 그리고 숙종 41년부터 시작된 가려움은 몇 년이 지나도
낫지 않았다.

나이가 어리고 환부의 순환이 잘 이루어지며 장부가 건강할수록
가려움은 빨리 낫는다. 반대로 나이가 들고 환부의 순환이 잘 이루어
지지 않으며 장부가 병들어 있을수록 가려움증은 잘 낫지 않는다.

숙종 41년부터 시작되어 거의 사망할 무렵까지 계속된 전신의 가
려움증은 장부가 깊이 병들어 생긴 것이었다. 종기가 난 것처럼 피부
에서 고름이나 진물이 흐르는 것도 아니었다. 피부는 오히려 종기 환
자보다 더 멀쩡했다. 그런데도 수년간 낫지 않고 밤마다 가려웠던 이
유는 더 깊은 곳의 장부가 병들었기 때문이다.

결국 숙종의 치료 기간이 제각기 달랐던 이유는 가려움의 원인이 피부에만 있었는지 장부에도 있었는지 차이점 때문이다. 숙종의 장부가 건강했을 때에는 아무리 피부 증상이 심해도 빨리 나을 수 있었지만, 나이가 들고 장부에 깊은 병이 들자 겉은 멀쩡해 보여도 뿌리 깊은 원인이 있었기에 치료가 잘 되지 않았다. 장부가 건강할수록 치료는 더 쉬워진다.

어의의 조바심

숙종 40년 1월 7일, 54세의 숙종은 가슴이 답답하고 불편하며 음식을 제대로 삼키지 못했다. 소변이 잘 나오지 않아 발에 부종이 생기고 무릎이 저리기까지 했다. 기침도 났다. 임금은 여러 날이 지나도록 수라를 거의 들지 못했다.

어의는 경옥고라는 약을 임금에게 올렸다. 경옥고는 노인의 모든 허약증을 보강하여 온갖 병을 낫게 하기에 정신이 밝아지고 오장이 충실해지며 흰머리가 다시 검게 되고 빠진 치아가 다시 나며 걸음걸이가 말처럼 빨라진다고 하는 천하의 명약이다. 약으로 치면 내의원에서 임금에게 올릴 수 있는 최고의 보약을 올린 셈이다. 과연 그 결과는 어떠했을까?

안타깝게도 경옥고를 사흘간 복용하자 증세는 예전보다 더욱 악화되었다. 음식을 삼키지 못하는 증상은 전보다 더 심해졌다. 다리가 저리고 발이 붓는 것 역시 여전했다. 그러자 어의는 경옥고를 바로 중단하고 처방을 바꾸어 폐를 소통시키는 사화청폐탕을 올렸다. 그제야 임금의 증세가 호전되면서 기침이 사그라지고 발의 부기도 줄어들기 시작했다.

이 사건을 보면 《승정원일기》에 콕 찍어서 적지는 않았지만 기록들의 행간에서 어의의 불안한 마음이 읽히는 것 같다. 일국의 어의 정도라면 그동안 얼마나 많은 의서를 읽었으며 또 얼마나 많은 처방을 익혔겠는가. 그런데 임금이 소변을 보지 못하고 발이 부으며 가슴이 답답한데 경옥고라는 보약을 올렸다. 실은 폐에서 순환 장애가 생겨 가슴이 답답하고 음식이 내려가지 않았던 것이기에, 폐를 뚫는 처방을 쓰면 되었다. 꽉 막힌 것을 비워야 빈 공간이 생겨 음식을 삼킬 수 있지 않겠는가. 그런데도 어의는 경옥고라는 보약을 올렸다. 왜 그랬을까?

일국의 지존인 임금이 몇 날 며칠 음식을 삼키지 못하니 궁궐 안팎에서는 근심이 끊이지 않았을 것이다. 어의가 대전에 들어 임금의 문안을 여쭐 때마다 대신들이 걱정 어린 소리를 내뱉었을 것이다. 임금께서 일주일이 다 되도록 수라를 드시지 못하는데 이러다가 큰일이라도 나는 것 아닌가, 당장 특단의 조치를 취하라, 내의원에서 올릴 수 있는 최고의 약을 올려 전하의 병이 바로 나을 수 있도록 하라 재촉했을 것이다. 어의는 조바심이 든 나머지 판단력이 흐려진 듯하다. 그래서 보약 가운데 가장 유명한 경옥고를 올렸던 것이 아닐까?

조바심과 조급함과 불안함은 병을 치료하는 데 이로울 것이 없다.

그런데 우리 주변에도 무엇을 먹으면 어떤 병에 특효라는 얘기를 듣고 바로 솔깃해 잘못된 선택을 하는 경우를 흔히 볼 수 있다. 일국의 어의도 흔들리게 만드는 것이 이 불안함과 조급함일진대, 병마의 고통에 시달리는 환자의 마음이야 오죽하랴. 쉽진 않겠지만 불안함과 조급함을 버려야 의사이건 환자이건 간에 제대로 진단하고 올바른 처방을 내릴 수 있다.

경종, 엄마 잃은 소년의 가려움

〈경종 가계도〉

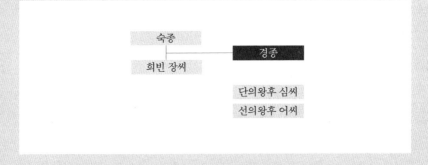

숙종

희빈 장씨

경종

단의왕후 심씨

선의왕후 어씨

유모가 대신 약을 마셔라

숙종은 7세에 왕세자에 책봉되었고 10세에 세자빈을 맞아 가례를 올렸으며 14세에 왕위에 올랐다. 아내인 인경왕후에게 두 딸을 얻었으나 모두 일찍 세상을 뜨고 말았다. 게다가 인경왕후 마저 천연두에 걸려 숙종 6년(1680년)에 사망했다. 이듬해 인현왕후를 계비로 맞이하였으나 대통을 이을 수 있는 왕자는 태어나지 않았다. 숙종 14년(1688년)에 이르러 후궁 장씨에게 겨우 왕자가 태어났으니 그가 바로 경종이었다. 자신의 첫아들을 바라보는 숙종의 눈길이 얼마나 애틋했을지 짐작할 수 있다.

어린 세자는 무럭무럭 자랐다. 세 살 무렵 머리털이 자라는 경계부위에서 약간의 태열기가 있었으나 금세 사라졌다. 네 살이 되자 다시 태열기가 보였다. 세자는 뺨 부위에 붉게 홍반이 올라와 얼굴을 긁적였다. 내의원 의관들은 세자궁으로 달려가 세자의 상태를 진찰한 뒤 대전에 고했다.

"세자의 증상은 흔히 나타나는 태열이라는 것입니다. 심하지 않지만 미리 치료하지 않으면 습진이 될까 두렵습니다. 탕약은 대연교음으로, 연고는 자초고로 올리고자 합니다."

숙종이 윤허하자 의관들은 대연교음과 자초고를 세자궁으로 올렸다. 의관들은 세자의 태열 부위에 자초고를 정성껏 발랐다. 하지만 탕약은 유모 앞에 놓았다. 탕약을 마셔야 할 사람은 세자가 아닌 유모였기 때문이다. 세자가 아직 유모의 젖을 먹고 있었기에 유모가 대신 탕약을 마시고 세자에게 젖을 주었다. 이렇게 간접적으로 탕약을 먹이는 방법을 젖 유, 길 도 자를 써서 유도乳道라고 한다. 초기에 바로 약을 썼기 때문이었을까? 세자의 태열은 바로 가라앉았다.

한 해가 더 흘러 숙종 18년(1692년) 5월 23일, 이제 세자는 다섯 살이 되었다. 어찌된 영문인지 세자는 연신 얼굴과 발목을 긁었다. 세자궁을 담당한 의관이 달려가 살펴보니 얼굴과 발목에 두드러기가 생긴 것이 아닌가. 왕실의 유일한 왕자가 두드러기로 몸이 상해서는 안 될 일이었다. 의관들은 즉각 두드러기에 잘 쓰이는 승마갈근탕을 달여 유모에게 마시게 했다. 세자가 아직 유모의 젖을 먹고 있기 때문이었다. 내의원이 초기에 즉각 처치를 했던 덕분인지 이번에도 두드러기가 생긴 지 이틀 만에 바로 사라졌다.

희빈 장씨는 자진하라

어린 세자는 무탈하게 잘 자랐으나 왕실 안팎에서는 거칠고도 잔인한 당파 싸움이 긴박하게 이어졌다. 그 여파로 왕비 자리의 주인은 계속 바뀌었다. 세자가 두 살 때 인현왕후는 폐서인되었고 세 살 때 생모인 희빈 장씨가 왕비의 자리에 올랐다. 세자가 일곱 살이 되었을 때 인현왕후는 왕비로 복위되고 장씨는 다시 희빈으로 강등되었다. 숙종 27년(1701년), 이제 세자는 열네 살이 되었다.

이 무렵 인현왕후는 1년이 넘도록 이어지던 병마와 마지막 사투를 벌이고 있었다. 엉덩이의 환도혈에서 시작된 종기는 잡힐 듯 잡히지 않더니 결국 온몸으로 독기가 퍼져버렸다. 중전은 점점 가슴이 답답하고 손발은 얼음장처럼 차가워졌다. 설사가 하루에만 열 번 넘게 나왔다. 입안이 헐고 붉은색 소변이 나왔다. 중전의 의식은 차츰 혼미해졌다. 맥박은 중간중간 멈추었고 몸에서는 식은땀이 흘렀다. 중전은 숨을 헐떡였다. 숨소리는 점점 거칠어졌다. 그리고 그 거친 숨소리가 점점 낮아지더니 결국 중전은 승하하고 말았다. 이때가 숙종 27년 8월 14일이었다.

한 달여가 흘러 9월 25일이 되었다. 늦은 시각까지 고심에 고심을 거듭하던 숙종은 마침내 비망기(임금이 명령을 적어서 승지에게 전하던 문서)를 내렸다. 거기에는 이렇게 적혀 있었다.

"이미 죄가 밝게 드러났으므로 처분을 내리지 아니한다면 후일의 염려를 말로 형용하기 어려울 것이다. 실로 국가를 위하고 세자를 위함이니 희빈 장씨로 하여금 자진하도록 하라."

일국의 세자를 낳은 생모에게 스스로 목숨을 끊으라니, 참으로 참담한 내용이었다. 죄목은 인현왕후를 저주하고 중전이 죽기를 기도했다는 것이었다. 궁궐은 발칵 뒤집히지 않을 수 없었다.

상소는 계속 올라오고

세자의 생모를 이렇게 죽게 할 수는 없었을 것이다. 신하들의 상소가 계속 이어졌다. 비망기를 가장 먼저 확인한 신하 서종헌, 윤지인, 이징귀, 이관명, 이명세 등이 숙종에게 바로 달려갔다.

"비망기를 보고 나니 놀랍고 두려워 엎드려 벌벌 떨고 있습니다. 설령 그 죄상이 모두 하교하신 바와 같다 하더라도, 전하의 밝으심으로써 어찌 후일의 처리하기 어려운 일을 유독 생각하지 아니하십니까? 부디 명을 도로 거두도록 하소서."

하지만 숙종은 꿈쩍도 하지 않았다. 신하들이 돌아가며 읍소했으나 절대 하교를 물리지 않았다. 세자가 인현왕후에게 얼마나 효성을 다 했는지를 호소하며 세자를 봐서라도 부디 명을 물려달라고 청했다. 하지만 숙종의 뜻은 확고했다.

"옛 고사를 돌아보라. 태자가 아무리 어질고 효성스럽더라도 그 어미의 악행은 끝내 제어할 수 없다."

심지어는 이명세가 인현왕후가 폐위되었던 기사환국(1689년) 때의 일을 들먹이며 그때의 처분도 나중에 후회하지 않으셨느냐며, 똑같이 훗날이 되면 오늘의 처분을 반드시 후회하실 것이라고 목소리를 높였다. 화가 난 숙종은 이명세를 그 자리에서 파직시켰다.

날이 밝았고 다른 신하들의 상소가 연이어 올라왔다. 세자의 처지를 부디 헤아려달라는 공조판서 엄집, 세자를 보양하는 도를 참작하여 법을 집행해달라는 판중추부사 유상운, 세자의 보안을 위해 부디 선처해달라는 우의정 신완, 세자의 보안을 깊이 헤아려달라는 부사직 강선 등의 상소문이 하루가 멀다 하고 계속 올라왔다. 10월 8일 숙종의 비망기가 다시 내려왔다.

"희빈 장씨가 중전을 질투하고 원망하여 몰래 모해를 도모하여, 궁궐 안팎에 신당을 설치하고 밤낮으로 기도하며 흉악하고 더러운 물건을 두 대궐에 묻은 정상이 죄다 드러났다. 이를 그대로 둔다면 후일 국가의 근심을 실로 형언하기 어려울 것이다. 지금 나는 종사를 위하고 세자를 위하여 이처럼 부득이한 일을 하는 것이니, 어찌 즐거워 하는 일이겠는가? 희빈 장씨는 비망기대로 자진하도록 하라."

숙종의 뜻은 전혀 흔들림이 없었다.

잠을 이루지 못하다

이렇게 신하들의 상소문과 임금의 비망기가 빗발치게 오고 가던 중, 세자는 밤에 잠을 이루지 못하고 있었다. 아버지가 내린 비망기의 내용을 처음 전해 듣고 두 귀를 의심했다. 어머니에게 자진하라는 처분이 내려질지는 꿈에도 몰랐다.

세자는 어머니가 중전에서 희빈으로 강등되었던 갑술환국(1694년) 때를 떠올렸다. 당시 아버지 숙종은 인현왕후를 내친 일을 후회하던 끝에 폐했던 왕비를 다시 복위시켰다. 한 나라에 왕비가 두 명이 있을 수는 없기에 어머니는 결국 희빈으로 강등될 수밖에 없었다. 세자가 문안하러 희빈을 찾아가면 희빈은 아들의 두 손을 부여잡고 통곡했다. 당시 일곱 살이던 어린 세자는 어머니에게 아무런 말도 할 수 없었다. 그저 어머니를 찾아가 묵묵히 살펴드릴 뿐이었다.

이제 세자는 열네 살이 되었다. 아버지가 어머니에게 죽으라는 명을 내렸다. 국왕의 지엄한 명이기에 피해갈 방법은 아마도 없을 것이다. 하지만 신하들의 상소문이 연이어 올라오고 있으니 조금 더 시간을 끌면 아버지가 노여움을 풀 수도 있지 않을까? 세자의 마음은 태산이 무너진 듯 엄습하는 절망과 희미한 희망 사이를 힘겹게 오고 가고 있었다.

임금의 비망기가 내려진 뒤 세자는 밤잠을 이루지 못하고 괴로워 이리저리 뒤척였다. 내의원에서는 이런 세자의 상태를 숙종에게 고했다. 자진하라는 비망기를 다시 내리셨지만 세자를 생각해서라도 부디 선처해달라는 신하들의 상소문 역시 이어졌다.

그러던 10월 10일, 비망기가 처음 내려온 지 보름이 되던 날, 결국 희빈 장씨는 죽음을 맞았다. 희빈 장씨가 비망기의 내용대로 순순히 자진했는지 혹은 궁인들에 의해 문짝에 몸이 눌린 채 억지로 사약을 들이켜야 했는지 자세한 정황은 알 길이 없다. 다만 사관은 10월

10일의 정황을 《조선왕조실록》에 이렇게 기록하였다.

"임금이 하교하기를, '장씨가 이미 자진하였으니, 해당 관청으로 하여금 필요한 물품을 참작하여 장례를 거행하도록 하라' 하였다."

배와 등이 가렵다

9월 25일 내려온 숙종의 비망기가 세자에게 큰 충격을 안겼다. 10월 8일 두 번째 비망기가 내려왔다. 희빈 장씨의 자진을 명하는 임금의 뜻을 돌이키기는 힘들어 보였다. 세자는 깊은 절망감을 느꼈다.

두 번째 비망기가 내려온 지 하루가 지난 10월 9일, 세자는 몸에 이상한 증세가 생긴 것을 감지했다. 세자를 진찰한 의관은 즉시 숙종에게 달려가 고했다.

"세자의 배와 등에 붉은색 반점이 빽빽하게 생겼습니다. 때때로 극심한 가려움이 몰려온다고 합니다."

어제까지만 해도 멀쩡하던 세자의 몸에 갑자기 홍반이 생긴 것이다. 게다가 극심한 가려움증까지 있다는 것이었다.

하루가 지난 10월 10일, 결국 희빈 장씨는 저승으로 가는 강을 건너고 말았다. 세자가 그리도 두려워했던 일이 생긴 것이다. 왕실은 장씨의 장례 준비를 시작했다. 한편 어의는 세자의 반점과 가려움증을 치료하기 위해 청기산이란 탕약을 급히 지어 올렸다.

또 하루가 지났다. 내의원에서는 세자의 안부를 물었다.

"배와 등에 생긴 반점은 없어졌습니까? 어제 약을 지어 올렸는데 오늘도 올려야 하지 않겠습니까? 애통하여 곡을 하는 중에 옥체가 상하지나 않을까 신들은 걱정을 이길 수가 없습니다."

내의원의 진심어린 걱정에도 불구하고 세자의 증세는 더 심해졌다. 이제는 얼굴과 허리에도 빽빽하게 반점이 생겼다.

또 하루가 지났다. 애통하게 곡을 하면서 그동안 숨죽여 가두어두었던 가슴속 절망을 마구 토해냈기 때문이었을까? 세자의 몸에 생겼던 반점과 가려움증이 조금씩 사라지기 시작했다. 이틀이 지나고 사흘이 지나자 세자의 몸을 뒤덮고 있던 반점과 극심한 가려움증은 모두 사라졌다.

땀띠는 금방 사라졌으나

세 살에 왕세자로 책봉되었고 열네 살에 생모를 잃었다. 또한 자신을 비호하던 남인 세력은 몰락했다. 재집권한 서인 세력은 왕세자를 끌어내리고 싶었으나 이미 책봉된 왕세자를 마음대로 교체하는 일은 쉽지 않았다. 생모가 죽은 뒤 20여 년의 아슬아슬한 세월을 견뎌 세자는 서른세 살의 나이로 왕위에 올랐다. 왕위에 올랐으나 후사가 없었고 또 정치적 기반도 약했기에 경종 1년(1721년) 이복동생인 연잉군(훗날 영조)을 세제로 올려야 했다.

경종 3년(1723년) 6월, 그렇게 불안한 왕좌를 지키던 경종은 팔뚝에 생긴 종기를 한창 치료하고 있었다. 날씨는 무척 더웠다. 종기에 고름이 생겨 후끈거리는 것도 번거로운데 날씨까지 더우니 침수에 들기도 불안하고 수라도 제대로 들지 못했다. 설상가상으로 오른쪽 날개 뼈 부위에 보라색 땀띠가 돋았다. 팔뚝에 종기가 난 곳은 욱신거렸고 등에 땀띠가 난 곳은 가려웠다.

어의는 종기가 난 곳에는 소독고라는 고약을 발랐고 땀띠가 돋은 곳에는 옥녀영이라는 가루약을 뿌렸다. 옥녀영은 활석이라는 약재와 녹두로 만든 가루약인데, 솜에 묻혀 땀띠가 돋은 곳에 분처럼 뿌리면 땀띠로 인한 가려움을 줄여준다. 종기는 치료에 시일이 걸렸으나 땀띠는 이내 사라졌다.

이듬해 경종 4년(1724년) 5월 말이 되자 다시 땀띠가 생겼다. 이번에는 등뿐만 아니라 가슴에도 돋아났다. 어의는 이번에도 활석 가루를 올렸다. 또한 우황 가루를 올려 땀띠가 난 곳에 계속 바르도록 했다. 이번에도 땀띠는 이내 사라졌다.

왕위에 오른 뒤 여름철 열기로 생긴 땀띠는 약을 바르고 또 날씨가 서늘해지자 금방 사그라졌다. 하지만 어린 나이에 어머니의 죽음을 목격하고 반대 세력의 끊임없는 위협 속에 살면서 지펴진 마음속 열기가 도저히 꺼지지 않았던 까닭이었을까? 땀띠가 사라진 지 두 달가량이 지난 경종 4년 8월 25일, 임금은 알 수 없는 이유로 승하했다. 세자로서는 30년을 보냈으나 임금으로서는 겨우 4년밖에 보내지 못한 채였다.

왜 가려움이 생겼을까

경종은 세 살과 네 살에 가벼운 태열을 앓았다. 태열이라 함은 지금의 영유아 습진을 말하는데, 흔히들 이야기하는 아토피로 볼 수 있다. 세 살 때에는 저절로 없어지고 네 살 때에도 금세 가라앉은 것으로 보아 증세는 아주 경미했던 것으로 보인다. 다섯 살 때 앓았던 두드러기도 약을 복용한 지 이틀 만에 사라진 것으로 보아 이 또한 경미한 정도로 나타났던 것 같다.

경종의 인생에서 특이한 가려움증은 바로 생모의 사망 무렵에 나타났던 가려움이다. 멀쩡하던 몸에 갑자기 빽빽한 반점과 극심한 가려움이 생길 정도로 열네 살의 소년이 받았던 심리적 충격은 상당히 컸던 듯하다. 아버지인 숙종에게 왜 어머니를 죽이려 하시느냐고 대놓고 반항하지는 못했을 것이다. 하지만 마음속에서는 분노가 끓었을지도 혹은 슬픔이 몰려왔을지도 모른다. 궁궐 담장을 몰래 넘어 어머니와 함께 도망치고 싶은 유혹이 들었을지도 모른다. 그 심리적인 격변이 경종의 몸에 그대로 나타났던 것이다.

어린 소년이 받았던 스트레스는 화산이 폭발하듯 피부로 분출되었다. 결국 경종의 가려움증은 이겨낼 수 있는 정도를 넘어선 심리적 압박이 폭발해 생겼던 것이다. 피부로라도 분출되지 않았으면 그 압력은 몸의 내부로 조여와 더 큰 병을 만들었을지도 모를 일이었다.

경종 3년과 4년 여름에는 땀띠가 생겨 가려웠다. 땀띠라 함은 덥고 습한 기온이나 환경에서 장기간 거주할 때 피부의 땀관이나 땀구멍이 막혀 땀이 원활하게 배출되지 못하면서 생기는 발진을 말한다. 땀관이 막히니 땀이 정체되어 염증과 가려움증이 생기게 마련이다. 시원한 환경으로 만들어주면 땀띠는 어렵지 않게 소실된다. 궁궐의 여름이 무척이나 더웠나 보다.

가려움이 빨리 나았던 이유

생모를 눈앞에서 잃는 엄청난 사건 앞에 열네 살 세자는 큰 충격을 받았고 이는 온몸에 생긴 빽빽한 반점과 극심한 가려움증으로 나타났다. 그런데 심한 증세에 비해 치료 기간은 단 5일뿐이었다. 어떻게 이렇게 가려움이 금세 사라졌던 것일까?

다시 한 번 말하지만 환부의 범위와 증상의 격렬함은 치료의 난이도와는 무관하다. 나이가 젊을수록, 환부의 순환이 잘 이루어질수록, 장부가 건강할수록 치료 기간은 짧아진다. 경종은 당시 14살이라는 혈기 왕성한 나이였다. 또 환부가 팔꿈치나 오금처럼 접히는 곳이 아니라 배, 등, 허리처럼 넓적한 곳이어서 순환이 잘 이루어지는 부위였다. 게다가 장부도 건강했다. 그래서 피부로 몰려온 열을 흩어주는 청기산이라는 약을 투여하자 금세 나을 수 있었다. 어린 경종은 증상만 격렬했을 뿐 장부까지 병든 것이 아니었기에 초기에 바로 치료하자 단 5일 만에 가려움증이 나을 수 있었다.

인원왕후, 법도가 더 중요하다

〈인원왕후 가계도〉

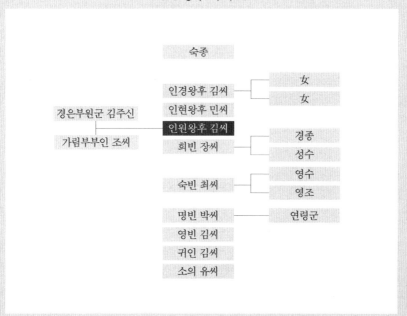

아직 그것을 경험하지 않은 젊은 왕비

인원왕후는 숙종의 두 번째 계비이다. 인현왕후가 사망하고 희빈 장씨가 사사된 뒤 인원왕후는 새 중전으로 간택되어 숙종 28년(1702년) 16세에 중전의 자리에 올랐다. 이때 남편인 숙종의 나이는 42세였고 아들 뻘인 경종의 나이는 15세였다.

중전의 자리에 오른 지 9년의 세월이 흘러 숙종 37년(1711년)이 되었다. 인원왕후의 나이는 25세가 되었다. 당시 도성은 백성들의 아우성으로 발칵 뒤집혀 있었다. 바로 치명적인 전염병이 도성을 강타하고 있었기 때문이었다. 두창痘瘡이라 불리는 천연두였다. 일단 걸리면 치사율이 50퍼센트에 이르는 무서운 병이었다.

두창이 왕실이라고 해서 피해가지는 않는다. 궁녀 가운데 두창에 걸린 이가 나타나면 즉시 궐 밖으로 내보냈다. 또한 경연을 중지하고 궁궐 안팎의 출입을 단속했다. 두창은 한 번 걸리면 저항력이 생기기에 다시 걸리지는 않는다. 그러니 처음 두창에 감염되었을 때 목숨을 건 사투를 벌여야 한다. 여기서 살아나면 일평생 두창에 대한 면역력이 생기는 것이다.

문제는 25세의 젊은 왕비가 한 번도 두창을 앓은 적이 없다는 것이었다. 숙종도 두창을 앓았고 세자도 두창을 앓았지만 인원왕후는 두창을 앓은 적이 없었다. 가까운 곳에 이 전염병에 걸린 이가 생기면 멀리 도망쳐야 했다.

숙종 37년 9월, 도성에 퍼져 있던 두창은 결국 열여덟 살 연잉군에게 전염되었다. 연잉군과 같은 궁에 머무를 수는 없었기에 인원왕후는 즉시 창덕궁으로 거처를 옮겼다. 연잉군의 두창이 나을 때까지 피해 있다가 10월에 다시 경덕궁으로 돌아왔다. 하지만 11월이 되자 이번에는 열 세 살이던 연령군에게 두창이 찾아왔다. 어쩔 수 없었다. 또 창덕궁으로 급히 거처를 옮겨 연령군의 두창이 나을 때까지 기다려야 했다.

그리도 피했건만

창덕궁에서 지내던 중 인원왕후는 감기 증세를 보였다. 열이 오르고 기침이 났으며 두통에 시달렸다. 식은땀이 나고 복통 증세도 있었다. 궁궐에서는 가슴이 철렁했다. 인원왕후가 단순한 감기에 걸린 것이라면 천만다행이지만 두창에 걸린 것이라면 큰일이 아닐 수 없었다.

숙종의 첫 번째 왕비였던 인경왕후도 두창으로 사망했다. 인원왕후까지 두창으로 죽기라도 한다면 왕실은 네 번째 왕비를 맞아야 했다. 무엇보다 감기인지 두창인지 판단하는 것이 중요했다. 초기에는 증상이 아주 유사해서 감별이 쉽지 않다.

일단 시호양격산을 써서 열을 먼저 내리고자 했다. 만약 피부에 구슬이 돋아난다면 이는 두창이고, 구슬이 나타나지 않고 순조롭게 잘 낫는다면 이는 그저 감기일 뿐이다. 다행히 약을 올린 뒤 며칠이 지나자 열이 내리고 증세가 호전되는 듯 보였다. 숙종은 연령군의 두창도 나았고 또 왕비가 중궁전을 오래 비워서는 안 되니 환궁을 서두르라 명했다.

12월 1일 왕비가 환궁하기로 한 날이었다. 마침 날씨가 엄청 추웠다. 중전의 상태가 썩 좋지는 않았지만 환궁을 미룰 수는 없었기에 그대로 강행했다. 그러나 경덕궁으로 돌아온 중전은 두통과 메스꺼움을 호소했다. 내의원에서는 추운 날씨에 환궁하느라 감기가 도졌나 싶었지만 맥이 너무 빨라 혹시나 하는 불안감이 생겼다.

메스꺼움과 두통을 가라앉히기 위해 시호죽여탕을 올렸으나 중전의 증세는 여전했다. 약을 바꿔 인삼강활산을 올렸다. 그래도 호전이 없었다. 이제는 열이 다시 오르고 입이 마른 증세도 나타났다. 이대로 지켜볼 수는 없었다. 무언가 조치가 필요했다.

그를 불렀다

숙종은 하교를 내렸다. 그를 다시 불러야겠다고 판단한 것이다. 자신의 정비였던 인경왕후가 두창을 앓았을 때에 그를 처음 불렀다. 하지만 그때는 치료를 실패해 아내를 잃었다. 하지만 자신이 두창에 걸려 저승문 앞까지 갔을 때 바로 그가 자신을 살려주었다. 아들인 세자가 두창에 걸렸을 때에도 거뜬히 자신의 아들을 두창에서 구해주었다. 바로 얼마 전 연잉군과 연령군도 깔끔히 치료해주지 않았는가. 이제 다시 그를 불러야 할 때가 되었다. 조선 땅에서 가장 두창을 잘 치료하는 의원인 유상柳瑺을 불러야 할 때가 된 것이다.

12월 4일, 유상은 임금의 명을 받자마자 입궐하여 중궁전으로 향했다. 열이 나는 인원왕후를 진찰했다. 그리고 이렇게 말했다.

"이는 두창이 확실합니다. 지금 바로 의약청을 설치해야 합니다."

의약청이란 왕실 인물이 위독할 때 설치하는 임시 의료 기관이다. 두창이란 자칫 목숨을 앗아갈 수 있는 위중한 병이기에 비상 의료 관청인 의약청 설치를 건의한 것이다. 이제 두창임이 확실하니 감기를 치료하는 약은 중단하고 두창을 치료하는 약을 올려야 했다.

"6, 7일 내에 두창의 구슬이 돋아난다면 이는 분명 길증(좋은 증상)입니다. 독을 피부로 뿜어내는 약을 속히 써야 합니다. 화독탕 다섯 첩을 지어 올려야 합니다."

두창 전문의의 지시에 따라 내의원은 속전속결로 움직였다. 다행히 하루가 지나자 구슬이 올라왔다. 하루 만에 구슬이 돋은 것은 길증이었다. 그런데 돋아난 구슬의 색깔이 진할수록 길증이고 옅을수록 흉증(나쁜 증상)인데, 지금 왕비에게 돋은 구슬은 색깔이 옅었다. 이는 흉증이었다. 약을 즉시 보원탕으로 바꿔 올렸다.

또 하루가 지났다. 구슬의 색깔이 금세 붉어졌다. 다행히 길증으로 바뀐 것이다. 보원탕을 계속 올렸다. 그렇게 하루하루 두창 전문의의 치료를 받으며 인원왕후는 휘몰아치는 강물 위에 놓인 징검다리를 건너듯 아슬아슬하게 두창의 강을 건너고 있었다. 구슬에는 물이 차올랐고 물은 고름으로 바뀌었으며 고름은 딱지가 되어 얼굴에서 거의 떨어져 가고 있었다. 12월 14일, 유상은 더 이상 약을 쓸 필요가 없고 음식으로 몸을 보살피면 된다고 진단했다. 마침내 중전의 두창이 나은 것이다.

순조롭게 진행되더니

중전의 몸에 생긴 딱지가 순조롭게 떨어져가던 12월 15일, 전에 없던 새로운 증상이 생겼다. 안구가 충혈되어 안팎의 눈꼬리에서 붉은색 기운이 살짝 돌았다. 내의원에서는 증상이 심하지는 않으니 일단 외용제인 오행탕을 달여 그 뜨거운 김을 눈에 쏘이는 방법을 써보기로 했다.

12월 17일 두창의 마지막 증상인 딱지는 거의 사라졌기에 의약청을 파했다. 이제 중전의 양쪽 눈꼬리에 생긴 충혈과 가려움증만 처리하면 되었다.

이틀 전보다 충혈기가 좀 더 심해지고 가려움증까지 생겼으니 이를 치료할 약으로 상체의 열을 식히는 양격산이란 약을 지어 올렸다. 두창의 남은 열이 눈으로 올라와 생긴 증상으로 판단했기 때문이다.

두창의 맹렬한 기세는 다 사라졌으나 남은 열기가 아직 몸에 있기 때문이었을까? 중전은 눈의 가려움 외에 두통도 살짝 호소했다. 양격산을 계속 올렸다. 일주일가량 지속되던 눈의 충혈과 가려움은 12월 23일에 사라졌다.

대왕대비의 얼굴에 병이 생기다

남편인 숙종도 사망하고 그의 아들인 경종도 사망했다. 이제 차남인 연잉군(영조)이 임금의 자리에 올랐고 인원왕후는 왕실 최고의 어른인 대왕대비가 되었다. 열여섯에 입궁한 뒤로 어느덧 34년의 세월이 흐른 영조 12년(1736년) 7월, 인원왕후는 머리가 희끗한 50세의 중년이 되어 있었다.

여름철이었기 때문인지 대왕대비는 한창 눈병을 앓고 있었다. 의녀가 거의 매일 대왕대비전에 들어 침을 놓았지만 눈병은 쉬이 잡히지 않았다. 그러던 7월 12일, 대왕대비를 살피고 온 의녀는 심각한 표정으로 의관에게 상태를 고했다.

"대왕대비전의 눈병에 큰 변화는 없습니다. 그런데 얼굴의 여러 군데에서 크기가 작은 절종癤腫이 생겼습니다."

절종이란 종기 중에서도 비교적 크기가 작은 종류를 말한다. 자잘

한 종기 여러 개가 대왕대비의 얼굴을 붉게 덮은 것이다. 내의원에서
는 먼저 금은화차와 우황 가루를 준비해 올렸다. 금은화와 우황 모두
종기와 같은 염증에 소염 작용이 있기 때문이다. 종기가 맹렬하지 않
다면 금은화차와 우황만으로도 초기에 진압이 가능하다.

　하지만 얼굴에 생긴 절종은 가라앉기는커녕 더 심해졌다. 게다가
뒷목, 팔뚝 그리고 팔꿈치까지 절종 부위도 확대되었다. 차로 다스릴
수 있는 상태를 넘어선 것이다. 내의원에서는 긴장하기 시작했다. 종
기란 것이 초기에 불을 잘 끄면 별것 아니지만 자칫 기세가 맹렬해지
면 독기가 내장으로 들어가 심한 경우 목숨을 위협할 수도 있기 때문
이다. 특히나 대왕대비처럼 뒷목에 종기가 생기면 독기가 뇌로 들어
갈 수 있기에 내의원에서는 치료를 서둘러야 했다.

　먼저 부위별로 연고를 다르게 만들어 뒷목에는 행인고, 팔에는 소
독고를 바르도록 했다. 약은 우황육일산으로 바꿔 올렸다. 그리고 침
을 전문으로 하는 침의녀 가운데 실력 있는 자를 불러 대기시켰다.
고름이 차면 침으로 살갗을 찢고 배농해야 했기 때문이다. 그런데 문
제는 다른 곳에 있었다.

의관이 직접 진찰하게 해주소서

내의원의 도제조 김홍경은 대왕대비를 치료하는 데 있어 어려운 점
을 영조에게 토로하고 도움을 구했다.

　"대왕대비께서는 절종에 연고를 바른 뒤 독기가 차츰 줄어드는 것

같다고 하셨다는데, 오늘 입진한 의녀의 말로는 환부가 줄지 않고 도리어 고름이 생기고 있다 합니다. 의녀들은 제대로 진찰하지 못하니 그 말을 다 믿을 수는 없겠으나, 미루어 짐작키로 지금 환부가 가볍지는 않아 보입니다. 독이 퍼지려고 할 때 약을 제때 투여하지 않으면 뒷일을 감당하기 어렵습니다. 초기에 잘 살피고 신중하지 않으면 고름이 생길 때가 되었을 때는 치료가 더욱 어렵지 않겠습니까? 신들의 뜻은 의녀의 말에만 의지하지 말고 휘장을 치고 의관이 직접 대왕대비를 진찰토록 해야 한다는 것이니 윤허해주시옵소서."

왕실의 여인이 병들었을 때에는 의관이 진찰하지 않는다. 의녀가 진찰하고 맥을 짚은 뒤 의관에게 보고하면, 의관은 보고받은 내용에 근거해서 처방을 결정한다. 침을 놓는 것도 침의녀가 한다. 그런데 지금 대왕대비의 상황이 가볍지 않은데 의녀의 말에만 의지하자니 도저히 믿음이 가지 않는다는 것이었다. 그래서 휘장을 두를 테니 의관이 대왕대비를 진찰할 수 있도록 허락해달라는 말이었다. 영조 역시 도제조의 요청에 공감했다.

"나 역시 허락하고 싶다. 어제 의녀에게 물으니 절종 부위에 곧 고름이 생길 것 같다고 한다. 자전께 여쭈어보니 연고를 바른 부위가 가렵다고 하시더니 또 아프다고도 하신다. 환부가 황색 같기도 하고 청색 같기도 해서 곧 크게 고름이 생길 것 같다고도 하셨다. 내가 보기에 증세가 매우 중한데 의학의 이치를 익히지 않은 의녀가 약을 정할 수는 없으니 의관이 진찰하는 것이 꼭 필요하다. 그런데 자전께서는 일전에 휘장을 두르고 의관에게 진찰을 받았던 일을 후회하고 계신다. 게다가 창문 밖으로 환부를 보이는 것 역시 원하는 바가 아니라고 하교하시니 어찌할 도리가 없다. 내가 자전께 다시 청해보겠다."

대왕대비는 남자 의관이 자신을 진찰하는 것을 원하지 않았다. 휘장을 친다거나 멀리 창문 밖에서 본다 할지라도 자신의 환부를 남자 의관에게 보이는 것이 내키지 않았다. 영조는 대왕대비전에 들어 의관의 입진을 허락하도록 간곡히 청했다. 하지만 대왕대비는 뜻을 바꾸지 않았다. 영조는 내의원에 하교를 내렸다.

"내가 자전께 거듭 청하고 경들의 간청 또한 전했으나 끝내 거절하시니 어찌할 도리가 없다. 하지만 자전께서도 역시 절종의 위중함을 알고 계시니 지금부터 연고를 자주 바르겠다고 하셨다. 이나마도 다행이 아닌가."

내의원에서는 어쩔 도리가 없었다. 일단 의관과 의녀가 숙직하기로 했다. 또한 환부를 직접 볼 수 없으니 탕약을 섣불리 결정할 수 없어 금은화차와 우황을 올리고 연고인 촉농고를 올려 절종 부위의 화농이 빨리 진행되도록 했다.

연고의 힘

촉농고를 부지런히 발랐기 때문이었을까? 대왕대비의 팔에서는 고름이 보였다. 침의녀가 절종 부위를 절개하고 배농했다. 고름이 터져 나왔다. 계속 연고를 바르도록 하고 우황을 연이어 올렸다. 곧이어 팔꿈치 절종도 배농했다.

발독고, 촉농고, 법초를 부위별로 계속 바르자 가장 먼저 절개했던 팔뚝 부위에 새살이 돋기 시작했다. 처음 절종이 생겼던 얼굴의 붉은 기운도 점차 가라앉는 것이 보였다. 다음 날, 대왕대비는 팔뚝 부위에서 가려움을 느꼈다. 종기의 회복을 알리는 증상이었다.

그다음 날에는 뒷목 절종 부위도 가려웠다. 남은 독기를 없애고 종기가 완전히 아물도록 하기 위해 내의원에서는 수시로 염탕(소금을 넣어 끓인 물)의 열기를 환부에 쏘인 뒤 환부를 씻어주도록 했다. 8월 12일에 이르자 마침내 대왕대비의 절종은 모두 아물었다. 절종이 생긴 지 한 달 만에 완치된 것이다.

실은 대왕대비가 이런 절종을 앓은 것이 이번이 처음은 아니었다. 지난 임오년(숙종 28년) 그러니까 34년 전 대왕대비가 왕비로 책봉되어 입궁하던 해에 이와 비슷한 절종을 앓았다. 그때는 어찌된 연유인지 치료가 무척이나 더디어 무려 3년을 고생한 뒤에야 겨우 나았다. 이번에도 절종이 생겨 대왕대비는 계속 마음을 졸이지 않을 수 없었다. 의관들의 입진까지 거절했으나 다행히 한 달 만에 나을 수 있었던 것은, 연고의 힘이 컸던 것으로 보인다. 대왕대비는 의관의 진찰을 거부한 대신 연고를 부지런히 발랐다. 또 의관들이 직접 진찰을 못해 처방을 정하기 조심스럽다기에 대왕대비는 탕약 대신 우황을 계속 먹었다. 지난 임오년의 악몽을 되풀이하고 싶지 않았기 때문이다. 뒷목 절종은 위험한 부위여서 한시도 안심할 수 없었으나 무사히 치료를 끝낼 수 있었던 것은 아마 연고의 힘이었으리라.

두창이 남긴 눈의 가려움

두창은 천연두 바이러스가 몸에 침입해서 생기는 전염병이다. 침입자가 들어오면 우리 몸의 면역 세포는 바이러스를 죽이기 위해 격렬한 전투를 벌인다. 이 과정에서 발열, 오한, 두통 등의 증상이 생긴다. 어떤 바이러스가 침입했느냐에 따라 피부에 발진이 생기기도 하고 장에 설사가 생기기도 한다. 바이러스를 이기지 못해 심각한 합병증이 생기기도 하고 큰 고비는 넘겼으나 자잘한 후유증이 남기도 한다.

바이러스는 공기 중에 떠돌아다니다 사람의 점막이나 상처 난 피부를 통해 몸속에 침입한다. 특히 점막은 바이러스가 자주 침투하는 곳이다. 점막은 피부와는 달리 각질층 없이 얇은 점막세포로 되어 있는데, 이 점막세포는 촉촉하고 말랑하며 내부의 혈관과 림프조직에 밀착되어 있다. 그래서 점막에 바이러스가 달라붙기 쉽고 또 점막을 통해 체내로 침투하기도 쉽다. 우리 몸에서 노출된 점막이 존재하는 곳은 바로 입, 코, 목 그리고 눈이다.

인원왕후는 천연두 바이러스와의 맹렬한 전투를 잘 치러내었다. 구슬이 돋고, 구슬에 물이 차고, 물은 고름이 되고, 고름은 딱지가 되는 과정을 잘 견뎠다. 다만, 천연두가 다 나을 무렵에 잔여 증세가 나타났다. 바로 눈에 생긴 충혈과 가려움이었다. 마치 큰 화재가 진압되고 난 뒤 잔불이 남아 건물 구석에서 조용히 타는 것과도 같았다. 세력이 약해진 잔불은 바이러스가 밀착하기 좋은 점막에서 타고 있었다. 바로 인원왕후의 눈이었다. 이 눈으로 면역 세포가 달려와 바이러스를 마저 처리해야 했다. 이 면역 반응 탓에 인원왕후는 눈이 가려웠던 것이다.

종기가 나아갈 때 느낀 가려움

인원왕후가 50세에 앓았던 절종은 크기가 작은 종기를 말한다. 종기는 그 크기에 따라서 이름을 다르게 부른다. 크기가 2~5치(약 6~15센티미터) 정도이면 옹종癰腫이라 부르고, 1~2치(약 3~6센티미터) 정도이면 절종癤腫이라 부른다. 인원왕후가 앓았던 종기는 절종이라고 했으니 크기가 대략 3~6센티미터 정도의 종기였던 셈이다.

인원왕후는 이 절종이 거의 회복될 무렵에 가려움을 느꼈다. 종기의 증상이 맹렬할 때에는 통증을 느끼고 고름이 빠진 뒤 새살이 생길 때에는 가려움을 느낀다. 인원왕후 역시 비슷한 과정을 겪으면서 종기 치료를 마쳤던 것이다.

절종으로 인해 3년씩이나 고생했던 경험이 있었기에 이번에는 남자 의관의 진찰을 받았을 만도 한데, 의관들이 자신의 처소에 들어 직접 진찰하는 것을 끝내 거절했던 것으로 보아, 인원왕후는 왕실 최고의 어른으로서 위엄을 지키고자 했던 것 같다. 아마도 인원왕후는 성정이 꼿꼿하고 법도를 중시했던 인물이 아니었을까 싶다. 환자 본인이 의관의 진찰을 거부하니 의녀의 진찰, 차와 우황, 절개법과 연고의 힘으로 종기를 치료했던 것이다.

우황의 효능

인원왕후가 절종을 치료할 때에 주로 연고를 발랐지만 금은화차에 우황 가루를 타서 마시거나 우황육일산을 복용하거나 혹은 우황만 복용하기도 했다. 그렇다면 계속 우황을 복용한 것인데 이 우황이 종기를 치료하는 데 도움이 될까?

우황이란 소의 담낭에 생긴 결석을 말한다. 사람의 몸에 생긴 결석은 제거해야 할 대상이지만, 소의 몸에 생긴 결석은 병을 고치는 귀한 약재가 된다. 정신을 안정시켜주기에 광증이나 간질병 치료에 사용되기도 하고, 또 중풍이나 파상풍과 같은 응급 질환에 사용되기도 한다. 간에 작용하므로 황달을 치료하는 효능도 있다. 어린아이의 태열 치료에 쓰이기도 한다. 어혈을 제거하기에 타박상 치료에 사용되고 소염 작용이 있어 여러 피부 질환에 사용되기도 한다. 그래서 왕실에서는 우황으로 종기를 자주 치료했다.

그런데 우황을 얻기란 쉽지 않았다. 가장 좋은 방법은 담낭에 우황이 있는 소를 감별해 억지로 구토하게 하는 것이지만, 어떤 소가 우황이 있는지 겉만 보고 판별하기 어려웠고 또 우황을 토하게 하는 것도 쉽지 않았다. 그래서 소를 도축하는 과정에서 우연히 우황을 찾으면 이를 100일 동안 잘 말려 약재로 사용했다.

우황은 지금도 고가이지만 과거에도 구하기 어려운 귀한 약재였다. 그런데 숙종은 무슨 이유에서인지 말린 우황이 아닌 신선한 날것을 얻고자 한 적이 있었다. 숙종 39년(1713년), 숙종은 생우황을 구해 오라는 명을 내의원에 내렸다. 그러나 의관들은 생우황을 쉽게 구할 수 없었다. 그러자 숙종은 소를 죽여서라도 생우황을 구해 오라고 명했다. 하지만 아무리 소를 죽여도 우황을 찾을 수 없었다. 멀쩡한 소 수백 마리를 도축하기에 이르자 이를 보다 못한 부교리 홍우서가 7월 16일 상소를 올렸다.

"제나라의 선왕과 송나라의 인종이 후세에 성군이라 불리는 까닭은 모두 생명을 중히 여겼기 때문입니다. 이번에 생우황을 들이라는 어명이 있었는데, 무릇 약으로 쓰는 우황은 대부분 말려서 씁니다. 또 어떤 소에게 우황이 있는지 겉으로는 알지 못하므로 급히 구하려 하니 진실로 생우황을 얻기가 어렵습니다. 며칠 사이에 도살된 소가 이미 수백 마리에 이르렀으나 아직도 우황을 많이 얻지 못하였다고 합니다. 전하의 어약御藥에 관계되는 일이기에 감히 참견을 할 수는 없겠지마는, 이미 많은 소가 도축되었으니 전하께서 굽어 살펴주시어 불쌍히 여기는 마음으로 처분을 내려주소서."

상소를 접한 숙종은 바로 소를 도축하는 일을 중단하도록 했다.

"그대의 말이 옳다. 내가 처음에 생우황을 얻기가 이렇게 어려운 줄은 미처 헤아리지 못했다. 그대의 말이 옳으니 즉시 멈추게 하라."

소를 수백 마리 죽여도 우황을 충분히 구하기 어려웠으니 우황이 얼마나 귀한 약재였겠는가. 일반 백성들은 구경하기조차 힘들었을 것이다. 하지만 왕실에서는 종기가 생겼을 때 우황을 자주 복용했다. 귀했지만 그만큼 효능이 있었기에 소염 목적으로 사용했다. 인원왕후가 특별한 탕약을 복용하지 않고서도 무탈하게 종기가 나았던 것에는 우황도 한몫했을 것이다.

의녀들의 서러움

의녀醫女는 조선의 신분제도상 최하위에 속하는 관비의 신분이었다. 따라서 아무리 이들이 출중한 의술을 쌓아 왕실 여인들의 진료를 담당하는 내의녀內醫女로 발탁된다 할지라도 천인의 신분에서 벗어날 수는 없었다. 의관과 영조가 의녀의 말은 믿을 수 없다고 한 것으로 보아 당시 의녀를 보는 이들의 시각이 어떠했는지 엿볼 수 있다. 의녀가 사회적으로 필요한 존재이긴 했지만 이들을 인정하기보다는 하찮게 여겼던 것이다.

왕실의 인물이 병을 앓다가 잘 회복되었을 때에는 진료에 참여한 의관과 의녀에게 상을 내렸다. 의관들에게는 말, 활, 모피, 승진, 관직, 은자, 전답 등을 공에 따라 분류하여 상으로 내렸으나 의녀들에게는 주로 미포米布(쌀과 피륙)를 내렸다. 의관과 의녀는 포상에서도 천지 차이였던 것이다. 다만, 치료에 기여한 바가 매우 큰 의녀에게는 면천免賤(천민의 신분을 면하고 평민이 됨)을 상으로 내렸다. 면천이

상으로 내려질 때에는 "의녀들의 소원에 따라 내린다"는 《승정원일기》의 기록이 꽤나 있는 것으로 보아서, 당시 의녀들이 가장 원했던 것은 쌀도 돈도 아니요, 신분 해방이 아니었을까 싶다.

영조, 임금 몸속의 생명체

〈영조 가계도〉

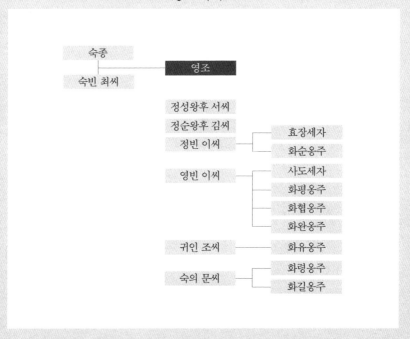

숙종
숙빈 최씨
영조

정성왕후 서씨
정순왕후 김씨
정빈 이씨 ─┬─ 효장세자
　　　　　 └─ 화순옹주

영빈 이씨 ─┬─ 사도세자
　　　　　 ├─ 화평옹주
　　　　　 ├─ 화협옹주
　　　　　 └─ 화완옹주

귀인 조씨 ─── 화유옹주

숙의 문씨 ─┬─ 화령옹주
　　　　　 └─ 화길옹주

가장 오래 살았고 가장 많이 가려웠다

경종 1년(1721년) 8월 20일 새벽, 영의정 김창집과 좌의정 이건명은 경종과 마주 앉아 있었다. 경종은 책상 위 봉투 하나를 가리켰다. 영의정이 봉투를 뜯어 보니 종이 두 장이 들어 있었다. 한 장에는 한문으로 '延礽君(연잉군)'이라는 세 글자가, 나머지 한 장에는 언문으로 교서가 적혀 있었다.

"효종대왕의 혈맥과 선대왕의 골육으로는 주상과 연잉군뿐이니, 어찌 다른 뜻이 있겠소? 나의 뜻은 이러하니 대신들에게 하교하심이 옳을 것이오."

연잉군을 세제世弟로 삼으라는 대비의 친필 서신이었다. 조선의 임금 가운데 가장 비천한 신분의 모친에게서 태어났으며 역대 임금 가운데 가장 오래 살았고 가장 오랜 기간 재위했던 영조가 다음 대통을 이을 세제로 지목되는 순간이었다.

영조는 오래 산 만큼 크고 작은 병도 많았고 그 어느 왕보다 가려움증도 많았다. 잠시 생겼다가 금방 치료되었던 가려움증도 다수였다. 반면에 해마다 재발했던 가려움증도 있었다. 한 번 생긴 가려움증이 쉬이 치료되지 않아 몇 해를 끌었던 경우도 있었다.

영조 즉위년(1724년)에는 오른쪽 눈에 다래끼가 생겨 눈이 가려웠고 눈꺼풀이 붉게 부어올랐다. 이에 거풍청열산이란 약을 복용하고 벌집에서 채취한 기름인 황랍을 다래끼 부위에 바르자 금세 호전되었다. 영조 24년(1748년) 7월에는 땀띠가 생겼다. 여름철 더위 먹은 것을 식혀주는 가미생맥산을 복용하자 나흘 만에 땀띠는 사라졌다. 영조 33년(1757년) 7월에도 땀띠가 생겼는데 여름철 부족한 원기를 돋우는 가미유령탕을 복용하자 바로 나았다. 영조 51년(1775년)에 발목이 붓고 가려운 증상이 생겼는데 파를 뜨겁게 하여 찜질하자 이 역시 금세 사라졌다. 이렇게 금방 나은 가려움증도 있었으나 치료에 오랜 시일이 걸리거나 해마다 재발한 가려움증도 있었다. 영조의 전 생애에 걸쳐 가려움증은 끊임없이 이어졌다.

눈이 깔깔하고 가렵다

세제로 책봉된 지도 2년이 흘러 이제 경종 3년 3월이 되었다. 30세의 연잉군은 환절기인 탓인지 감기 기운을 느꼈다. 사흘여가 지나자 감기는 다 나았는데도 몸이 노곤하고 현기증이 느껴졌다. 현기증이 사라질 무렵인 4월 4일, 연잉군은 눈이 깔깔하고 가려웠다. 다행히 증세가 심하진 않았기에 금은화차에 우황 가루를 타서 마시고 오행탕으로 눈을 훈세熏洗했다. 훈세라는 방법은 뜨거운 약액의 김을 환부에 쏘인 뒤 이 약액으로 환부를 씻어주는 방법을 말한다. 눈이 충혈되거나 유행성 눈병에 걸렸을 때 이 방법을 쓰면 마치 피부에 연고를 바르는 것처럼 약 기운이 눈까지 도달하여 눈병을 낫게 해준다. 다행히 연잉군의 눈 증세는 가벼웠기에 금세 사라졌다.

한 해가 흘러 경종 4년 윤4월이 되었다. 연잉군에게 1년 전과 똑같은 증세가 나타났다. 한동안 사라졌던 현기증이 도졌고 눈이 또 깔깔하고 가려웠다. 같은 계절에 같은 병이 재발한 것이다. 내의원에서는 양혈거풍탕이란 약을 지어 올렸다. 이번에도 가려운 증세는 2, 3일이 지나자 금세 가라앉았다.

왕위를 이을 세제로 지목되어 궁에 들어오긴 했지만 궁궐 생활은 하루하루 살얼음판의 연속이었다. 세제가 된 지 얼마 뒤에는 대리청정 문제로 한바탕 소용돌이가 휘몰아치기도 했다. 신하들은 경종을 지지하는 세력과 연잉군을 지지하는 세력으로 나뉘어 있었기에 세제의 신분이라 할지라도 왕좌에 앉기까지 단 하루도 마음을 놓을 수 없었다. 연잉군은 그저 엎드려 지냈다. 그것만이 왕좌를 섣불리 탐했다는 누명을 쓰지 않는 유일한 방법이었다.

그렇게 마음 졸이며 기다리던 연잉군에게 마침내 왕좌에 오르는 문이 열렸다. 경종 4년 8월 24일, 임금은 차츰 의식을 잃어가고 있었다. 세제인 연잉군이 급히 인삼차를 올렸다. 경종은 잠시 기운이 돌아오는 듯하더니 다시 의식이 혼미해졌고, 8월 25일 새벽 3시에 승하했다. 마침내 영조가 임금의 자리에 오르게 되었다.

신분은 세제에서 임금으로 변했지만 봄마다 찾아오는 눈병은 변함이 없었다. 영조 2년(1726년) 4월 17일, 33세의 임금은 또 눈병을 앓았다. 이번에도 감기 기운부터 시작되어 으슬으슬 오한기가 돌고 코가 막혔다. 그리고 눈병이 도졌다.

"최근에 눈병이 도져 눈꼬리가 가렵고 아프다. 소위 건안질乾眼疾이란 것이 바로 이것이 아닌가. 남들이 내 눈을 봐서는 병이 있는 줄 알아채지 못 할 것이다."

건안질이란 마른 눈병이라는 뜻으로, 일반적인 눈병처럼 눈물이 흐르거나 눈곱이 끼는 듯 눈이 축축해지지 않고 건조한 상태로 눈병을 앓는 것을 말한다.

영조가 임금에 즉위한 지 얼마 되지 않아 다래끼를 앓았을 때 황랍을 발라서 크게 효험을 본 적이 있었다. 의관들은 그때의 기억을 살려 황랍으로 연고를 만들어 영조의 눈 주위에 바르도록 했으나 이번에는 크게 효과가 없었다. 내의원에서는 아직 감기 기운이 있기에 화해산, 인삼강활산 등의 감기약을 먼저 올렸다. 눈병은 약간 호전된 상태로 지속되었다.

눈이 충혈되고 가렵다

두 해가 더 흘러 영조 4년(1728년) 11월 6일, 영조는 35세가 되었다. 주로 봄에 생기던 눈병이 이번에는 어쩐 일인지 가을에 찾아왔다. 그런데 봄만 되면 으레 앓던 눈병과는 증상이 좀 달랐다. 전에는 눈이 껄끄러우면서 가려움이 주로 느껴졌으나 겉으로 보기에는 멀쩡했다. 그런데 이번에는 눈이 시뻘겋게 충혈되고 가려웠기에 누가 봐도 단박에 눈병이라는 것을 알 수 있었다. 게다가 밤에는 눈을 뜨고 있기가 어려울 지경이었다.

임금의 상태를 진찰한 의관들은 눈병에 대한 저마다의 경험과 치료법을 피력했다. 한 의관이 인진을 끓인 물로 자주 훈세하는 것이 가장 좋다고 아뢰었고, 다른 의관은 백비탕白沸湯(아무것도 넣지 않고 끓인 물)으로 훈세하는 것이 가장 좋다고 했다. 또 다른 의관은 남초의 진액이나 용뇌 가루를 따뜻한 침에 개어 바르면 눈물이 흐르면서 바로 쾌차하게 된다고 아뢰었다. 영조 또한 황련 가루를 젖에 개어 바르면 신기하게도 효과가 있었노라며 자신의 경험을 얘기했다.

그런데 여느 해보다 심한 영조의 눈병을 걱정하던 내의원 도제조 이광좌는 근심 가득한 얼굴로 이렇게 아뢰었다.

"눈병을 치료하기 위해서는 무엇보다 마음을 편안하게 하는 것이 가장 좋습니다. 또한 편안하게 침수에 들면 저절로 나을 것입니다."

이광좌의 말에 영조는 한숨을 깊이 내쉬었다. 영조 또한 이를 모르는 바가 아니었기 때문이다. 하지만 도저히 따를 수가 없었다. 왜냐하면 두 달 전부터 영조의 아들인 효장세자가 시름시름 앓고 있었기 때문이었다. 자식이 병들어 누워 있는데 세상천지 어느 아비가 마음을 편히 가질 수 있단 말인가. 실은 전과는 달리 가을에 눈병이 생기고 또 전보다 증세가 심한 것도 바로 효장세자가 병에 걸린 것과 무관하지 않았다.

아무리 마음을 편안하게 하려고 해도 그럴 수가 없었다. 아무리 침수에 편히 들려고 해도 도저히 그럴 수가 없었다. 겨우 잠이 들더라도 새벽이 되면 자꾸 깨기 일쑤였다. 차라리 탕약을 마시고 눈을 훈세하는 것이라면 얼마든지 할 수 있었다. 하지만 마음을 편히 먹고 잠을 잘 자라고 한다면 아비 된 자의 심정으로 도저히 그 말을 따를 수 없었다.

이번에 생긴 눈병은 눈의 충혈이 유독 심했기에 내의원에서는 사열황련탕이라는 눈의 염증을 치료하는 탕약을 올렸다. 그렇게 탕약으로 겨우겨우 치료하던 가운데 영조 4년 11월 16일, 이제 겨우 열 살인 효장세자는 알 수 없는 병에 걸려 두 달을 시름시름 앓다 결국은 사망하기에 이르렀다.

영조의 유일한 아들이자 국본이었던 세자가 세상을 떠난 사건 앞에 모든 왕실 사람과 신하가 통곡했다. 세자가 생모를 일찍 여의었기에 영조는 세자를 불쌍히 여겨 많이 사랑했다. 아들이 세자로 책봉된 지 얼마 되지도 않았는데 이렇게 갑자기 생모를 뒤따라가니, 영조로서는 하늘이 무너지는 일이었다. 영조는 아들의 시신을 뉘인 관을 부여잡고 하염없이 눈물을 흘렸다.

"한 번 여기에 들어갔으니, 어찌 다시 살아날 리가 있겠는가?"

왕실의 크나큰 슬픔에 신하들 역시 모두 눈물을 흘리며 얼굴을 가렸다.

눈병은 더욱 깊어지고

아들이 병을 얻어 앓는 동안 영조도 눈병을 얻었다. 한창 눈병을 앓던 와중에 아들을 저세상으로 떠나보냈다. 세자가 죽은 지 이틀 뒤, 내의원에서는 걱정되는 마음에 눈병의 상태를 영조에게 물었다. 그러나 자식을 먼저 앞세운 마당에 그까짓 눈병이 영조에게 무슨 대수였겠는가.

"지금은 치료받을 생각이 없다."

영조의 심정이 이해되지 않는 바가 아니나 그래도 병은 치료해야겠기에 어의는 다시 간곡히 아뢰었다.

"눈의 충혈뿐 아니라 눈꺼풀의 상태도 정상이 아닙니다. 너무 슬퍼하시면 눈이 반드시 크게 상할 것입니다. 탕약을 드시거나 침을 맞으시는 것이 어떻겠습니까?"

"이러다 저절로 나을 것이다. 약이 무슨 소용이란 말인가!"

11월 초 시작된 영조의 눈병은 계속되다가 이듬해 2월이 되어서야 거의 호전되었다. 하지만 5월이 되자 영조는 다시 눈에 가려움과 깔깔함을 느꼈다. 이 증상은 7월까지 이어졌다.

아들을 먼저 보내고 4년의 세월이 흘렀다. 영조는 이제 39세가 되었다. 하나뿐인 아들을 잃은 뒤 영조는 그저 남몰래 슬퍼했다. 이 슬픔을 잠시라도 잊고자 밤에는 촛불 아래에서 공사公事를 열람하며 국사에 더욱 매진했다. 아들을 잃은 슬픔을 온전히 위로받을 유일한 방법은 새로 아들을 얻는 것이리라. 하지만 영조에게는 아직 후사 소식이 없었다. 영조 8년(1732년), 겨울 칼바람이 물러가고 봄 훈풍이 불기 시작하는 2월 26일이 되자 영조에게 또 눈병이 찾아왔다.

"눈이 건조하고 깔깔하다. 매해 겨울과 봄 사이에 이 증상이 생긴다. 일찍이 무신년(영조 4년)에 눈병이 자주 생겼는데 지금 또 생겼고 시력도 전과 같지 않다. 이는 필시 기운이 약해진 까닭이다. 항상 드러눕고만 싶고 앉아 있기가 힘이 든다."

어의는 영조의 눈을 진찰했다. 충혈은 없었다. 겉으로 보기에 영조의 눈은 아무 이상이 없어 보였다. 하지만 영조는 눈이 건조하고 껄끄러우며 또 잘 보이지 않는다고 얘기했다. 겉으로 보이는 충혈이 없기에 눈병이 심하지 않은 것처럼 보일 수 있지만 어의는 그렇게 진단하지 않았다.

"무릇 눈병은 충혈이 있는 경우 증상은 심해 보이지만 이는 잠시의 풍열風熱일 뿐입니다. 지금 전하의 증세는 건조하고 깔깔한 것인데, 이는 눈을 혹사하였기 때문에 생긴 노안勞眼입니다. 얼핏 증세는 가벼워 보이나 실은 풍열에 비해 더 중한 상태입니다. 급히 치료하지 않으면 가벼운 증세도 심각해질 것입니다."

영조가 눈을 혹사하였기에 생긴 눈병이란 진단이었다. 아들을 잃은 슬픔을 잊고자 밤에도 촛불 아래에서 국사에 매진하다 보니 더 깊은 눈병이 생긴 것이다. 겉으로 내색하지는 않았지만 아들을 잃은 슬픔은 세월이 갈수록 더 깊어졌다. 겉으로 보이지는 않았지만 세월이 갈수록 영조의 눈병도 더 깊어진 것이다.

내의원에서는 정신적인 과로로 인해 허약해진 원기를 보강하는 자음건비탕에 눈을 밝게 하는 감국이란 약재를 추가하여 약을 지어 올렸다. 약을 복용한 덕분이었을까? 눈이 건조한 느낌은 조금씩 사라지기 시작했다. 가려운 증세도 나타났으나 심하진 않았다. 눈 증상이 호전되자 어의는 마무리 치료를 위해 팔미원이란 약에 녹용을 추가하여 탕약을 지어 올렸다. 팔미원의 힘인지 녹용의 힘인지 눈병이 재발하고 한 달여가 지난 3월 22일이 되자 영조는 눈이 한결 편해졌음을 느꼈다.

이후에도 봄이 되면 눈병은 영조를 간간이 찾아왔다. 탕약을 복용하고 훈세를 하면서 눈병을 잠재웠다. 자신의 눈병에 대해 영조는 어의들에게 이렇게 말했다.

"지난 무신년(영조 4년)의 참사로 세자를 잃은 뒤 나의 눈병이 더욱 심해졌도다."

아들을 잃은 지극한 슬픔이 눈병을 악화시켰던 것이다.

평생을 따라다녔던 지병

눈병이 영조를 오래 괴롭히긴 했지만 눈병보다 더 오랜 기간 따라다닌 지병이 있었다. 거의 일평생 영조를 괴롭힌 병으로, 바로 복통이었다. 일반적인 복통이 아니라 어느 날 갑자기 배가 뒤틀리듯 나타나는 극심한 복통이었다. 이 고통스러운 복통은 영조가 세제로 책봉되어 궁으로 들어오기 전 잠저潛邸에서부터 앓았다. 세제 시절에도 영조를 긴장케 했던 이 복통은 임금의 자리에 오른 지 얼마 뒤인 영조 1년(1725년)에 다시 찾아왔다.

영조 1년 10월 9일, 이날은 종묘대제가 열리는 날이었다. 종묘대제란 역대 왕과 왕비의 신주를 모시고 지내는 나라의 가장 큰 제사를 말한다. 춘하추동 사계절과 12월 납일臘日까지 1년에 다섯 번 봉행했다. 나라에서 행하는 제사인 만큼 규모가 크고 격식이 높았으며 절차 또한 길고 복잡했다. 이날은 종묘대제 가운데 겨울에 열리는 동향대제冬享大祭를 봉행하는 날이었다. 겨울에 열리다 보니 날씨가 무척이나 추웠다. 게다가 영조는 감기에 걸려 몸 상태가 좋지 않았다. 하지만 나라의 가장 큰 제사이고 또 즉위한 지 얼마 지나지 않은 시점이었기에 허투루 지낼 수는 없었다.

힘들고 길고 복잡한 종묘대제의 절차를 무사히 끝낸 다음 날이었다. 어의들은 급한 호출을 받고 대전으로 달려갔다. 영조의 지병이 또 도진 것이었다. 영조는 다시 찾아온 복통으로 신음을 토해내고 있었다.

"나에게는 원래부터 갑작스럽게 생기는 복통이 있었는데, 이 복통이 다시 찾아왔다."

이 추운 겨울에 바깥에서 동향대제를 치를 때부터 어의들은 내심 걱정했다. 찬바람을 쏘이거나 찬 음식을 먹으면 유독 복통이 잘 생긴다는 것을 어의들은 잘 알고 있었기 때문이다. 그래도 무사히 지나가기를 바랐건만 또 이렇게 찾아오고야 만 것이다.

"지난겨울에도 복통이 있었는데 올 여름과 가을에는 잠잠하더니 이번에 조금씩 생길 기미가 보였다. 그러더니 오늘은 통증이 매우 심하다. 아랫배에서부터 통증이 시작되었다가 점점 위로 올라와 이제는 가슴까지 아프다. 통증이 심하니 움직일 수가 없다."

어의들은 임금의 복통을 가라앉히기 위한 방법을 논의했다. 내의원 도제조는 민간의 백성들이 효험을 본 연제법煉臍法을 추천했다. 연제법이란 배꼽을 정련한다는 뜻으로, 여러 약재를 가루 내어 밀가루와 반죽한 뒤 납작한 떡 모양으로 빚어 배꼽 위에 올리고 그 위에 쑥을 올려 뜸 50장을 뜨는 방법이다. 배를 따뜻하게 해주기 위한 뜸 치료법인 것이다.

영조도 항시 배가 차갑다고 느꼈기에 연제법을 즉각 허락했다. 또한 배가 찬 사람이 복통을 느낄 때 쓰는 탕약인 불환금정기산과 반총산을 복용했다. 다행히 복통은 차츰 줄어들었다. 불안한 영조는 복통이 거의 사라졌어도 배꼽뜸을 계속 떴다.

탕약과 배꼽뜸으로 복통을 잡아가던 영조는 배가 가려워졌다. 뜸

의 열기 때문이었다. 배꼽 부위가 근질거렸지만 극심한 복통의 고통
에 비한다면 아무것도 아니었다. 다행히 복통도, 가려움증도 서서히
줄어들었다.

이번에는 맨살에 뜸을 뜨겠습니다

영조의 복통은 그 뒤로도 계속 재발했다. 복통이 생길 때에는 속이
메스꺼웠고 대변의 횟수가 잦아지며 시원하지 않았다. 현기증이나
두통 그리고 기침도 동반했다. 그럴 때마다 탕약과 배꼽뜸으로 치료
해 나갔다. 영조는 복통이 생겼을 때 집중적으로 연제법을 받고 나면
한동안 통증이 잠잠해져 살 것만 같았다.

그러던 영조 9년(1733년) 7월 9일, 이제 영조는 40세가 되었다. 아
무리 더운 여름철이어도 찬 것은 입에도 대지 않았고 늘 따뜻한 음식
만 먹으며 조심했다. 그런데 침수에 들기 전 잠시 시원한 바람을 쏘
인 것이 화근이었는지 다시 복통이 찾아왔다. 복통이 있을 때 먹으면
으레 효험을 보던 반총산을 복용해도 이번에는 별 효과가 없었다. 탕
약을 바꿔 보중익기탕과 육군자탕을 복용했더니 겨우 복통이 가라앉
았다.

하지만 낫기가 무섭게 8월 7일 또 복통이 찾아왔다. 영조는 참으로
미칠 노릇이었다. 어쩔 수 없이 다시 탕약을 복용했다. 항시 배를 따
뜻하게 하는 것이 좋겠다 싶어 쑥으로 허리띠를 만들어 배에 두른 뒤
그 위에 용포를 입었다. 쑥의 기운이 배로 들어가서인지 복통이 덜해

지긴 했지만 다른 부작용이 생겼다. 하루 종일 쑥 허리띠를 두르고 있으니 배에 습기가 차 배가 무지하게 가려웠던 것이다.

1년에 한두 번 정도 생기던 복통이 이번에는 7월과 8월에 연달아 찾아오니 내의원에서는 비책을 강구했다. 바로 직구直炙를 뜨기로 한 것이다.

연제법과 직구는 다른 방법이다. 연제법은 피부 위에 약떡을 올린 뒤 그 위에서 쑥을 태우는 방법이다. 그래서 피부와 쑥이 직접 닿지는 않는다. 하지만 직구는 맨살에 직접 쑥을 올리고 뜸을 뜨는 방법이다. 쉽게 말하면 뜸불로 맨살을 지지는 것이다. 당연히 직구가 연제법보다 몸으로 전해주는 열기와 자극이 훨씬 더 강하다. 그만큼 효과는 더 크다. 그래서 난치병이나 만성병을 치료할 때 직구를 쓴다. 영조에게 계속 극심한 복통이 찾아오니 이 방법을 써보기로 한 것이다. 영조 역시 잊을 만하면 찾아오는 복통이 공포스럽고 고통스러웠기에 직구를 허락했다. 뜸불의 열기가 괴로울지언정 이 병이 나을 수만 있다면 참아보기로 한 것이다.

문제는 뜸을 몇 장 뜰 것인가였다. 연제법은 뜸을 50장 뜨지만 약떡을 깔았기에 피부에 심한 화상이 생기지는 않았다. 하지만 직구는 맨살에 뜨는 것이라 화상을 입을 것이 불 보듯 뻔했다. 내의원에서는 200장을 권했다. 영조는 일단 100장을 떠보자고 했다.

뜸이 주는 열기와 가려움

마침내 뜸을 뜨기로 한 8월 18일이 되었다. 어의는 뜸 채비를 모두 갖춘 뒤 대전에 들었다. 영조의 마음은 뜸의 효과에 대한 기대 반, 열기에 대한 걱정 반으로 가득 차 있었다.

직구 100장을 뜨는 방식은 이러하다. 하루에 쑥뜸 100장을 다 태울 수도 있겠지만 그렇게 하면 환자의 고통이 너무 크다. 그래서 일곱 장 단위로 뜸수를 채워나간다. 예를 들어 하루에 칠 장씩 떠서 백 장에 이를 때까지 뜨거나, 하루에 이칠 장(14장) 혹은 삼칠 장(21장)씩 떠서 총 100장에 이를 때까지 채워나가는 것이다.

하루에 직구를 몇 장씩 뜰 것인가를 놓고 또 의견이 분분했다. 결국 뜸의 열기를 감당해야 할 영조 본인이 결정했다.

"들기로 이 뜸을 뜰 때 비명을 지르는 이도 있다고 한다. 이것이 그리도 참기 어려운 치료란 말인가? 오늘은 삼칠 장을 뜨도록 하라. 열기를 견뎌 보겠다."

어의는 쌀알보다 더 작은 크기로 쑥을 말아 영조의 배 위 맨살에 올린 뒤 향에 불을 피워 쑥에 불을 지폈다. 작은 쑥이 빠른 속도로 타 들어갔다. 어의는 쑥이 탄 자리 위에 또 쑥을 말아 올린 뒤 태웠다. 쑥이 하나둘씩 탈수록 영조는 칼날이 살갗 깊숙이 파고드는 듯한 예리한 열기와 통증을 느꼈다. 너무 뜨거웠지만 이를 악물고 참았다. 맨살 위에서 스물한 장의 쑥을 다 태울 때까지 참자 온 얼굴이 땀에 젖었다.

하루가 지났다. 아니나 다를까 직구를 떴던 영조의 배는 화상을 입어 짓물러 있었다. 그런데 이날도 뜸을 뜨기로 한 날이었다. 짓무른 혈 자리 바로 위에 똑같은 방식으로 쑥 스물한 장을 또 태웠다.

그렇게 하루 스물한 장씩 매일 뜸을 떴다. 뜸을 뜬 자리에 화상을 입어 피부가 짓무르자 이번에는 심한 가려움증이 몰려왔다. 뜸을 뜰 때에는 그 열기로 인해 고통스러웠는데, 뜸을 뜨고 나면 가려움으로 고통스러웠다.

"뜸 뜬 곳이 너무나 가렵다. 침수 중에 나도 모르게 여기를 손톱으로 파낼까 걱정된다."

병을 고치기 위해 이 괴로운 뜸 치료를 받고 있는데 이제는 가렵기까지 하니 영조는 이루 말할 수 없이 괴로웠다.

임금의 복통이 국법을 바꾸다

뜸의 열기와 화상의 가려움을 이 악물고 견디며 마침내 뜸 100장을 다 떴다. 어의들은 여기서 멈추지 말고 뜸을 더 뜨자고 진언했다. 확실한 효과를 위해 200장을 채우자는 것이었다. 영조는 펄쩍 뛰었다.

"복통이 너무나 괴로워 뜸 치료를 참으면서 받았다. 그런데 어째서 200장을 채워야 효과가 난단 말인가? 나의 100장은 다른 이의 200장과 같다. 날도 더워 가려움도 무척 심하다. 앉으나 누우나 항시 가려우니 마치 미친 사람처럼 밖으로 뛰쳐나가고 싶은 심정이다. 이미 100장이나 뜸을 떴으니, 나는 이제 뜸 치료를 그만하고자 한다."

영조로서는 죽을힘을 다해 참아 뜸 100장을 채운 것이다. 하지만 어의들은 애초 200장을 목표로 삼았기에 조금 더 참기를 권했다.

"뿌리 깊은 배 속의 병을 온전히 뽑으려면 여기서 뜸 치료를 멈추면 안 됩니다."

"200장이 아니라 300장을 떠야 합니다."

"아닙니다! 1,000장을 채워야 합니다."

여러 어의가 권했지만 영조는 여기서 뜸을 멈추겠다는 뜻을 내의원에 확고히 전했다. 뜸의 고통이 너무나 심했기 때문이다. 말이 치료이지 생살을 지지는 것과 무엇이 다르단 말인가. 쑥뜸이 맨살을 지지는 고통에 영조는 넌덜머리가 났다.

결국 영조의 뜻대로 직구는 더 이상 하지 않기로 했다. 그런데 이상했다. 맨살 위에 지피던 뜸불은 분명 멈추었는데, 이 뜸불은 완전히 꺼지지 않고 영조가 잊었던 과거의 기억을 하나씩 찾아내 불을 지피기 시작했다. 뜸의 열기를 몸소 경험한 영조는 과거 자신이 형틀에 묶어 친국親鞫했던 죄수들의 얼굴이 하나씩 떠올랐다.

영조 4년 이인좌의 난이 있었다. 당시 이인좌는 정권에서 밀려난 남인 세력을 포섭하여 소현세자의 증손자인 밀풍군을 왕으로 추대하고 영조를 제거하고자 모반을 일으켰다. 이에 영조는 인정문에 나아가 이인좌를 친국했다. 그에게 온갖 가혹한 형신을 차례대로 가하자 이인좌는 결국 역모의 전모를 자백했다. 바로 그다음 날 백관을 불러 군기시軍器寺(무기 제조를 관장하던 관청) 앞에 차례로 세웠다. 그리고 모든 이의 눈앞에서 이인좌를 능지처참했다. 역모의 대가가 무엇인지 모든 신하와 백성 앞에서 확실하게 보여준 것이다.

영조 9년 7월에는 머지않아 영조가 쫓겨나고 새 세상이 열릴 것이라는 흉측한 내용의 벽보가 전라도 남원 성벽에 나붙은 사건이 생겼다. 사건의 주모자로 지목된 김원팔 일가는 서울로 압송되었다. 영조는 이번에도 인정문 앞에 나아가 김원팔을 친국했다. 그에게 인두로 살을 지지는 낙형烙刑을 수차례 가했으나 그는 끝까지 결백을 주장하며 자복하지 않았다. 그는 결국 사건에 대한 판결이 내려지기도 전에 그만 형틀에서 죽고 말았다.

자신의 명으로 뜨거운 인두에 살이 지져질 때 김원팔의 고통스런 표정과 비명이 영조의 마음속에서 활활 타올랐다. 괴로웠다. 뜸 때문에 뜨거웠던 고통보다 죄수의 비명이 떠올라 마음을 휘젓는 게 더 괴로웠다. 영조 9년 8월 22일, 마침내 임금은 하교를 내렸다.

"옛날부터 죄인에 대한 형벌을 내릴 때에는 모두 법에 따랐다. 만약 법을 벗어나는 형벌을 가한다면 자백은 통쾌하게 받는다 할지라도 형벌의 신중한 집행에는 흠결이 생긴다. 그러므로 옛날에는 법을 벗어나는 형벌을 사용하는 일이 매우 드물었다. 지난번 을사년(영조 원년, 1725년)에 이미 압슬의 형을 제거했고 작년에는 전도주뢰剪刀周牢 (주리를 트는 형벌)의 형을 제거하였으니, 이제 남은 것은 오직 낙형뿐이다. 이제부터는 낙형을 영구히 금지하도록 하라."

임금의 복통이 국법을 바꾸게 한 것이다.

뜸이 주는 효과와 가려움

뜸은 영조에게 고통을 주기도 했지만 영조의 병을 수없이 치료하기도 했다. 그래서 영조는 몸이 아플 때 뜸으로 치료한 적이 많았다.

영조를 일평생 따라다닌 복통은 그 뒤로도 계속되었다. 어쩔 수 없이 찬바람을 쏘이거나 찬 음식을 먹으면 복통이 생겼고 그럴 때에는 뜸을 떴다. 전처럼 100장씩 뜬 것이 아니라 일곱 장 정도로만 직구를 뜨고 복통을 가라앉히는 탕약을 복용했다. 이렇게 하면 뜸 뜬 부위가 가려우면서 복통은 서서히 사라졌다.

복통이 아닌 경우에도 뜸을 뜨기도 했다. 영조는 체질이 냉하여 평소 손발이 차가웠다. 특히 겨울이면 손발의 냉기가 더 심해졌는데 따뜻한 곳에 손을 넣어도 쉬이 따뜻해지지 않았다. 손발의 냉기가 심해질 때에는 뼛속까지 한기가 침입하는 것 같았다. 때로는 머리에서 냉기가 느껴지기도 했다.

영조 10년(1734년) 12월 17일, 손발이 차갑고 저리던 중 한쪽 손목에 계란처럼 생긴 것이 볼록하게 솟아올랐다. 손목에 담핵痰核(결절종)이 생긴 것이다. 내의원에서는 손목을 따뜻하게 보호해주기 위해 담비 가죽으로 토시를 만들어 올렸다. 손목에 약을 바른 뒤 토시를 차도록 하기 위해서였다.

토시가 손목을 따뜻하게 보호하기는 했지만 담핵을 제거하는 데에는 도움이 되지 않았다. 영조는 손목의 담핵을 제거하기 위해 어의들에게 특수한 뜸을 준비하도록 명했다.

"들기로는 담핵을 제거하려면 상륙商陸으로 뜸을 뜨는 것이 좋다고 하니 이 뜸을 시험해보고자 한다."

상륙이란 말에 어의들의 눈은 휘둥그레졌다. 상륙이란 자리공이라는 식물의 뿌리인데 임신부가 먹으면 유산을 할 정도로 독성이 강한 식물이다. 그래서 먹기보다는 종기를 앓을 때 바르는 용도로 사용한다. 영조가 하고 싶어 하는 상륙뜸은 상륙을 납작하게 썰어 바늘로 구멍을 여러 군데 뚫은 뒤 환부에 올리고 그 위에 쑥을 올려 뜸을 뜨는 방법이다. 피부를 직접 지지는 직구보다는 열기가 훨씬 덜해서 편하게 치료받을 수 있고, 또 상륙의 약 성분이 쑥의 열기에 의해 피부속으로 깊이 침투하는 효과도 있다. 비록 이 약재를 뜸을 뜨는 데 이용하겠다는 것이지만, 어의들로서는 독성이 있는 약재를 임금의 몸에 쓰는 것이 내키지는 않았다.

"상륙뜸을 하루에 여러 번 뜨면 도리어 해가 생기게 됩니다."

"배꼽에 뜸을 뜨는 연제법은 많이 뜨더라도 별 해가 없지만 상륙뜸은 하루에 한 번 떠서는 효과가 없고, 효과를 보고자 하루에 여러 번 뜨면 피부가 상하게 되므로 심히 걱정됩니다."

"그렇습니다. 피부가 강한 사람이라면 별 해가 없겠지만 피부가 약한 사람은 반드시 해를 입을 것입니다."

의관들은 모두 반대했다. 하지만 영조는 평소 뜸 치료로 효과를 많이 보았기에 이번에는 이 상륙뜸을 꼭 해보고 싶었다.

"상륙뜸과 직구는 차이가 있으니 상륙뜸을 많이 뜨더라도 별 해가 없을 것이다. 뜸의 횟수는 적절한 정도로 정하면 된다. 또 나는 살이 단단해서 벼룩이 물어도 끄떡없다. 저번에는 벌에 쏘인 적이 있었는데 붓지도 않았다. 그러니 상륙뜸을 많이 뜬다 할지라도 이렇게 단단한 피부에 무슨 해가 있겠는가? 지금 당장 준비하여 거행하도록 하라."

영조의 재촉에 어의들은 어쩔 수 없이 상륙뜸을 준비해 담핵 부위에 시행했다. 얇게 썬 상륙을 손목 위에 올리고서 15장 뜸을 떴다. 그렇게 며칠간 상륙뜸을 뜨자 신기하게도 손목의 담핵이 줄고 손목의 움직임이 더 편해지는 것이 느껴졌다. 하지만 상륙뜸을 뜬 부위에 좁쌀 모양의 발진과 심한 가려움증이 생겼다. 상륙의 약 성분이 손목으로 침투하면서 발진과 가려움을 일으킨 것이다. 하지만 며칠 지나지 않아 발진과 가려움은 사라졌고 손목의 담핵 역시 사라졌다. 뜸으로 치료하는 과정에서 일시적으로 가려움이 생겼던 것이다.

영조 13년(1737년)에도 비슷한 과정으로 가려움이 생겼다. 44세의 영조는 왼쪽 팔이 무척이나 저리고 아팠다. 영조는 이번에도 상륙뜸을 시행했다. 그런데 치료하는 도중 미처 다 낫기도 전에 그만 팔을 크게 다치고 말았다.

4월 18일, 강연을 하기 위해 용상에서 일어서다가 영조는 그만 발을 잘못 디뎠다. 이때 넘어지지 않으려고 손으로 책상을 급히 붙잡으려다가 아픈 팔을 삐끗했다. 가뜩이나 아픈 팔인데 다치기까지 하니 통증이 무척 심했다. 영조는 팔에 직구를 떠달라고 했다. 살갗 바로 위에서 뜸을 뜨는 직구의 열기를 잊은 것은 아니었지만 당장 팔의 통증이 몹시 심하니 치료가 우선이었다.

팔에 뜸을 수차례 떴다. 아니나 다를까 뜸 부위가 후끈거리며 열감이 느껴졌고 가려움이 심하게 몰려왔다. 이번에는 살갗이 많이 짓무르지는 않았지만 붉은색 좁쌀 모양의 발진이 솟아올랐다. 영조가 가려움으로 힘들어하자 어의는 가려움을 진정시키는 승마갈근탕을 올렸다. 가려움이 조금 사그라지자 팔의 통증을 치료하기 위해 서경탕을 달여 올렸다. 원래 통증이 있었던 팔인데 외상까지 겹쳐서인지 영조의 팔 통증은 치료에 시일이 걸렸다. 이처럼 영조는 몸이 안 좋을 때 뜸 치료를 자주 받았고, 이 뜸은 영조의 몸을 치료할 뿐 아니라 가려움증도 일으켰던 것이다.

가려움의 대유행

영조 24년(1748년) 7월 13일, 한여름 더위로 인해 영조의 몸에 생겼던 땀띠는 이제 거의 사라졌다. 영조의 상태를 묻던 내의원 제조 이주진은 의미심장한 말을 남겼다.

"근래 항간에는 마치 땀띠처럼 생겼다가 사라지는 병이 유행하고 있습니다. 이는 마치 전염병인 것처럼 보입니다."

영조는 이주진이 지나가는 말처럼 남긴 이 한마디가 자신에게 곧 다가올 대재앙의 예고임을 이때에는 전혀 알지 못했다.

이듬해인 영조 25년(1749년) 8월 23일, 영조는 56세가 되었다. 갑

자기 아무런 이유 없이 영조는 몸이 가려웠다. 때때로 가렵더니 시간
이 지날수록 차츰 강도가 심해졌다.

그런데 이 무렵 궐내에서는 이상한 일이 생기고 있었다. 궁녀와 내
시가 하나둘씩 가려움증을 앓기 시작한 것이다. 한 사람이 가려움증
을 앓기 시작하면 그 옆 사람도 앓았다. 그뿐이 아니었다. 궁궐뿐 아
니라 항간에서도 가려움증을 호소하는 사람들이 늘고 있었다. 마치
전염병과도 같았다. 이 기이한 가려움증이 결국 영조의 몸에까지 덮
쳐온 것이다.

"나는 어릴 적부터 다리가 자주 가려웠는데 한동안 괜찮았다. 그
런데 근래에 이 가려움이 심해졌다. 극심할 때에는 편히 잠을 잘 수
가 없고 이따금 추웠다 더웠다 하기도 한다."

영조가 가장 가려움을 심하게 느끼는 부위는 생식기와 허벅지 안
쪽이었다. 낮에는 그럭저럭 견딜 만했다. 하지만 밤이 되면 제정신으
로는 견디기 힘들었다.

"가려움증이 금방 나을 줄 알았는데 시일을 오래 끈다. 다리 쪽에
도 퍼져 저녁에 긁기 시작하면 새벽녘이 되어야 겨우 진정된다. 가려
워지기 시작하면 그 고통은 보통의 두드러기와는 비할 바가 아니다.
생식기 부위의 가려움이 심해 매우 괴롭다."

내의원에서는 가려움증에 좋은 온갖 약을 올렸다. 처음에는 감기
기운도 함께 있었기에 삼소음을 올렸다. 가려움이 계속되어 선퇴백
비탕도 올렸다. 생식기의 가려움이 심할 때 그 부위를 훈세할 수 있

도록 소엽을 달인 약액을 올리기도 했다. 그 밖에 가려움증에 효과가 있다고 알려진 가미강활산, 청기산, 당귀음자, 우황해독단, 인동차, 화피차 등 온갖 약을 올렸으나 모두 효과가 없었다. 그 어떤 약을 써도 영조의 이 극심한 가려움증은 사그라들 기미가 보이지 않고 점점 심해지기만 했다.

신하들의 신음에 찬 상소가 이어지다

영조의 가려움증에는 몇 가지 특징이 있었다. 우선 마치 역병처럼 옆사람에게서 전염되는 것 같았고 그래서 여러 사람이 동시에 앓았다. 또 생식기, 겨드랑이, 손, 발에 유독 증세가 심했다. 또 가려움이 심한 부위에는 낱알 모양의 과립이 나타났다. 그리고 사람을 미치게 만들 정도로 가려움의 정도가 극심했다. 이 병을 앓는 사람들은 모두가 극도의 가려움으로 인해 고통스러워했다. 가려움이 얼마나 심했던지 영조는 자신의 가려움에 대해 이렇게 토로했다.

"가려움이 몰려올 때에는 마치 미친 사람과도 같아진다. 가려움이 발작하기 시작하면 쉽게 가라앉지 않아 무척이나 고통스럽다."

항간의 백성들, 궐내 궁인들, 이제는 임금까지 가려움으로 몸을 긁으며 몸서리치고 있었다. 그리고 신하들 역시 이를 피해갈 수 없었다. 이 무렵에는 비슷한 내용의 상소가 계속 올라왔다. 영조가 이 가려움을 앓기 1년 전인 영조 24년 10월 2일, 예문관의 봉교 이덕해가 상소를 올렸다.

"신이 근래에 개창疥瘡을 얻어 밤낮으로 가려워 긁으니 온몸에서 피가 흐릅니다. 이는 더럽고 추한 병이니 궁궐에 감히 출입할 수가 없습니다."

영조 26년(1750년) 10월 5일, 우부승지 황경원이 연령군의 제사로 인해 잠시 출거했는데 그 사이에 개창을 얻어 입직하지 못하고 있다는 보고가 올라왔다. 영조 26년 10월 27일, 호조판서 김상성의 상소가 올라왔다.

"개창이 온몸에 심각하게 퍼졌고 엉덩이에 종기까지 생겼습니다. 고향 집에서 와병하게 되어 국사를 살필 수 없게 되었습니다."

호조판서 김상성의 상소는 같은 해 11월 4일 또 올라왔다.

"신이 우연히 개창을 얻었는데 온몸이 문드러지고 등에서부터 종아리까지 번지지 않은 곳이 없습니다. 고향 집에서 와병하게 되어 국사를 살필 수 없게 되었습니다."

같은 해 12월 1일, 이번에는 형조참의 한익모의 상소가 올라왔다.

"신이 개창을 얻은 지 45일이 되었습니다. 처음에는 심하지 않았는데 온갖 독약을 망령되이 사용하다 보니 온몸에 퍼져 지독한 가려움으로 고통받고 있습니다."

해를 넘겨 영조 27년(1751년) 2월 18일, 사헌부 집의 이창유의 상소가 올라왔다.

"신의 늙은 아비가 전염병인 개창으로 오랫동안 괴로워하던 끝에 학질까지 얻게 되었습니다."

같은 해 4월 5일, 의금부 판의금 조관삼의 상소가 올라왔다.

"신이 개창을 앓은 지 여러 해가 지났습니다. 여러 처방을 써보았으나 큰 효과는 없었습니다. 따뜻한 계절이 되니 환부가 만연해서 병이 온몸에 퍼졌습니다. 지난번 휘장을 치고 입시하였을 때 무척이나 괴롭고 고통스러웠습니다. 게다가 훈세를 제대로 하지 못하고 상처가 더욱 심해져 독기가 만연하고 한열과 천식이 더해지니 십분 위중한 지경이 되었습니다. 이제 침상에 쓰러져 죽음을 부르짖고 있는 지경입니다."

이 밖에도 영중추부사 유척기가 "개창에 걸려 온갖 약을 써도 낫지 않습니다", 이조 접위관 이인원이 "개창을 얻은 지 반년인데 온몸이 붓고 문드러지고 밤낮으로 가렵고 거동도 고통스럽습니다", 사헌부 집의 이민곤이 "원래 앓던 고질병에 더해 개창까지 얻어 피부가 문드러졌습니다", 부사직 이기진이 "노모가 개창으로 온몸이 붓고 아프고 가려움이 극에 달해 잠시도 견디기 힘들어 합니다" 등 이렇게 신하나 그 가족이 개창에 걸려 참담한 상태라는 상소가 영조 29년(1753년)까지 계속 이어졌다.

조선 땅이 극심한 가려움증으로 동시에 신음하고 있었던 것이다. 백성들, 신하들, 궁인들, 이제는 임금까지 이 참담한 가려움으로 괴로워했다. 이렇게 사람을 참혹한 지경으로 몰고 갔던 이 개창이라는 피부병은 바로 지금의 옴이란 병이다.

백성들이 가장 효험을 보았던 방법

인간으로서 견디기 힘든 가려움증이 시작된 지 두 달이 흘렀다. 영조에게 온갖 탕약을 써도 전혀 효과가 없자 내의원에서는 결국 백성들이 효험을 본 방법을 따라보기로 했다. 항간에서도 수많은 백성이 개창으로 가려움증을 앓았기에 온갖 치료법이 동원된 터였다. 그 가운데 가장 효험이 있었던 방법을 골라 시행하기로 한 것이다. 그 방법은 바로 온천수로 목욕을 하는 것이었다. 영조 25년 10월 29일, 내의원 제조 김상로가 영조에게 아뢰었다.

"신이 듣기로는 가려움증으로 인해 몹시 괴로울 때에는 온천에 가서 목욕을 하면 하루 이틀 내에 큰 효과를 보고 쾌차할 수 있다고 합니다. 온천수를 궁으로 길어 와 훈세를 하심이 좋을 듯합니다."

임금이 온천에 한 번 행차하려면 보통 준비가 필요한 것이 아니었다. 그래서 번거롭게 온천행을 하는 대신 온천수를 궁으로 길어 와 목욕을 해보자는 것이었다.

"길이 멀어 오는 동안 온천수의 성질이 변할 터인데 과연 효과를 볼 수 있겠는가?"

영조는 온천수로 효과를 본 사람이 있다니 반가운 일이긴 했지만 온천수를 길어 오기까지 먼 거리가 걱정되었다.

"근래에 이 병으로 인해 온천에 가서 목욕을 하여 효과를 본 이가 많다고 합니다. 비록 길어 와 훈세하는 것이지만 다른 방법보다는 훨씬 더 효과가 있을 것입니다."

결국 영조는 이 방법을 따르기로 했다. 백성들과 똑같은 병을 앓는 것이니 똑같은 방법을 써보면 효과를 기대할 수 있을 것이다.

온천수는 충청도 온양 온천에서 길어 오도록 했다. 영조는 가려움이 몰려올 때마다 이 온천수로 몸을 훈세했다. 내의원에서는 매일같이 입진하여 증상이 어떤지를 물었다.

"온천수로 씻으면 조금 나은 것 같은데 며칠 안 씻으면 전과 똑같아진다. 또 온천수로 훈세하면 가려운 부위에서 찌르는 듯한 통증이 느껴진다. 게다가 길어온 지 시일이 지난 온천수는 효과가 없다. 갓 길어온 온천수라야 조금 효과가 있다. 한 번 훈세하기가 보통 번거로운 일이 아니니 씻고 싶은 마음이 차츰 없어진다."

"온천수로 반드시 효과를 볼 것입니다. 자주 훈세해야 합니다."

영조는 훈세하는 것도 보통 번거로운 일이 아니지만 이 무거운 온천수를 길어 오는 것 역시 보통 힘든 일이 아닐 것 같아 온양의 백성들에게 미안한 마음이 들었다.

"온천수를 운반해 오는 것이 백성들에게 큰 민폐가 될 것 같다. 많이 길어 오지는 마라."

병조판서 홍봉한은 임금의 말에 팔을 휘저었다.

"옥체에 효과가 있다면야 민폐가 될지라도 논할 바가 못 됩니다. 게다가 말이 끌어서 운반하는 것인데 무슨 민폐가 되겠습니까? 내일도 온천수를 길어 오도록 하겠습니다."

마침내 특효 처방을 찾다

영조는 온천수를 길어 오게 하여 계속 환부를 훈세했다. 온천수로 훈세하면 잠시 동안이지만 가려움이 멈췄다. 하지만 또 가려움이 몰려오기를 반복했다. 영조의 개창은 생식기, 허벅지 안쪽, 다리, 손, 손가락 사이, 팔에서 증상이 심했다. 손톱으로 긁다 보니 상처가 자꾸 생겨 가려울 때에는 손 대신 거친 삼베로 피부를 문질렀다. 또 긁개를 따로 만들어 올리도록 했다. 손보다는 삼베와 긁개로 문지르고 긁는 것이 더 시원했기 때문이다.

"가려움이 심할 때에는 마음이 항상 답답하다. 몸이 이와 같으니 유신들을 불러서 보고 싶어도 그럴 수가 없구나."

"나는 얼굴에마저 가려움이 생길까 가장 두렵다. 지금 가려움이 이 지경인데 내년 봄에는 어떠할런지 예측할 수가 없으니 어찌할 것인가?"

처음 개창이 생긴 것이 영조 25년 8월 23일이었고 온천수로 훈세를 하기 시작한 것이 10월 30일이었다. 그래도 온천수가 효과가 있으니 꾸준히 훈세했다. 그러자 조금씩 호전을 보이기 시작해 12월에는 가려움증이 부분적으로 진정세를 보였다. 영조 26년 1월이 되자 팔과 생식기 쪽 가려움이 상당히 진정되었고 손가락 위주로 증세가 남았다. 훈세가 보통 번거로운 것이 아니었지만 계속했고 3월 11일에는 더 이상 온천수를 길어오지 않아도 된다는 명을 내렸다. 4월 22일이 되자 이제 가려움에 대해서는 더 이상 묻지 않아도 된다고 할 정도가 되었다.

하지만 영조의 개창은 여기서 끝이 아니었다. 영조 26년 6월, 영조는 한동안 사가에 거처했다가 환궁했는데, 두 달여간 잠잠했던 가려움증이 또 생겼다. 악몽이 또 밀려옴을 직감한 영조는 온양 온천행을 결정했다. 온천을 다녀온 뒤로는 가려움이 다시 잠잠해졌다. 하지만 27년과 28년에 손이 다시 가려웠다.

"이 병은 무슨 약속을 한 것처럼 갑자기 사라졌다가 잊지 않고 또 나타난다."

가려움증이 다시 생기면 바로 온천수를 길어오도록 명했다.

"개창은 좀 어떻습니까?"

영조가 안쓰러운 내의원 도제조 김약로가 안부를 물었다.

"부지런히 약을 썼더니 좋아졌다."

영조 29년 7월 가려움이 또 시작되었다. 또 개창이었다. 이번에는 내의원에서 온천수가 아닌 조금 다른 방법을 사용했다. 영조 25년 영조에게 처음 개창이 생겼을 때 유황 가루를 연고에 개어 발랐던 적이 있었다. 그때는 탁효를 얻지는 못했기에 조금 쓰다가 말았다. 이번에는 이 유황 가루를 물에 끓여 목욕물을 만들었다. 온천수를 길어오는 방법이 아니라 유황을 물에 끓여 유황탕을 만든 뒤 이 물로 임금이 목욕하도록 한 것이다.

영조는 이 유황탕으로 큰 효과를 보았다. 처음 개창을 얻었을 때 훈세약이 모두 효과가 없었고 오직 온천수만이 효험이 있었다. 그런데 유황탕으로 훈세를 하니 온천수보다 더 효과가 좋았다.

"유황탕이 크게 효과가 있다. 이제는 생식기 부위도 가렵지 않다."

7월 19일 다시 도진 가려움증은 유황탕 덕에 열흘 만에 싹 가라앉았다. 내의원에서 임금의 가려움증이 어떤지 문안하니, 영조는 이렇게 대답했다.

"싹 나았다. 유황탕으로 몸을 씻은 뒤로는 이 증상이 다시 나타나지 않는다."

진즉에 유황을 끓인 물로 몸을 씻었더라면 지난 세월의 그 처절했던 가려움을 그리 오래 겪지 않았어도 될 일이었다. 이후 영조 30년(1754년) 6월에 또 가려움증이 도졌으나 유황탕을 사용하자 가려움은 이내 사그라들었다. 영조 31년(1755년)과 32년(1756년)에도 유황탕을 사용해 가려움증을 이내 진정시켰다. 이후 이 개창은 영조를 다시 찾아오지 않았다. 유황탕이 영조의 개창을 치료한 특효 처방이자 속효 처방이었던 것이다.

임금이 친히 이름을 하사한 처방

영조 34년(1758년) 12월 11일, 이제 65세 노인이 된 영조에게 지병인 복통이 또 도졌다. 한창 국사를 처리하던 중 갑작스럽게 배가 아파 내의원 의관들을 급히 불렀다.

"재작년에는 여름에 복통이 있더니 작년에는 가을에 생겼다. 올해에는 겨울에 찾아왔다."

통증이 밀려오는 와중에 영조는 겨우 말을 이었다. 의관들은 호초(후추나무의 열매)를 뜨겁게 달구어 복통 부위를 찜질했고 탕약을 즉시 달여 올렸다.

"배 전체가 딱딱하고 양쪽 옆구리도 당긴다. 오장이 모두 아픈 것 같으니 이 통증을 어찌 참을 수 있겠는가?"

하필 이때 복통이 찾아온 것을 영조도 대신들도 모두 안타까워했다. 닷새 뒤에 임금이 주관해야 할 큰 행사가 있었기 때문이다. 나라의 가장 큰 제사인 종묘대제 가운데 납일에 행하는 납향대제臘享大祭를 치러야 하는 날이 바로 코앞이었다. 그전까지만 이 복통이 나을 수 있다면 대제를 치를 수 있을 터였다.

오적산, 인삼양위탕 등의 탕약을 올렸다. 하지만 대제 당일인 12월 16일에도 복통은 낫지 않았다. 헛된 바람이었던 것이다. 결국 임금은 승지를 불러야 했다. 아무리 납향대제가 중요해도 이 몸으로 길고도 복잡한 행사를 치를 수는 없었다. 그렇다고 치르지 않을 수도 없는 노릇이었다.

임금이 나라의 제사를 직접 치르는 것을 친행이라고 하고, 신하가 대신 치르게 하는 것을 섭행이라고 한다. 영조는 갑자기 병이 찾아왔기에 어쩔 수 없이 납향대제를 섭행하라는 명을 내려야만 했다.

"금년의 크고 작은 제사를 이미 세 번이나 섭행하도록 명하였는데, 이것이 어찌 사람의 도리이겠는가?"

영조의 눈에서는 눈물이 줄줄 흘러 베개를 적셨다. 임금의 자리에 오른 지 34년이 지났건만 이 복통은 잊을 만하면 어김없이 찾아왔다. 게다가 하필 나라의 큰 행사를 앞둔 이 중요한 시점에 찾아왔으니, 만백성의 아비로서 마땅히 해야 할 일을 못하게 되어 참으로 면목이 없었다. 병든 몸이 그저 애달프게만 느껴졌다.

다행히 12월 16일부터 내의원에서 쭉 올렸던 이중탕理中湯이란 약이 효험이 있어서 12월 21일이 되자 병세는 상당히 진정되었다. 다른 탕약들보다 이중탕이 영조의 복통에 가장 효과가 있는 것 같았다. 영조는 자신의 아픔을 낫게 한 이중탕이 참으로 고마웠다. 만약 신하였다면 관직을 내리고 하사품을 내렸을 것이다. 그런데 탕약에 그리할 수는 없으니, 대신 모두가 이 이중탕을 기억하고 칭송할 수 있도록 이 약에 특별한 이름을 하사하기로 했다.

"이번에 환후가 나은 것은 이중탕의 공이다. 이제 이중탕에 이중건공탕理中建功湯이라는 이름을 특별히 하사하겠다."

이중탕이라는 약은 인삼, 백출, 건강, 감초 네 가지의 약재로 구성되어 있다. 이후로 왕실에서는 이중탕을 이중탕이라 부르지 않고 이중건공탕이라 불렀다. 또한 영조에게 복통이 생기면 내의원에서는 즉시 이 약을 달여 올렸다.

죽을 때까지 함께했던 처방

이중건공탕을 복용하니 복통도 차츰 가라앉고 수라도 조금씩은 들수 있는 상태로 회복되었다. 영조 35년(1759) 1월 3일, 영조의 수라상에 계고鷄膏와 구선왕도고九仙王道糕가 올라왔다. 계고란 닭곰탕을 말하고 구선왕도고란 연꽃의 씨, 마, 백복령, 율무, 보리, 까치콩 등과 쌀가루를 이용해 만든 떡으로, 소화기를 튼튼하게 하고 음식을 잘 먹게 하는 효과가 있어 병자의 조리식으로 주로 활용되었다. 영조는 계고를 정말 맛나게 먹었다.

"오늘 계고가 자못 맛이 좋다. 수라도 자주 먹고 싶으나 혹시라도 체할까봐 겁이 난다."

영조는 계속 이중건공탕을 복용했다. 1월 12일, 그렇게 복통이 거의 나아갈 무렵 영조는 몸이 다시 가려운 것을 느꼈다.

"나는 어렸을 때부터 자주 가려움증이 있었는데 한동안은 이 증세가 없었다. 그런데 어젯밤부터 다시 가려우니 이는 기혈이 조금 살아나서 그런 것 같다."

어의는 임금의 맥을 짚었다.

"전에는 위胃의 맥이 계속 좋지 않았는데 지금은 전보다 훨씬 좋아졌습니다."

복통이 낫고 몸이 회복되자 영조는 전에 없던 가려움증을 느낀 것이다. 개창을 앓았을 때처럼 미칠 듯한 가려움이 아니었다. 스멀스멀 느껴지는 가려움이었다. 영조는 이중건공탕을 또 달여 오라는 명을 내렸다. 이중건공탕을 먹을수록 몸이 편해지고 잠도 잘 왔다. 가히 이름을 따로 하사할 만한 약이었다.

영조 37년(1761년) 3월 27일, 또 복통이 찾아왔다. 입맛이 없고 속이 메스꺼웠으며 음식을 먹으면 체기도 느껴졌다. 바로 이중건공탕을 달여 오도록 했다. 배가 아프니 파를 뜨겁게 데워 배 찜질도 했고 차전자차를 만들어 올리도록 했다. 4월 1일이 되자 복통은 사라졌다. 다만 배가 좀 가려울 뿐이었다.

같은 해 10월 10일, 또 복통이 찾아왔다. 영조는 이중건공탕을 복용하고 파로 배를 찜질했다. 사흘이 지나자 복통은 가라앉았다. 다만 배가 좀 가려웠다. 이중건공탕을 계속 먹으니 이 가려움도 사라졌다.

영조 34년 65세부터 먹기 시작한 이중건공탕은 이후 영조가 조금만 몸이 안 좋아도 바로 달여 오도록 하여 복용했으며, 영조는 영조 52년(1776년) 83세의 나이로 승하하던 해까지 이 약을 복용했다. 복통이 있을 때 먹으면 배가 가라앉았으며 구토가 생길 때에도 먹으면 속이 바로 진정되었다. 복통이 나을 때 즈음이면 간혹 몸에서 가려움이 느껴지기도 했다. 계속해서 이중건공탕을 먹으면 이 가려움마저 사라졌다.

목구멍이 가렵다

영조 37년 12월 14일, 68세의 영조는 속이 불편했다. 복통이 있는 것은 아니었지만 곧 토할 것처럼 속이 느글거렸다. 곧 가라앉겠거니 생각하고서 편전에 들었다. 속 불편함을 그냥 참고 신하들과 함께 국사를 논하기 시작했다.

그런데 갑자기 목구멍이 근질근질했다. 뭔가가 목구멍에서 요동치고 있는 느낌이었다. 영조의 표정이 일그러졌다. 가라앉기를 아무리 기다려도 목구멍은 끊임없이 가려웠다. 목구멍에 손가락을 넣고 쑤실 수도 없는 노릇이었다. 그렇게 가려운 느낌이 계속되더니 마침내 구토가 일었다. 확 구토하고 난 뒤에야 비로소 목구멍의 가려움이 씻은 듯이 사라졌다.

그런데 구토물에서 이상한 것이 보였다. 웬 벌레가 구토물에 섞여 있는 것이 아닌가. 의관 김리형은 이 벌레가 무엇인지 자세히 들여다보았다.

"이는 회충입니다. 지금 회충을 토하신 것입니다."

영조는 배 속의 기생충을 토해낸 것이다. 이 기생충이 식도로 올라오면서 목구멍이 가려웠던 것이다.

"목구멍이 가렵고 속이 울렁거려 구토를 하니 벌레가 나왔다. 토하고 나니 가슴이 무척 시원하다. 그런데 어찌 회충이 이렇게 몸 밖으로 나오게 된 것인가?"

"가슴 속 담음이 소용돌이치면 회충 역시 이를 따라 움직이게 되므로 갈 곳을 잃고 저절로 밖으로 나오게 됩니다."

자신이 토한 회충을 바라보며 영조는 조용히 말했다.

"회충은 사람과 함께 더불어 사는 인룡人龍이다. 천하게 여겨서는 안 된다."

영조는 회충을 천하고 더러운 대상이 아니라 사람의 몸속에서 더불어 사는 또 다른 생명체로 여겼다. 영조가 토해낸 회충의 색깔을 살핀 뒤 의관 김리형과 이태원이 아뢰었다.

"사람의 기운이 허하면 회충이 흰색을 띠고 기운이 실하면 붉은색을 띱니다. 전하께서 지금 토하신 회충은 색이 무척 좋습니다."

사실 영조가 회충을 토한 것은 이번이 처음이 아니었다. 이미 수차례 있었다. 제일 먼저 토했을 때는 영조 18년(1742년) 3월 23일이었다. 49세였던 영조는 속이 안 좋던 와중에 몇 차례 구토를 했다. 그런데 뭔가 이상한 느낌이 들어 구토물을 살펴보니 그 속에 회충이 있는 것을 발견했다. 영조 25년 5월 12일에는 목구멍에서 뭔가 치밀어 오르기에 구토를 하고 보니 큰 회충이었다. 길이가 대략 반 자(약 15센티미터) 정도였다. 회충 때문인지 가래를 토할 때에는 피가 섞여 나오기도 했다. 영조 29년에도 영조는 회충을 토했다. 회충이라는 느낌이 드는데 금방 올라오지 않아 회충이 잘 나오도록 입을 크게 벌려 구토를 했더니 길이 서너 치(약 9~12센티미터)쯤 되는 회충이 나왔다. 한달 뒤에는 콧구멍에서 회충이 나오려는 느낌이 들었다. 시원하게 나오지 않아 손으로 콧구멍을 후벼 회충을 끄집어냈더니 크기가 놋젓가락만 했다.

그 후에도 몇 차례 더 회충을 토했다. 영조 33년(1757년) 5월에는 붉은색 회충을, 영조 34년 12월에는 흰색 회충을, 영조 37년 4월에도 회충을 토했다. 그러다가 영조 37년 12월 14일에 또 회충을 토한 것이다.

이후로도 회충을 토한 일은 몇 차례 더 있었다. 영조 38년(1762년)

5월 토한 회충은 살아서 꿈틀거렸다. 영조 42년(1766년)에도 회충이 올라오는 느낌이 있었는데 끝내 토해지지 않았다. 영조 44년(1768년)에도 회충을 토했는데 이때가 마지막이었다.

이렇게 회충이 올라올 때에는 내의원에서는 탕약과 차로 영조의 몸을 다스렸다. 오매, 산사, 천초, 사군자 등의 약재로 끓인 차를 복용하게 하여 회충을 죽이도록 했다. 또한 배 속이 차가울 때 회충이 더욱 요동친다고 보았기에 안회이중탕과 같이 속을 뜨듯하게 하면서 회충을 죽이는 효과가 있는 탕약을 썼다. 다른 어느 왕보다도 특히 영조에게 회충이 많았던 이유는 영조의 체질상 배가 차가웠기 때문이다.

두피가 가렵다

영조 43년(1767년) 1월 6일, 편전에 모인 신하들은 믿지 못할 광경에 모두 놀라 웅성거렸다. 신하들이 영조의 머리를 살펴보니 74세의 늙은 임금의 두피에 검은색 머리카락이 새로 자란 것이 아닌가! 혹시나 잘못 보았나 싶어 눈을 씻고 임금의 두피를 다시 들여다보는 신하도 있었다. 조선 왕실의 역대 임금 중에 가장 많은 나이로 재위하고 있는 것도 놀라운데, 검은색 머리카락이 새로 생겨나다니! 칠순이 넘은 임금이 회춘하는 것 같았다.

보위를 이을 세손은 이제 열여섯의 나이가 되었다. 세손이 열한 살이었을 때 영조는 아들 사도세자를 뒤주에 가두어 죽이는 참혹한 일을 명했다. 세자가 죽더라도 세손이 왕좌를 이으면 되겠지만, 당시 세손은 겨우 열한 살이었고 임금은 무려 예순아홉 살이었다. 늙은 임금이 언제까지 살 수 있을지 걱정이었다.

그런데 그런 걱정을 이기고 74세의 임금이 지금 회춘하고 있었다. 백발이 빠져야 할 나이에 검은 머리카락이 새로 생겨난 것이다. 검은 머리카락이 새로 생기는 것은 분명 기이하고 경사스러운 일이나 사소한 부작용이 하나 뒤따랐다. 바로 검은 머리가 나는 부분이 가렵다는 것이었다.

"머리카락이 새로 자랄 때에는 원래 가려운가?"

두피가 가려운 것이 못내 불편한 영조는 신하들에게 물었다. 신하들은 동시에 입을 모아 대답했다.

"그렇습니다!"

"머리 앞쪽은 원래 대머리였는데 여기서도 검은 머리카락이 나니 괴이한 일이 아닌가."

"이는 혈기가 좋아지지 않고서는 생길 수 없는 일입니다. 무릇 사람이 40, 50의 나이가 되면 정수리에서 머리카락이 빠져 대머리가 됩니다. 그런데 성상께서는 지금 검은 머리가 자라고 있으니 실로 기쁜 일이옵니다."

영조 43년에 처음 보이기 시작한 검은 머리는 그 뒤로도 계속 자랐다. 또한 검은 머리가 생길수록 두피도 함께 가려웠다. 영조 45년 (1769년) 5월 2일, 이제 76세에 이른 영조는 두피가 가렵다며 신하들에게 하소연했다.

"검은 머리카락이 새로 생길 때에는 가려움을 이기기 힘들다."

"본디 머리카락이 새로 날 때에는 가려움이 심한 법입니다. 근래 성상께서는 작년에 비해 훨씬 기운이 좋아 보이십니다."

"잘 보이지도, 잘 걷지도 못하는데 뭐가 좋아 보인다는 것인가?"

"총기와 예의범절이 예전보다 전혀 줄지 않았으니 진실로 기운이 좋으신 것입니다."

사람들은 모두 영조가 검은 머리카락이 새로 자라는 것이 지난 무인년(영조 34년)부터 꾸준히 복용한 이중건공탕 덕분이라고 생각했다. 65세부터 76세에 이르기까지 거의 10여 년을 복용한 것이다. 영조 역시 이렇게 검은 머리가 새로 생기는 것이 내심 기뻤던 까닭인지 이중건공탕의 효능을 찬양하는 비망기를 내렸다.

"건공탕 세 첩을 복용하니 맥이 청년과 같아지고

한 첩을 또 복용하니 검은머리가 새로 자라며

또 한 첩을 또 복용하니 걸음걸이가 옛날과 같아지도다."

그런데 신기한 일은 여기서 그치지 않았다. 52세 무렵 빠졌던 치아가 새로 나기 시작한 것이다! 믿기지 않는 일이었다. 신하들은 모두 종사의 기쁨이라고 했다. 어의는 이중건공탕을 또 달여와 영조에게 권했다.

"이것을 마시면 흰머리가 계속 검어지겠는가?"

"반드시 효과가 있을 것입니다. 사양하지 말고 드시옵소서."

영조는 탕약을 남김없이 마셨다.

영조 49년(1773년), 80세의 영조는 두피가 또 심하게 가려워 봉조하(종2품의 관원이 퇴직한 뒤에 특별히 내리는 벼슬) 홍봉한을 가까이 불러 두피를 살피도록 했다.

"머리카락의 삼분의 일이 검은색입니다."

영조는 또 이중건공탕을 달여 오도록 했다. 내의원 제조가 약을 대령하자 영조는 바로 약을 마셨다.

"병술년(영조 42년) 이후로 내가 복용한 인삼이 100근이나 된다."

이중건공탕에는 인삼이 들어 있으니 그동안 인삼을 엄청나게 많이 복용한 셈이다.

"장수하실 것입니다."

내의원 도제조 김상철이 대답했다.

"두피가 매우 가려워 긁다 보니 부스럼이 될까 걱정이다."

"두피의 가려움은 혈기가 충만하기 때문이옵니다."

영조 50년(1774년)에도 두피의 가려움은 계속되었다.

"두피가 매우 가렵다."

내의원 도제조 신회가 대답했다.

"신의 아비가 90세까지 살았는데 매일같이 가려워하였습니다. 이는 장수의 징조입니다."

이때 이중건공탕이 올라왔다. 영조는 약사발을 깨끗하게 비웠다. 아마도 영조는 오래오래 살고 싶었던 것 같다.

마지막 1년을 함께했던 세 가지 약재

영조 50년, 임금의 나이는 무려 81세에 이르렀다. 영조 본인도 보위에 오를 때 이렇게 장수할 줄은 몰랐을 것이다. 여든이 넘도록 살 수 있었던 데에는 이중건공탕의 힘이 컸다. 그런데 세월을 이길 수 있는 이는 없듯이, 이 무렵 영조는 어지럼증도 잦았고 침수에 편히 들지도 못했다. 게다가 10월이라 몸이 냉한 영조가 힘들어하는 겨울이 다가오고 있었다. 이 때문에 이중건공탕의 힘을 배가할 추가 약재가 필요했다. 10월 9일, 내의원 의관 방태여는 영조에게 부자附子라는 약재를 추천했다.

"여러 의관이 논의한 결과 부자를 올림이 마땅하겠습니다."

"부자가 효과가 있겠는가?"

"인삼의 힘을 돕기에 부자만 한 약재가 없습니다. 인삼이 부자를 만나면 효력이 배가 됩니다."

의관들이 모두 이중건공탕에 부자를 추가해 복용하기를 권하니, 영조는 그해 겨울부터 부자를 넣은 이중건공탕을 복용했다. 부자는 분명 효과가 있었다. 영조는 부자를 넣어서 먹으니 살갗이 윤택해졌다며 신하들 앞에서 자신의 팔을 걷어 팔뚝을 보여주기도 했다.

의관 신응유는 여기에 한 가지 약재를 더 추가하기를 권했다. 바로 녹용이었다.

"신이 보기에는 이중건공탕에 부자를 더하고 여기에 또 녹용을 더하여 하루 세 첩씩 드시는 것이 지극히 마땅하다고 봅니다."

신응유의 추천대로 영조는 부자와 녹용까지 더해 이중건공탕을 마셨다. 그러자 영조는 침수가 전보다 더 편해진 것을 느꼈다.

"약에 녹용을 추가해서 넣으니 과연 잠이 잘 온다. 이는 녹용의 효과일 것이다."

"녹용이 최고로 좋은 약재입니다."

의관 오도형이 맞장구쳤다.

영조 51년(1775년)에는 날이 춥거나 담이 뭉쳐서 거동이 불편할 때에는 이중건공탕에 부자를 넣어서 복용했고, 어지럽거나 침수에 잘 들지 못할 때에는 이중건공탕에 녹용을 넣어서 복용했다.

"침수가 근래에 아주 편안해졌다. 이는 이중건공탕에 녹용을 넣어서 그런 것인가?"

"그렇습니다. 혈기가 부드러워지면 침수가 편안해지십니다."

영조는 때로는 녹용의 효과를 칭찬했다.

"부자가 인삼의 힘을 도와 기운을 순환시키는 힘이 자못 신효하다. 날씨가 서늘하고 습한데 지금 내가 의지하는 것은 부자이다."

이처럼 때로는 부자의 효과를 칭찬했다. 영조 51년 내내 이중건공탕에 부자나 녹용을 넣어서 복용했다. 이렇게 영조 인생의 마지막 1년 동안 함께했던 세 가지 주요 약재는 이중건공탕 속의 인삼, 부자, 녹용이었다.

영조 51년 12월 17일, 영조는 갑자기 가려움을 호소했다.

"갑자기 가려움증이 생겨 견디기 힘들다. 혹시 이것이 부자로 인해 양기가 많아져 그런 것인가?"

임금의 질문에 내의원 도제조 김상철이 대답했다.

"성체의 원기가 충만해 바깥으로 흩어져서 가려운 것입니다."

오랜만에 느끼는 가려움이 영조는 조금은 불편했다.

"이중건공탕에 건강과 부자를 다섯 푼씩 줄여 달이도록 하라."

양기를 북돋아주는 약재인 건강과 부자의 양을 줄여 달이도록 한 것이다. 하루가 지났다. 어의는 영조의 상태가 어떤지 물었다.

"가려움은 이제 모두 사라졌다."

건강과 부자의 양을 줄이자 가려움이 바로 사라진 것이다. 영조 51년 12월 17일, 82세의 영조가 느꼈던 이 증상이 그의 길고도 파란 만장했던 인생의 마지막 가려움이었다.

영조 51년 12월 7일, 영조가 세손(훗날 정조)에게 이렇게 말했다.

"아! 묻노니, 나의 손자는 내 나이를 아는가? 이제 곧 83세가 다 되어간다. 희년稀年(일흔 살)에서도 10여 년을 더 오래 살았는데, 이 는 바로 이중건공탕의 힘으로 지탱한 것이다."

아들을 죽인 뒤 영조에게 바람이 있었다면 세손이 무사히 보위에 올라 나라를 잘 끌고 갈 나이가 될 때까지 자신이 살아 있는 것이었 다. 아들은 그리도 미워했지만 세손은 지극히도 사랑하지 않았던가. 세손을 왕위에 올리기 위해 세자를 죽인 것이 아니었던가. 저 영특하 지만 아직은 어린 세손이 신하들의 권력 다툼 속에서 무사히 옥좌의 주인이 되려면 자신이 좀 더 살아야 했다. 세손이 장성할 때까지 살아야 옥좌를 마음 편히 넘겨줄 수 있었다. 그것이 아비를 앗아간 할아비가 손자에게 해줄 수 있는 일이었다. 그러기에 더욱 이중건공탕을 열심히 복용했던 것이다.

영조 52년 3월 5일, 마침내 임금은 83세의 나이로 승하했다. 그리고 영조가 특별히 이름까지 하사했던 이 이중건공탕은 영조가 승하하기 하루 전인 3월 4일까지 올려졌다. 자신에게 특별한 이름을 내린 임금을 위해, 지극히도 사랑했던 세손이 25세에 이를 때까지 그 임금이 살 수 있도록 해주기 위해, 이중건공탕은 마지막까지 혼신의 힘을 다했던 것 같다.

뜸과 함께했던 인생

영조는 오래 살았던 만큼 병이 많았고 그에 따른 치료 기록도 많다. 영조는 몸이 아플 때에 뜸으로 자주 치료했다. 뜸은 영조에게 고통도 주었지만 회복의 기쁨도 함께 주었다. 동시에 병이 낫기까지 피부가 가려운 증세도 안겨주었다. 뜸을 뜨고 나면 그 열기 탓에 피부가 짓무르고 가려워졌다. 이걸 뻔히 알지만 그래도 뜸 치료를 꾸준히 했던 것을 보면 영조가 뜸 치료로 효과를 많이 보았던 것 같다.

뜸의 열기는 피부에 화상을 남긴다. 화상은 가려움증 외에도 통증과 홍반, 물집 그리고 흉터를 남긴다. 그런데 일반적인 화상과 달리 뜸은 쑥 성분을 환부로 침투시키는 작용을 한다. 쑥의 약리 성분이 열기와 함께 환부 깊숙이 침투하므로 치료 효과가 생기는 것이다. 그래서 뜸을 뜰 때에는 질병에 따라 다른 약재를 같이 활용하기도 한다. 결절종에 활용했던 상륙근 외에도 파두, 웅황, 황랍 등과 같은 약재를 쑥과 섞어 뜸을 떠 소독과 살균 그리고 피부 재생의 효능을 배가시켰다.

영조가 떴던 뜸 가운데 가장 강력했던 뜸이 바로 직구 100장이었다. 직구 100장을 겨우 마친 뒤 죄인에게 가하는 낙형을 영구히 금지했다고 하니, 화상으로 인한 영조의 고통이 얼마나 컸을지 짐작할 수 있다. 그런데 국법을 바꿀 정도로 영조를 괴롭혔던 이 복통은 도대체 무슨 병이었을까?

영조 복통의 본질

영조는 거의 지병이라 부를 수 있을 정도로 장기간에 걸쳐 복통을 앓았다. 세제로 책봉되기 전부터 이미 복통을 앓아왔고 죽기 전까지도 복통에 시달렸다. 그런데 이렇게 영조를 괴롭힌 병은 복통뿐만이 아니었다. 어지러움, 두통, 설사, 메스꺼움, 구토, 기침, 두드러기도 복통 못지않았으며 복통과 같은 시기에 생긴 적도 많았다. 일평생 영조를 괴롭혔던 이 복통은 도대체 무슨 병이었을까?

결정적인 단서는 바로 영조가 수차례에 걸쳐 회충을 토했다는 사실에서 찾을 수 있다. 영조 18년부터 44년까지 《승정원일기》에서 찾을 수 있는 영조의 회충 구토 기록은 대략 10여 건이다. 이는 영조의 배 속에서 오랜 기간 회충이 기생하고 있었다는 뜻이다.

회충은 세계적으로 흔한 기생충이다. 성충의 길이는 보통 수컷은 15~25센티미터, 암컷은 20~35센티미터에 이르며, 흰색이나 분홍색을 띤다. 회충의 알에 오염된 채소, 물, 토양, 손 등에 의해서 입을 통해 감염된다.

회충은 인체의 위아래를 돌아다닌다. 입을 통해 소장에 도달한 후 장벽을 뚫고 간으로 이동해 심장을 지나 폐에까지 도달한다. 여기서 기도로 올라온 뒤 식도로 넘어와 다시 소장으로 내려간다. 이 과정에서 회충은 유충, 부화, 성충, 산란을 반복하면서 사람 몸속에 계속 기생하는 것이다.

회충의 수가 적을 때에는 별 증상이 없다. 하지만 개체 수가 많아지면 복통, 메스꺼움, 구토, 설사, 두통, 어지러움, 식욕부진 등의 증상이 나타난다. 소장 내 회충의 수가 상당히 많아지면 위경련과 같은 심한 복통이 생길 수도 있고, 여러 회충이 서로 엉겨 붙어 장폐색을 일으키는 등 위험한 상황에 놓일 수도 있다. 또 회충이 폐에 도달하면 기침이나 폐렴이 생길 수 있다. 알레르기 반응이 일어나 두드러기가 생기기도 하며, 구토할 때 코나 입을 통해서 몸 밖으로 나오기도 한다. 이러한 증상이 회충에 의해 감염된 회충증이다. 영조가 앓았던 증상과 정확히 일치한다.

그렇다면 이제 영조가 앓았던 복통의 본질을 알 수 있을 것이다. 심한 복통에 지친 영조가 의관들에게 물었다. 이 병이 도대체 무엇이냐, 산증이냐, 곽란증이냐, 회충증이냐 물었을 때 의관들의 의견은 분분했다. 300년에 가까운 세월이 흐른 지금에서야 확실하게 대답할 수 있을 것 같다. 복통을 포함한 영조의 어지럼증, 두통, 설사, 메스꺼움, 구토, 기침, 두드러기는 모두 배 속의 회충이 일으킨 증상이다. 또한 급격한 복통을 일으킬 정도로 회충의 수가 상당히 많았으며, 죽기 얼마 전에도 구토한 것으로 보아 영조는 일평생 회충에 감염된 상태였다고 볼 수 있다. 영조는 중증 기생충 감염 환자였다.

영조 몸에 기생했던 또 다른 생물

영조의 일생에서 가려움증이 가장 심했던 시기는 영조가 개창을 앓던 영조 25년과 26년이다. 개창이란 지금의 옴을 말하는데, 옴진드깃과에 속하는 개선충에 의한 피부 감염증을 말한다.

개선충은 사람 간의 직접 접촉이나 침구나 속옷에 의한 간접 접촉에 의해 전염된다. 개선충이 피부로 침범하면 피부 각질층에 터널을 뚫고 알을 낳는다. 이 터널이 끝나는 부위가 융기되면서 홍색 구진이 나타난다. 개선충은 주로 밤에 활동하기에 야간에 심한 가려움증을 일으킨다. 개선충이 터널을 뚫으면서 분비하는 소화액에 대해 과민 반응이 일어나기에 심한 가려움증이 생기는 것으로 추정된다.

옴은 전염력이 매우 크기에 한 사람이 개선충에 감염이 되면 같은 공간에서 생활하는 다른 사람들에게 집단 감염이 발생할 수 있다. 그래서 옴 환자가 발생하면 신체 접촉을 피하고, 침구와 속옷을 잘 세탁해야 하며 또 여러 사람이 함께 사용하지 말아야 한다.

궐내에서도 개창 환자가 많았다는 점, 본인이나 가족이 개창으로 크게 고통받고 있다며 여러 신하가 상소를 올렸던 점, 항간에서도 개창이 유행하고 있다고 한 점으로 미루어 볼 때 영조 25년 전후 조선에서 옴이 크게 기승을 부렸던 것으로 보인다. 영조가 어떤 방식으로 전염이 되었는지까지는 알기 힘들다. 하지만 영조 25년에서 32년까지 영조는 나은 뒤에도 수차례 개선충에 재감염되었던 것으로 보아, 아마도 당시 사람들은 옴을 앓는 사람들과의 직간접 접촉을 조심하지 않았던 것 같다.

유황의 효능

영조가 개창을 치료할 때 탕약을 먹는 것보다 환부를 훈세하는 것에서 더 도움을 받았다. 효과를 조금 보았던 것은 온천수였고 크게 보았던 것은 유황탕이었다.

먼저 온천수의 효능은 여러 가지인데, 온천수는 근육의 경련이나 위축, 피부의 감각 저하, 사지 불수, 나병 그리고 개창 치료에 좋다. 이런 질병에 온천수로 효과를 얻을 수 있는 이유는 바로 유황 성분 때문이다. 그래서 유황의 효능도 온천수와 비슷하다. 피부 감각 저하, 하지의 냉증과 무력감, 오랜 요통, 무좀 그리고 개창을 치료하기 위해 이 유황을 활용했다. 온천수와 유황 모두 개창 치료에 사용된 것은 유황 성분이 개선충을 죽이는 작용을 하기 때문이다. 그래서 이 유황은 현재에도 여러 피부 질환에 외용제로 활용되고 있다. 또한 유황의 성질이 매우 뜨겁기에 오랜 냉증과 단단한 적취를 없애기 위해 내복하기도 한다.

영조가 온천수로는 효과를 천천히 보았지만 유황탕으로는 효과를 빨리 본 이유는 바로 유황의 농도 차이 때문이라 볼 수 있다. 정련한 유황을 넣어 달여 만든 유황탕의 유황 농도가 온천수보다 당연히 더 높을 것이기에 개선충을 죽이는 효과가 좋을 수밖에 없었다. 내의원 어의들이 왜 그렇게도 유황탕을 늦게 떠올렸는지 모를 일이다.

영조의 눈은 왜 가려웠을까

영조가 앓았던 눈병에 대해 건안질乾眼疾, 풍열風熱 그리고 노안勞眼이라는 세 가지 병명이 등장한다. 건안질이란 마른 눈병이란 뜻인데, 눈물이나 눈곱과 같은 분비물 없이 건조한 상태로 진행되는 눈병을 말한다. 영조가 해마다 봄이 되면 눈병을 앓았던 것은 알레르기성 결막염이 있었기 때문인 듯하다. 그런데 마른 눈병이라 한 것을 보면 안구건조증이 같이 겹쳤던 것 같다. 안구건조증은 눈물이 부족하거나 정상적으로 분비되지 않아 눈의 자극감, 이물감, 건조감 등을 느끼는 질병이다. 눈에 가려움을 느꼈던 것은 염증이 생겼기 때문인데 건조한 염증이라 눈물과 같은 분비물이 없었다.

영조 4년에는 풍열로 인한 눈병을 앓았다. 풍열이란 환부가 붓고 열이 생긴다는 뜻이다. 그래서 눈이 충혈되고 결막이 붓고 가려웠다. 이는 가볍게는 안구충혈이었거나 심하게는 결막염이었던 것으로 보인다. 염증을 앓았기에 충혈과 가려움증이 동반되었는데, 심리적인 스트레스까지 겹치자 증세는 더욱 악화되었다.

영조 8년에는 노안勞眼을 앓았다. 여기서 노안이란 나이 들어 가까운 글씨가 안 보이는 노안老眼이 아니다. 눈을 과로하게 했다는 뜻의 노안이다. 영조는 밤에도 촛불을 켜놓고 문서를 보면서 눈을 혹사했다. 눈이 과로하니 안구건조증은 더욱 악화되었고 시력도 떨어졌다. 이 시기에 이르러 안구건조증이 극심해졌던 것으로 보인다.

눈병의 치료 방법

영조가 눈병을 앓으면서 결막이 충혈되었을 때 사열황련탕이란 약을 사용했다. 또 영조 자신이 말하기를 황련 가루를 젖에 개어 눈에 바르면 효과가 있다고 했다. 이 황련이란 약재는 열을 끄는 효과가 있어 충혈이 동반되는 질환에 치료 효과가 있다. 그래서 안구가 충혈되거나 코나 입의 점막이 충혈되었을 때 사용하면 붉은 기가 사그라진다. 또한 피부병이 생겼을 때 연고를 바르는 것처럼 안구가 충혈되었을 때 황련 달인 물을 점안하면 눈에 충혈과 염증이 줄어드는 효과를 볼 수 있다.

하지만 충혈된 것이 아니라 과로로 인해 시력이 저하되고 눈이 건조해졌을 때에는 황련으로 효과를 볼 수는 없다. 이때에는 장부를 보하는 약을 기본으로 써야 한다. 눈을 혹사했기 때문에 눈이 과로하고 노화한 것이므로 장부를 보하는 약에 감국이나 구기자와 같은 약재

로 눈을 밝게 해주어야 한다. 영조는 자음건비탕에 감국을 넣어 복용
했고 또 팔미원에 녹용을 넣어 복용함으로써 눈병에 효과를 볼 수 있
었다. 영조는 성격이 다른 두 종류의 눈병을 모두 앓았다. 이에 대한
내의원의 치료는 매우 적절했던 것으로 보인다.

말년에 찾아온 가려움증

영조 43년, 74세 임금의 머리에 검은 머리가 새로 자라는 기적이 일
어났다. 그런데 두피가 가려운 증상도 함께 생겼다. 그 뒤로도 검은
머리는 계속 자랐으며 두피의 가려움증도 간간이 찾아왔다.

두피만 가려운 것이 아니었다. 때때로 피부 여기저기도 가려웠다.
영조 51년 12월 17일 영조는 일생에서 마지막으로 가려움증을 앓았
다. 이때 영조의 나이는 82세였다.

말년에 임금의 두피와 피부에 생긴 가려움증은 노인성 소양증으로
볼 수 있다. 노인들은 피지 분비가 저하되어 피부가 거칠고 건조해진
다. 그래서 가려움증이 잘 생긴다. 특히 건조한 겨울철에 피부 건조
가 심해지면 노인성 소양증 또한 더 심해지는 경향이 있다.

두피에 머리가 새로 자라더라도 젊은 사람들은 결코 가렵지 않다.
74세의 영조가 머리카락이 새로 자라는 두피에 가려움증을 느꼈던
것은 노화로 인해 피부가 건조해졌기 때문이다. 말년에 간간이 느꼈
던 피부 가려움증도 마찬가지이다.

이렇게 피부가 거칠고 건조해지며 가려운 것은 노화에 의해 피부

가 건조해지는 혈허血虛(혈분이 부족하여 생기는 증상)의 상태에 놓이기 때문이다. 마른 운동장에서 먼지가 잘 일어나듯이, 혈이 허해진 피부에서는 가려움증이 잘 생긴다.

현빈궁, 남편 대신 시아버지를 의지하다

〈현빈궁 가계도〉

```
                                효장세자
       풍릉부원군 조문명 ─┐
                      ├──── 현빈궁 조씨
       완흥부부인 이씨 ─┘
```

1년 만에 남편을 잃다

"이조 참의 조문명의 딸을 왕세자빈으로 정하라."

드디어 삼간택이 끝나고 왕세자빈 자리의 주인이 정해졌다. 영조
는 아들 효장세자의 반려를 찾아준 것이다. 영조 3년(1727년) 9월
29일, 가례도 무사히 잘 치렀다. 효장세자는 이제 제왕 수업을 착실
히 받으며 미래 군주로서의 자질을 잘 닦으면 되는 것이다.

1년이 흘러 영조 4년(1728년) 9월 12일 효장세자에게 감기 기운
이 있었다. 열이 나고 수라를 제대로 들지 못했다. 모두 흔히 걸리는
감기라고 생각했다. 그런데 이상하게 한 달이 지나도록 열이 떨어지
지 않았다. 감기 기운이 시작된 지 한 달 반이 지나자 이제는 수라도
거의 들지 못하였고 미열도 오르내렸다. 나중에는 의관이 옆에 있어
도 모를 정도로 정신이 혼미해졌다. 두 달째가 되자 목구멍에서 가래

소리가 들렸고 배가 딱딱해지면서 소변이 나오지 않았다. 맥박이 빨라지고 대변이 막혔으며 소변은 마치 기름과도 같았다. 이제는 허공을 손으로 더듬기까지 했다. 얼굴은 붉은빛으로 변했다. 세자의 배가 빵빵하게 부어오르더니 숨을 헐떡였다. 무슨 병인지 알지도 못한 채 11월 16일 효장세자는 저세상으로 떠나고 말았다. 가례를 올린 지 1년 만이었다.

영조는 청천벽력과도 같은 아들의 죽음에 슬픔을 감당할 길이 없었다. 아들의 관을 부여잡고 하염없이 눈물을 흘렸다.

"내가 세제가 되어 대궐에 들어올 때에 세자의 나이는 겨우 세 살이라, 나이가 어려 대궐에 같이 들어오지 못하고 잠시 사저에 남겨두었다. 노는 중에나 자고 깨는 사이에 자주 아버지를 부르다가 목이 멘 것은 아버지를 생각하는 마음이 천성에 뿌리박혔기 때문이었다. 그해 겨울 대궐에 들어온 뒤로 웃전을 모실 때에는 무릎을 꿇고 바로 앉아 응대하였기에 특별히 사랑받았다. 아! 임종 때 내 얼굴을 세자의 얼굴에 대고 나를 알겠느냐고 부르자 희미하게 응답하며 눈물이 뺨을 적셨으니, 간절한 효심이 병이 위중한 가운데도 없어지지 않았기 때문이다. 아! 마음이 아프다. 내가 덕이 없어서 믿는 것은 오직 세자였는데, 어찌 나이 겨우 열 살에 이 지경이 될 줄 알았겠는가!"

갑작스러운 세자의 죽음 앞에 왕실 사람들과 신하들이 눈물을 흘렸다. 그리고 이제 겨우 입궁한 지 1년밖에 되지 않은 열네 살의 어린 세자빈은 몸져누워 울며 물 한 모금도 마시지 못했다. 영조가 수

차례 위로했으나 세자빈은 눈물을 머금고 이렇게 대답했다.

"이제 후사도 없으니 산들 무엇하겠습니까!"

시아버지와 같은 병을 앓다

영조는 죽은 아들에게는 효장세자孝章世子라는 시호를 내렸고, 홀로 남겨진 며느리에게는 현빈賢嬪이라는 작호를 내렸다. 영조는 혼자 남겨진 어린 현빈궁을 죽은 세자이거니 생각하며 아낌없이 애정을 주었다. 아들이 일찍 떠났기에 정을 듬뿍 주지 못한 아쉬움도 있었지만, 어린 나이에 과부가 되어 남은 평생을 홀로 살아야 할 며느리가 너무 안쓰러웠기 때문이었다. 현빈궁 역시 아직 낯설기만 한 궁에서 어떻게 살아야 할지 막막했는데 시아버지가 자신에게 과분한 사랑을 주니, 남은 인생은 시아버지를 의지하며 살기로 했다.

그렇게 세월이 흘러 열네 살이던 어린 현빈궁이 어느덧 서른다섯 살의 성인이 되었다. 영조 25년(1749년) 8월 7일, 의녀는 현빈궁의 몸을 살피고 있었다. 보름 전부터 현빈궁의 복부에 낱알 모양의 과립이 생겼다. 게다가 얼굴은 붉게 상기되어 화끈거렸다. 며칠 전부터 극심한 가려움증이 생기고 피부에서 진물이 흘렀다. 현빈궁은 저절로 낫겠거니 하면서 그냥 두었지만 이제는 온몸에 퍼져 견디기 힘든 지경이 되었기에 의녀를 불러 살피도록 한 것이다.

의녀의 보고를 받은 의관들은 흔히 나타나는 피부병으로 여기고 크게 걱정하지 않았다. 연교패독산을 달여 현빈궁에 올렸으니 금방 나을 것이라고 생각했다.

그런데 기이한 일이 생겼다. 8월 23일, 시아버지인 영조에게도 가려움증이 생기기 시작한 것이다. 게다가 현빈궁의 증상과 동일했다. 낱알 모양의 과립이 나타나면서 참기 힘들 정도로 가려움이 몰려오는 증상이었다. 다만 현빈궁은 온몸뿐 아니라 얼굴에까지 증상이 나타났다. 마치 술에 취한 사람처럼 얼굴이 붉어지고 가려웠으며 부기도 있었다.

영조의 가려움도 낫지 않았고 현빈궁의 가려움도 낫지 않았다. 자신과 똑같이 심한 가려움증을 앓는 며느리가 안쓰러운 영조는 영돈녕부사 조현명을 불러 현빈궁의 증세를 살피고 오라고 했다. 조현명은 현빈궁의 작은아버지였다. 현빈궁은 아버지 조문명이 17년 전 이미 세상을 떠났기에 보살펴줄 친정아버지도 없었다. 이럴 때 작은아버지라도 들러 살펴주면 며느리의 마음에 위로가 되지 않을까 하고 영조가 배려한 것이다.

"신이 증세를 살펴보니 오른쪽 눈 주변에도 붉은 기가 있고 온 얼굴이 부은 상태였습니다. 몸의 증세는 매우 괴로울 것이나 곧 나을 것이니 너무 걱정하지 마십시오."

모두 금방 나을 것이라 했지만 영조는 여간 걱정되는 것이 아니었다. 의관들은 현빈궁에 인동차와 연교방풍탕을 올렸다. 하지만 현빈궁의 가려움증은 나을 기미를 보이지 않았다.

동병상련의 선물

현빈궁의 얼굴은 가시로 찌른 것과 같은 붉은색 자국으로 덮였다. 낱알 모양의 과립이 얼굴에도 나타났기 때문이다. 영조는 밤마다 찾아오는 괴로움에 미칠 지경이었는데, 며느리도 같은 증세를 앓고 있으니 얼마나 힘들지 너무나 잘 알 수 있었다.

"가려운 것이 아픈 것보다 더 참기 힘들다. 하물며 얼굴도 그리 가렵다니 현빈궁이 이렇게 견디고 있는 것은 과연 성품이 굳세기 때문이라 할 것이다."

영조 25년 8월에 시작된 현빈궁의 극심한 가려움증은 해를 넘겨서도 계속되었다. 영조가 온천수로 훈세해서 조금씩 호전을 보이자 며느리에게도 온천수로 훈세하도록 했다.

"현빈궁의 병 또한 전염병이다. 그 병정이 나와 똑같다. 지금 항간에 이 병이 유행하는데 간간이 증세가 위중한 자도 있다고 한다. 탕제로는 효험을 보기 힘들고 훈세하는 것이 가장 좋은 방법이다."

가려움을 견디기 너무 힘들었기 때문이었을까. 현빈궁은 하루하루 수척해져갔다. 문안을 온 현빈궁의 얼굴을 살필 때마다 더 수척해진 모습에 영조는 안타까울 수밖에 없었다.

영조는 자신과 같은 병을 앓는 며느리를 위해 작은 선물을 내렸다. 가려울 때 손 대신 피부를 긁는 긁개였다. 손으로 긁으니 손톱 독이 올라 피부가 쉽게 상했다. 내의원에 명을 내려 긁개를 만들어오라 해서 써보니 손톱으로 긁는 것보다 훨씬 시원하고 또 피부도 상하지 않았다. 그래서 영조는 자신의 것과 며느리의 것을 특별히 만들어 오라고 명했던 것이다. 똑같은 병을 앓으니 잘 견디고 이겨내보자는 시아버지의 마음이 흙개에 담겨 있었다.

왜 저를 혼자 두고 가셨나요

해를 넘긴 영조 26년(1726년)에도 현빈궁의 증세는 뚜렷하게 호전을 보이지 않았다. 오랜 가려움에 현빈궁은 지칠 대로 지쳤고 몸도 점점 야위어갔다.

그 무렵 왕실에 기쁜 소식이 들렸다. 혜경궁 홍씨의 산달이 다가온 것이다. 왕실의 후손이 곧 태어날 것이니 이 얼마나 기쁜 일인가. 6월 5일 혜경궁의 출산을 위해 산실청이 설치되었다. 그리고 8월 27일 마침내 세손이 태어났다. 왕실의 큰 기쁨이 아닐 수 없었다. 현빈궁도 마치 자신의 일인 양 함께 기뻐했다. 갓 태어난 왕자의 모습을 보니 신기하기 이를 데가 없었다.

밤이 되었다. 요즘 들어서는 팔에도 가려움증이 생겼다. 모두가 잠든 조용한 궁궐, 현빈궁은 왠지 가슴 한켠이 쓸쓸해졌다. 아이를 낳은 혜경궁이 몹시 행복해 보였다. 그런 만큼 남편도 없고 자식도 가질 수 없는 자신의 처지가 처량하게 느껴졌다. 22년 전 세상을 떠난 세자의 얼굴을 떠올려보았다. 세월이 흘러 이제는 세자의 얼굴조차 잘 기억이 나지 않았다. 시아버지인 영조가 지극한 사랑과 보살핌을 베풀어주지만 그래도 채워지지 않는 허전함이 있었다.

세자께서는 왜 저를 혼자 두고 그리도 일찍 가셨느냐고 대답 없는 물음만 허공에 던져보았다. 그때 또 가려움이 몰려왔다. 시아버지가 하사한 긁개를 급히 꺼내어 온몸을 긁었다. 한참을 긁어도 가려움이 쉬이 가시지 않았다. 온몸을 긁으며 현빈궁은 처절하게 눈물을 흘렸다. 몹쓸 병에 걸린 자신의 신세가 더욱 한탄스러웠다.

남편의 기일을 맞이하다

영조 26년에도 계속 이어지던 가려움증은 그래도 조금씩 호전을 보이더니 영조 27년이 되자 잦아들기 시작했다. 영조가 온천수로 조금씩 효과를 보아 이 무렵에는 가려움증이 조금씩 잡히고 있었는데, 현빈궁 역시 훨씬 가려움이 덜했다. 시아버지와 며느리가 한마음이라 그런지 병이 심해지고 약해지는 양상도 같았다. 한동안 지낼 만하다가 5월과 10월에 가려움증이 다시 재발했는데 그럴 때마다 온천수로 진정시켰다.

영조 27년 11월이 되었다. 효장세자의 기일이 다가오고 있었다. 11월 16일이 효장세자가 사망한 날이니 현빈궁은 기일에 앞서 일주일간 행소行素(고기를 먹지 않음)했다. 해마다 이 무렵이 되면 늘 하던 일이었다.

11월 14일, 내의원으로 급보가 날아들었다. 현빈궁이 위중하다는 전갈이었다. 이를 들은 영조는 놀라지 않을 수 없었다. 며느리가 위중할 정도로 몸이 아픈 줄은 전혀 모르고 있었기 때문이다. 의녀를 불러 최근 며칠간 현빈궁의 증세를 소상히 고하도록 했다.

현빈궁은 심각한 구토 증세를 보이고 있었다. 일주일간 행소하면서 비위가 크게 허해졌는지 구토가 그치질 않았다. 처음에는 붉은 물을 토하다가 이제는 누런 물을 토했다. 구토에 쓰는 곽향정기산을 서둘러 달이도록 했다. 하지만 구토가 심해 약을 아예 삼키지 못했다. 의관과 의녀의 숙직을 명했고 구토가 심하니 약을 한 첩 먹일 시각에 세 첩을 먹이도록 했다. 하지만 빈속에 끊임없이 구토만 하던 현빈궁은 위중하다는 전갈이 전해진 바로 그날, 어떻게 약을 써볼 시간도 없이 사망하고 말았다.

영조는 효장세자를 잃은 뒤 현빈궁과 함께 그 슬픔을 위로하고 위로받으며 서로 의지하고 살았다. 며느리를 아들처럼 사랑했던 영조로서는 청천벽력이 아닐 수 없었다. 아끼던 며느리의 초상을 치르며 영조는 한탄했다.

"내가 평소에 밤을 좋아했는데 현빈궁이 매일 새벽 일어나 부엌에서 맨발로 친히 밤을 구웠다는 것을 지금에서야 알았다. 죽는 날에도 삶은 밤이 소반에 남아 있었으니 이는 나에게 올리려다가 병이 위독해져 올리지 못한 것이다. 효장세자의 기일이 가까워지면 현빈궁이 행소했는데 토황증吐黃證이 여러 해 누적된 것이 결국 빌미가 되었구나. 아마도 세자와 같은 날 무덤으로 돌아가려는 것이 현빈궁의 뜻이었나 보다."

216

며느리의 처소 나인을 후궁으로 들이다

너무나 아꼈던 며느리였기에 지극정성으로 장례를 치렀다. 영조는 관례를 무시하고 몸소 며느리의 장례식에 참여했다. 장례가 끝나갈 무렵 영조는 현빈궁이 마지막 숨을 거둔 건극당에 들렀다. 며느리의 마지막 길이 편안하도록 빌기 위해서였다.

그런데 그곳에서 한 나인을 만났다. 그 나인이 영조의 눈에 들어왔다. 장례가 완전히 끝난 뒤 그 나인을 침전으로 불러들였다. 얼마 뒤 이 나인은 영조의 후손을 잉태했다. 그녀가 바로 숙의 문씨였다.

훗날 문씨는 사도세자를 모함하고 영조와 사도세자 사이를 이간질하는 데 앞장섰다. 왕실 모든 사람이 문씨의 악행을 알았으나 오직 영조만 몰랐다. 사랑했던 며느리의 처소에서 만난 나인이었기에 그만 눈이 가려졌던 것이다. 숙의 문씨의 악행은 정조가 즉위한 뒤 그녀에게 사약을 내림으로써 비로소 막을 내릴 수 있었다. 며느리를 지극히 아꼈던 영조의 마음이 왕실을 무척이나 어지럽힌 악녀를 불러들였던 셈이다.

궁궐이 그녀에게 처참한 가려움을 안기다

현빈궁은 영조와 거의 같은 시기에 가려움증을 앓았고 또 거의 같은 시기에 가려움이 나았다. 게다가 증상도 거의 똑같았다. 복부에서부터 낱알 모양의 과립이 나타나 나중에는 온몸에 퍼졌다. 얼굴에도 붉은 기운과 부종이 생겼다고 하니 영조보다 오히려 증세가 더 심각했던 것이 아닐까 싶다.

영조도 며느리와 자신이 같은 병을 앓고 있다고 말했다. 현빈궁의 복부에 생긴 낱알 모양의 과립은 앞서 설명한 것처럼 개선충이 피부 각질층에 터널을 뚫으며 알을 낳을 때 생기는 구진으로 보인다. 또 현빈궁 역시 온천수로 훈세하면서 서서히 가려움증이 사라졌다. 이미 궐내에도 만연하게 퍼진 옴이 영조뿐 아니라 현빈궁에게도 전염되었던 것이다. 효장세자의 사망 이후 그저 묵묵히 살아온 현빈궁으로서는 견디기 가혹한 질병이었을 것이다. 그녀는 몸과 마음이 무척이나 비참했으리라. 궁궐은 그녀를 과부로 만들었을 뿐만 아니라 처참한 가려움증까지 안겨주었다. 그녀는 남편인 효장세자의 기일 이틀 전에 사망했다. 왜 극심한 구토를 하다 사망했는지 그 이유는 알 길이 없다.

사도세자, 대리청정 후 생긴 가려움증

〈사도세자 가계도〉

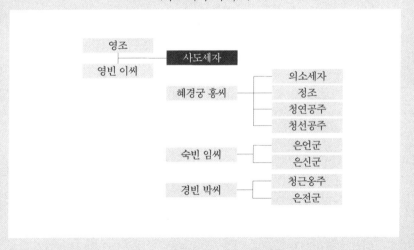

인중이 길고 뚜렷하니 오래 살 것입니다

영조는 어린 효장세자를 그렇게 보냈다. 국본의 자리가 비어 있으니 왕실로서는 서둘러 다음 아들을 생산해야 했다. 영조는 애타게 아들을 기다렸다. 영조 5년(1729년)과 8년(1732년), 후궁인 영빈 이씨가 아이를 낳았다. 두 번 다 옹주였다. 영조 9년(1733년) 다시 영빈 이씨가 아이를 낳았다. 이번에는 모두가 왕자겠거니 했다. 그런데 또 옹주였다.

답답한 마음에 대왕대비(인원왕후)는 점을 보았다. 영빈 이씨가 거처를 옮기면 왕자를 낳을 수 있다는 점괘가 나오자 영빈을 창경궁 집복헌으로 거처를 옮기도록 했다. 그 덕분이었을까? 영빈 이씨는 다시 잉태했고 영조 11년(1735년) 1월 21일, 7년간의 기다림 끝에 마침내 왕자를 생산했다. 이 왕자가 바로 사도세자이다.

왕자가 태어난 지 100일이 지났다. 영조는 강보에 쌓인 어린 왕자를 편전으로 데려와 신하들에게 보여주었다. 신하들은 처음 접한 어린 왕자의 모습을 보며 기쁨을 감추지 못했다. 봉조하 민진원이 영조에게 한 가지 청을 올렸다.

"옛날 현종 임금 대에 숙종께서 강보에 쌓여 있을 때 소신의 외조부께서 입시하였습니다. 외조부께서 아뢰기를, '여염의 사대부가에서는 늙은 노복이 주인집의 아기씨를 애정으로 품어준다고 하는데, 노신이 나라에 있어서는 늙은 노복과 같지 않습니까? 원컨대 원자 아기씨를 안아보게 해주소서'라고 하니, 현종 임금께서 이를 허락하셨다고 합니다. 집으로 돌아와 집안 사람들에게 이를 자랑했다는 이야기가 지금까지 전해지고 있습니다. 신 또한 외조부의 고사를 따라 원자 아기씨를 안아볼 수 있기를 청하옵니다."

영조는 흔쾌히 강보에 쌓인 원자를 안아보도록 했다. 옆에서 보던 봉조하 이광좌는 "원자께서 가벼이 울지 않으니 성정이 굳센 것 같습니다"라고 하였다. 영돈녕부사 어유구는 "눈동자가 정밀하고 굳건하여 위엄이 있습니다"고 하였다. 좌의정 서명균은 "겨우 백일이 지난 원자 아기씨가 이렇게 머리가 클 수 있다니 기이합니다"라고 하였다. 판부사 심수현은 "아기가 원자 아기씨처럼 이렇게 체격이 좋은 것은 간혹 있는 일이나 지각이 이렇게도 뚜렷한 것은 여염집에서도 드문 일입니다"라고 하였다. 너도나도 원자에 대해 덕담과 칭송을 아끼지 않았다. 여러 신하의 덕담 가운데 유독 판부사 심수현의

한 마디가 영조의 가슴에 가장 깊이 와 닿았다.

"여염집에서 전해지는 말이긴 합니다만, 소아의 관상을 볼 때 인중이 길면 반드시 장수한다고 합니다. 지금 원자 아기씨의 인중을 보니 매우 길고 또 뚜렷합니다. 성상께서는 아무런 걱정을 하실 필요가 없습니다."

7년의 기다림 끝에 어렵게 얻은 원자이지만 마음 한켠에는 일찍 죽은 효장세자의 일이 아른거리고 있었다. 이 아이는 꼭 오래 살아주기를 영조는 마음속으로 기원했다.

느릿느릿 걷는 모습을 보니 웃음이 나온다

세자는 무럭무럭 잘 자랐다. 태어날 때부터 유난히 머리가 크고 몸집이 우람했는데 그래서인지 식성도 유달리 좋았다. 음식을 잘 먹으니 발육도 남달랐다. 어린아이가 먹는 양이 어른과 비슷할 정도였다.

크게 아프지는 않았지만 감기나 설사와 같이 자잘한 병치레는 꽤 잦았다. 기침이 낫지 않고 오래가기도 했다. 수라상이 올라오면 식탐을 누르지 못하고 마구 먹어대는 세자를 볼 때마다 영조는 슬슬 걱정되기 시작했다. 온갖 음식을 가리지 않고 먹어대기에 세자가 잔병이 많은 것이 아닌가 싶어서였다. 한번은 대왕대비가 세자에게 앵두를 한 접시 가득 담아 내렸다. 세자는 앉은자리에서 앵두를 순식간에 먹어치우는 것이 아닌가. 영조가 살이 찔까봐 그만 먹으라 말렸지만 대왕대비가 괜찮다며 또 한 접시를 가득 내리자 이것도 순식간에 먹어치웠다. 이처럼 세자는 어지간한 어른보다 먹성이 더 좋았다.

이렇게 잘 먹으니 발육도 얼마나 좋았던지 세자가 여덟 살이 되었을 때 이미 키가 어른만 했다. 몸집도 비대하며 심한 비만 상태였다. 누가 저렇게 크고 뚱뚱한 아이를 여덟 살로 보겠느냐며 영조가 한탄하면, 신하들은 자태가 성숙하고 위엄이 성인과도 같으니 나라의 행복이라며 위로 아닌 위로를 하곤 했다.

또래 아이들과 비교하면 세자의 키는 단연 으뜸이었다. 세자가 아홉 살이 되었을 때 팔뚝 굵기가 영조보다 두꺼웠다. 게다가 영조가 스무 살에 둘렀던 허리띠를 아홉 살 세자에게 둘러보니 허리띠가 작은 것이 아닌가. 아버지는 세제로 입궁한 뒤로 국사에 노심초사하느라 해가 갈수록 살이 빠져 수척해지는데, 아들은 해가 갈수록 살이 쪘다.

그뿐이 아니었다. 영조가 보기에 세자는 성정이 한없이 게을러 보였다. 세자가 열 살이 되었을 때의 일이다. 편전에서 정사를 논하는 자리에 함께 있던 세자에게 처소로 돌아가라고 한 뒤 영조는 신하들에게 이렇게 말했다.

"내가 그만 물러가도 된다고 말하니 세자가 무척 기쁜 낯빛을 띠었다. 이는 게으르고 편한 것을 좋아하며 놀기 좋아해 그런 것이다."

어지간한 어른보다 배가 더 뚱뚱했고 조금만 움직여도 땀을 뻘뻘 흘렸다. 드러누워 있는 것은 유독 좋아하면서 음식을 보면 가리지 않고 먹어대니, 영조는 세자만 쳐다보면 답답한 마음이 들었다. 그러다

보니 영조는 신하들에게 세자에 대한 흉인지 한탄인지 모를 하소연을 끊임없이 했다.

"근래 세자께서는 어떠십니까?"

"살이 쪄서 더위를 잘 견디지 못해 대궐을 느릿느릿 걷는다. 그 모습을 보자니 내가 참 웃음이 나온다."

"음식 절제가 어려워 살이 찐다면 채소를 많이 드시게 하면 좋지 않겠습니까?"

"고기이건 채소이건 가리지 않고 많이 먹는데 어찌 살이 찌지 않겠는가?"

"여름철이라 날이 무척 덥습니다. 차가운 과일은 성상의 혈기를 상하게 할 수 있으니 드시지 마시옵소서. 특히 복숭아와 살구를 조심하셔야 합니다."

"나는 그런 걸 안 먹는다. 그런데 뚱뚱한 세자는 먹는다."

"한두 개쯤 먹는 것이야 뭐 어떻습니까."

"한두 개를 먹고 나면 또 한두 개를 먹어치우니 답답할 노릇이 아닌가?"

뚱뚱한 세자가 음식을 맛나고 즐겁게 먹는 모습을 보면 볼수록 영조는 짜증이 났다. 살이 쪘으면 음식을 절제해야 하거늘, 세자는 그런 노력을 전혀 하지 않고 음식만 보면 탐내니 그 모습에 역정이 났던 것이다. 심지어는 세자에게 근시가 생겨 내의원에서 육미환이란 약을 올렸는데, 영조는 세자가 그 약을 먹으니 왠지 더 살이 찌는 것 같다며 약도 중단하게 했다. 세월이 흘러 세자의 몸집이 비대해질수록 아들을 쳐다보는 영조의 시선에 시름과 한탄과 역정이 더 깊어져만 갔다.

여름철에 생긴 다리의 가려움

세자가 아홉 살이 되던 해에 팔다리 끝부분에서 알갱이 모양의 과립이 생겨 그 부위를 긁적였다. 의관들은 체질상 땀을 많이 흘려 땀띠 비슷한 것이 생긴 것 같다며, 금은화차에 우황 가루를 타서 복용하도록 했다.

열 살이 되던 해 여름, 무릎 위에 작은 종기가 생겼다. 의관들은 더위 탓에 생긴 것이라고 보았다. 영조는 종기도 그렇지만 세자가 책을 읽던 중 소변이 나오는 줄도 모르고 방석에 싸버렸다는 얘기를 듣고 심난하기 이를 데가 없었다. 야뇨는 아이들에게 흔히 있는 일이지만, 벌건 대낮에 방석에 소변을 보다니, 이것은 하초가 매우 허약한 증상이 아닌가.

"자손은 낳을 수 있겠는가?"

영조가 하도 심난해서 의관에게 물었다.

"그런 염려는 하실 필요 없으니 걱정하지 마십시오."

의관의 대답에도 영조는 안심되지 않았다.

종기가 나은 지 얼마 지나지 않아 이번에는 두드러기가 생겼다. 두드러기는 이번이 처음이 아니었다. 이미 여러 차례 도진 터였다.

"세자의 두드러기는 이미 여러 해 전부터 생기던 것이다. 나 역시 어려서 두드러기가 잘 생겼다. 세자는 항시 먹을 것을 생각하고 드러 눕기를 좋아하니 몸에 습이 차 있다. 살이 쪄서 두드러기가 생기는 것이다."

으레 그러했듯이 두드러기는 금방 사라졌다. 그런데 이번에는 무릎 아래에 땀띠인지 습진인지 종기인지 모를 피부병이 생겼다. 환부가 가려워 계속 긁다 보니 피가 나고 딱지도 생겼다. 내의원에서는 환부를 염탕으로 소독하고 마치현이란 약재로 연고를 만들어 발라주었다. 여름철에 심하게 올라왔던 이 피부병은 날씨가 선선해지는 가을이 되자 호전되었다. 세자가 워낙 여름을 견디기 힘들어하고 땀이 많은 체질이라 피부도 안 좋아진 것이다.

대리청정과 여름철의 습진

영조 25년(1749년) 1월 22일, 영조는 느닷없이 열다섯 살 세자에게 선위禪位(왕이 살아 있으면서 다른 사람에게 왕위를 물려주는 일)하겠다는 교지를 내렸다. 온 신하가 들고 일어나 명을 거두기를 청했다. 영조는 끝내 듣지 않았다. 이때 비가 억수같이 퍼붓고 있었는데, 세자가 비를 뚫고 달려와 편전 밖에 엎드려 울었다. 온갖 소동 끝에 결국 선위의 명을 거두고, 대신 세자에게 대리청정을 시키는 것으로 결정을 내렸다.

이렇게 해서 열다섯 세자는 대리청정으로 국사를 처리하게 되었다. 세자는 전부터 아버지가 자신을 마땅찮게 여기는 것을 느끼고 있었다. 이왕 대리청정을 맡았으니 성심을 다하는 모습을 보여 조금이라도 부왕의 사랑을 받고자 했다.

대리청정을 시작한 그해, 여름도 막바지에 달한 8월 5일이었다. 세자의 복사뼈 부위에 자잘한 종기가 생겼다. 의관이 치료를 위해 세자의 상태를 묻자 영조는 이렇게 말했다.

"살이 찌고 몸이 뚱뚱해서 그런 것이다. 병세가 대단하지는 않다."

이틀 뒤 다시 세자의 상태를 묻자 영조는 이렇게 말했다.

"여름철이라 날이 덥고 습해 종기가 생긴 것이니 크게 걱정하지 않아도 된다."

한 해가 흘러 영조 26년(1750년) 7월 한창 무더운 여름이었다. 의관들은 대리청정 중인 세자를 찾아와 다리의 습진에 대해 물었다. 세자의 다리에 습진이 생겼는데 상태가 가볍지 않다는 얘기는 이미 들었다. 그런데 세자가 속 시원히 환부를 보여주지 않았다. 의관들이 상태를 소상히 물어도 세자는 대단하지 않다고만 할 뿐이었다.

한 해가 또 흘러 영조 27년(1751년) 7월 세자의 발에 습진이 생겼다. 뽕나무 잿물인 상회수桑灰水로 계속 소독했지만 여름철이라 그런지 줄곧 낫지 않았다. 의관들은 세자가 습진 때문에 일어나고 앉기 불편할 지경이라는 얘기를 들었으나 세자가 환부를 잘 보이려고 하지 않으니 입진할 수 없었다. 이 습진은 한겨울인 12월에까지 이어졌다.

또 세월이 흘러 영조 28년(1752년) 8월 세자의 복사뼈에 부스럼이

생길 조짐이 보였다. 의관들이 입진하고자 하였으나 영조는 이렇게
말했다.

"상태가 별로 대단하지 않다. 내버려둔들 무슨 상관이겠느냐!"

영조 30년(1754년) 5월이 되었다. 세자의 나이 스무 살이었다. 다
리에 습진이 또 생겼다. 앉고 눕는 것이 불편할 정도였다.

대리청정을 시작한 뒤 생긴 다리의 습진은 때로는 가렵고 때로는
진물이 흘렀다. 여름철이면 나빠지기 일쑤였다. 의관들이 세자를 문
안하면 영조는 이렇게 대답했다.

"작년보다 살이 더 쪘다. 경들도 보지 않았는가? 살찐 것이 가장
걱정이다."

항문이 가렵다

거구에 비만인 세자는 먹기도 좋아했지만 놀기도 좋아했다. 그러니
열다섯 살부터 시작한 이 대리청정 자리가 세자로서는 불편하기 짝
이 없었다. 영조에게 고하지 않고 국사를 처리하면 미리 고하지 않았
다 꾸지람을 듣고, 미리 고한 뒤 처리하고자 하면 그것도 할 줄 모르
느냐고 꾸지람을 들었다. 대리청정이 고단하여 맛난 음식으로 마음
을 풀면 살이 더 찐다고 꾸지람을 들었다.

앉으면 앉을수록 불편한 이 자리가 세자는 너무 싫었다. 뛰쳐나가
고 싶을 때가 한두 번이 아니었다.

영조 35년(1759년), 이제 대리청정을 시작한 지도 10년이 흘렀다.

세자에게 치질이 생겼다. 국사를 처리하느라 자리에 오래 앉아 있으면 항문이 가려워오기 시작했다. 영조가 무슨 일로 자신을 꾸짖지 않을까 노심초사하면 할수록 항문은 더욱 가려웠다. 내의원에서는 약재를 달인 뜨거운 물로 항문을 훈세하도록 했다. 하지만 치질은 쉬이 낫지 않았다.

더운 계절에 좁은 곳에서

영조 38년(1762년) 윤5월 13일, 영조는 노기 어린 얼굴로 창덕궁으로 달려왔다. 세자에게 관을 벗게 하고 맨발로 엎드려 땅에 머리를 찧게 했다. 세자의 이마에서 피가 났다. 세손이 달려와 관과 옷을 벗고 세자의 뒤에 엎드렸다. 영조는 세손을 안아 바깥으로 내보냈다. 영조는 칼로 세자를 겨누며 자결할 것을 명했다. 세자가 자결하고자 했으나 곁에 있던 신하들이 말렸다. 영조는 세자를 폐서인했다. 세자는 개과천선하겠노라 애원했다. 영조는 뒤주를 가져오라 명한 뒤 세자에게 그 안으로 들어가라고 명했다. 그런데 거구인 세자가 들어가기에는 뒤주가 너무 작았다. 영조는 더 큰 뒤주를 가져오라 명했다. 세손이 다시 뛰어 들어와 제발 아비를 용서해달라고 애원했다. 영조는 세손을 홍봉한의 집으로 보내라 명했다. 그렇게 더운 여름 좁은 뒤주에 갇힌 채 세자는 서서히 죽어갔다. 윤5월 21일, 세자가 죽은 것을 확인하자 영조는 전교를 내렸다.

"세자가 죽었다는 보고를 들으니, 어찌 30년에 가까운 부자간의

정을 생각하지 않을 수 있겠는가? 세손의 마음을 생각하고 대신의 뜻을 헤아려 세자의 호를 회복하고, 겸하여 시호를 내리니 사도세자 思悼世子라 한다."

영조는 유난히도 체구가 크고 뚱뚱해 더위를 잘 타고 땀을 많이 흘렸던 자신의 아들을 여름철 땡볕 아래 좁디좁은 뒤주 속에 가두어 죽인 것이다. 가장 고통스러운 방법으로 아들을 죽였던 셈이다.

아버지가 시킨 대리청정이 가려움을 일으키다

사도세자는 대리청정을 시작한 뒤부터 습진을 앓기 시작했다. 이 때문에 앉고 일어나고 눕는 것이 불편할 정도였다니, 상태가 가벼웠던 것 같지는 않다. 의관이 세자의 습진에 대해 아뢰면 영조는 매번 "별 것 아니다. 살이 쪄서 그렇다"고 일축했다. 《승정원일기》에 살이 쪄서 그렇다는 말은 자주 보이는데 가서 세자를 잘 치료해주라는 말은 보이지 않으니, 영조는 아들의 습진에 대해 크게 신경 쓰지 않았던 것 같다. 아버지가 그러니 세자 본인도 자신의 습진에 대해 적극적으로 치료하려 하지 않았던 것이다.

습진은 환부가 가렵고 진물이 흐르는 것이 주된 증상인 피부염이다. 때로는 딱지나 인설鱗屑(각질)이 생기기도 한다. 습진은 세자가 대리청정을 시작한 이후에 나타났고 또 매해 여름철 악화되었던 것으로 보아, 심리적인 원인과 체질적인 원인이 크게 작용했던 것으로 보인다. 대리청정 과정에서 생기는 스트레스와 뚱뚱한 체형 탓에 더위를 견디기 힘들었던 것이 습진을 일으키고 악화시켰던 것이다.

또 영조 35년에 세자는 치질을 앓았고 그로 인해 항문에 가려움을 느꼈다. 치질은 직장에서 항문으로 이어지는 부위에 발생하는 정맥류이다. 정맥의 울혈鬱血(혈관에 피가 고이는 증세)로 인해 치질이 생긴다. 치질의 원인은 다양하다. 앉은 자세로 장시간 작업하는 것도 원인 가운데 하나이다. 사도세자는 마음에도 없는 대리청정 자리에 억지로 오래 앉아 있다 보니 결국 치질까지 생긴 것이 아닐까 싶다.

누구의 잘못이 더 큰가

아버지가 자식을 죽인 이 사건은 조선 왕조 역사상 가장 비극적인 일이었다. 어쩌다 그런 참담한 지경에 이르렀던 것일까?

마음은 몸 때문에 병이 들고, 몸은 마음 때문에 병이 든다. 마음을 병들게 하는 가장 큰 이유는 아마도 사랑하는 가족에게서 받는 상처일 것이다. 부모가 사랑을 줄수록 아이는 사랑이 넘치는 사람으로 자랄 수 있다. 부모가 사랑에 인색할수록 아이 역시 결핍에 허덕이며 자라게 된다.

영조는 7년간의 기나긴 기다림 끝에 얻은 아들을 몹시 미워했다. 물론 아버지가 보기에 아들의 모습이 탐탁지 않았을 수도 있다. 살은 자꾸 찌는데 음식을 절제하려 노력하는 모습은 전혀 보이지 않고 게으르고 놀기만 좋아하니, 영조가 그리도 기대했던 국본의 모습이 아니었을 것이다. 부모의 기대는 이만큼인데 자식이 따라오지 못하니 그만큼 역정이 났을 것이다.

그렇지만 툭하면 신하들 앞에서 아들의 흉을 보고 아들을 엄하게 질책한 것은 결코 좋은 아버지의 태도가 아니었다. 또 아들이 병이 들어도 늘 살이 쪄서 그렇다며 제대로 보살피지도 않았다. 심지어는 살이 더 찐다는 이유로 약을 먹는 것도 금지하기까지 했다. 이런 구박을 받으며 어떤 아들이 제대로 자랄 수 있겠는가. 당하는 세자의 입장에서는 뼈에 사무치는 큰 상처가 되었을 것이다. 그 상처가 컸기에 대리청정을 시작한 뒤로 다리에 습진과 가려움증이 생겼다. 가뜩이나 뚱뚱한데 병까지 생겼다고 하면 또 살이 쪄서 그렇다며 책망할까봐 의관들에게 마음껏 환부를 보이지도 못했고 제대로 치료를 받지도 못했던 것 같다.

몸만 가려운 것이라면 차라리 다행이었다. 아버지의 질책이 엄해질수록 세자는 광증을 드러내기 시작했다. 때론 사람을 죽이기도 했다. 나인과 내시를 죽였으며 심지어 자신의 자식을 낳은 후궁을 때려 죽이기까지 했다. 그럴수록 아버지 영조의 질책은 더욱 엄해졌으며 그럴수록 아들 세자의 비행은 광기를 향해 치달았다. 스스로도 몇 차례나 자살을 시도했다고 하니, 세자는 몸보다 마음이 훨씬 더 병들었던 것이다. 영조와 세자 모두에게 잘못된 바가 있었겠지만, 못마땅한 자식에게 사랑을 주지 않았던 아버지 영조의 잘못이 훨씬 더 크지 않을까 싶다.

혜경궁, 어찌 화병이 안 생기리오

〈혜경궁 가계도〉

영풍부원군 홍봉한

한산부부인 이씨

사도세자

혜경궁 홍씨

의소세자

정조

청연공주

청선공주

생지옥과도 같았던 세월

사도세자와 동갑내기였던 혜경궁은 열 살의 나이에 세자빈으로 책봉되어 궁궐 생활을 시작했다. 그 무렵 영조는 아들에 대한 사랑이 조금씩 역정으로 바뀌기 시작했다. 처음부터 영조가 사도세자를 미워한 것은 아니었다. 태어난 직후에는 지극히 사랑했다. 하지만 아들이 커갈수록 아들의 행동거지가 탐탁지 않자 영조는 점점 역정을 내기 시작했다. 노골적으로 역정을 표출하던 무렵 혜경궁이 왕실의 여인이 되었던 것이다.

궁궐 생활은 그야말로 악몽의 연속이었다. 세월이 흐를수록 영조의 질책은 더욱 서슬이 퍼래졌다. 그럴수록 남편의 광증은 옆에서 제어할 수 없는 수준으로 심각해졌다. 지켜보는 혜경궁도 하루하루 피가 마르는데 생모인 영빈 이씨의 심정은 오죽했겠으랴. 결국 영빈 이씨는 아들의 비행을 영조에게 낱낱이 고변하며 대처분을 내려달라고 요구했다. 세자는 이미 글렀으니 세손이라도 구해야 한다는 절실한 마음에 그리했던 것이다. 영빈 이씨의 고변을 들은 영조는 격분을 금치 못하고 창덕궁으로 달려가 아들을 죽였다.

자신이 아들을 죽게 만들었다는 죄책감은 영빈 이씨의 마음을 마치 맷돌처럼 무겁게 짓눌렀다. 그래서였을까. 사도세자가 사망한 지 2년 뒤 영빈 이씨도 사망했다. 영조와의 사이에서 1남 6녀를 낳았는데 화완옹주를 제외한 모든 자녀가 이미 그녀보다 앞서 세상을 떠난 뒤였다.

혜경궁은 이 모든 참담한 일을 궁궐의 한구석에서 지켜보았다. 그렇게 힘든 세월을 견뎌낸 뒤 아들 정조가 왕위에 올랐다. 영조가 무려 52년간의 기나긴 재위를 마친 뒤에야 25살의 정조가 비로소 왕위에 오를 수 있었다.

가슴에 항상 화증이 있다

지옥과도 같던 18년간의 부부생활과 아들이 무사히 보위에 오르기까지 13년간 가슴 졸인 시간은 그녀의 몸에 병을 남겼다. 혜경궁은 격화膈火 증상을 지병으로 앓았다. 흉격胸膈(가슴 부위)에 쌓인 화증火症이 있었던 것이다.

낮에는 수라를 제대로 들지 못했고 밤에는 침수에 제대로 들지 못했다. 겨우 수라를 들고 나면 가슴에서 막힌 듯 답답한 기운이 느껴졌다. 밥만 먹으면 답답하고 메스꺼우니 수라를 반길 수가 없었다. 그뿐이 아니었다. 갑자기 열이 혹 올라왔다가 또 갑자기 으슬으슬 한기가 도는 증상도 있었다. 밤이 되면 쉽게 침수에 들 수 없어 자다 깨다를 반복했다.

군왕의 자리에 오른 정조는 어머니의 병을 고치기 위해 지극정성을 다했다. 내의원에서는 혜경궁의 증상을 격화로 진단했고 귀비탕이란 약을 올렸다. 흉격에 오래 쌓인 화를 풀어주기 위해서였다. 그래도 메스꺼운 증상이 쉬이 잡히지 않자 그다음에는 흉격에 쌓인 화기를 내려주는 강기탕이란 약을 올렸다.

아들의 지극한 보살핌 속에 혜경궁의 증세는 조금씩 차도를 보였다. 하지만 악몽과도 같던 오랜 궁궐 생활 탓에 생긴 지병은 쉽게 뿌리 뽑히지 않았다. 아들이 왕위에 올랐음에도 침수를 이루지 못하고 수라를 들지 못하는 격화의 증세는 간간이 나타났다.

발목이 가렵다

격화의 증상은 비단 이뿐만이 아니었다. 피부가 가렵기도 했다. 격화가 심할 때는 특히 발목이 가려워졌다.

정조 19년(1795년) 10월 25일, 혜경궁을 담당하는 의녀가 급히 내의원 의관에게 달려왔다.

"자궁慈宮(왕세자가 왕위에 오르기 전에 죽고 세손이 즉위했을 때 죽은 왕세자의 빈을 이르던 말)께서 왼쪽 발목 안쪽 복숭아뼈 위에 작은 종기가 생겼습니다. 형태는 마치 물집과도 같은데 겉은 붉게 충혈되어 있고 가운데는 노란색을 띠고 있습니다. 환부를 누르면 당기는 느낌이 있다고 하시며 부기도 약간 보입니다."

임금의 어머니에게 종기가 생긴 것이다. 다행히 환부가 치명적인 곳은 아니었지만 그래도 종기란 방심하는 순간 금세 퍼질 수도 있는 병이기에 초기에 잘 치료하는 것이 중요했다. 환부에 흑고약을 발랐더니 조금 가라앉는 듯 보였다. 그런데 혜경궁이 가려움을 이기지 못하고 자꾸 긁어 종기가 은행만 한 크기로 커져버렸고 사방이 부어올라 전체 크기가 동전 하나 반만 해졌다. 긁어서 손톱독爪毒이 들어간 것이었다.

"통증과 가려움이 모두 심하다고 하신다. 그래서 침수에 편안하게 들지 못하신다."

지극한 효자인 정조는 어머니의 종기에 애가 탔다. 종기 부위에 바를 피마자 연고를 새로 만들어 오도록 했다. 그런데 종기의 가운데에 노랗게 고름이 잡힌 뒤 혜경궁은 발열과 오한의 증세를 호소하기 시작했다. 정조의 걱정은 더 커져만 갔다.

"자궁께서는 격화로 인해 발에 늘 가려움의 증세를 느끼셨다. 어제 발목 안쪽에 작은 종기가 생겼는데 이는 가려움을 이기지 못하고 긁어서 그리되신 것이다."

환부에 들어간 손톱독을 씻어내기 위해 염탕으로 소독한 뒤 연고를 발랐다. 다행히 발열과 오한의 증세는 금세 사라졌다. 이틀이 지나자 고름이 잘 빠졌기에 새살이 잘 돋아나도록 소맥小麥(밀)으로 풀을 고아 환부에 발랐다. 또 이틀이 지나 환부의 부기가 빠지도록 남과南瓜(호박)를 얇게 썰어 환부에 붙여두었다. 남은 부기도 마저 빠졌고 환부의 열감도 사라졌다. 치료를 마무리하기 위해 행인 가루를 황랍 연고에 개어 바르도록 했다.

비록 작은 크기였지만 증상이 보이자마자 정조와 의관과 의녀가 합심하여 초기에 대응하니 혜경궁의 종기는 속 썩임 없이 쉬이 나을 수 있었다. 발병한 지 열흘도 채 되지 않아 깨끗하게 나았던 것이다.

화병과 가려움

혜경궁이 가려운 곳을 계속 긁다 보니 상처에 손톱독이 들어갔고 결국 이 부위에 종기가 생겨버렸다. 종기의 형태는 마치 물집과도 같았는데 붉게 충혈된 환부의 가운데는 노란색을 띠고 있었다. 종기가 생긴 정황과 종기의 형태로 미루어볼 때 혜경궁이 앓았던 종기는 농가진으로 보인다.

농가진이란 세균에 의해 생기는 피부감염 질환이다. 애완동물이나 오염된 손톱, 오염된 물, 이미 농가진에 걸린 환자로부터 감염되는데, 처음에는 물집이 생겼다가 고름이 차면서 노란색 딱지가 생기게 된다. 혜경궁의 상황과 거의 일치한다.

혜경궁은 농가진이 생기기 전부터 발목에 가려움증이 있었다. 아들 정조의 증언에 의하면, 어머니가 평소 격화로 인해 발에 가려움증이 있었다고 한다. 지옥과도 같았던 궁궐 생활이 혜경궁에게 화병을 남겼고 이 화병으로 인해 가려움증도 생겼다는 말이다. 농가진이 생긴 발만 가려웠던 것인지 혹은 다른 부위도 함께 가려웠는지까지는 기록에 남아 있지 않아 알기 힘들다. 가려워서 긁었던 발에 농가진이 생기자 이 가려움증은 더욱 심해졌고 뒤이어 통증도 생겼다. 다행히 지극한 효자였던 아들 정조의 간호가 뒤따르니 어렵지 않게 나을 수 있었다.

혜경궁에게 종기가 난 것은 이번이 처음이 아니었다. 이미 4년 전에도 종기가 생겨 연고를 40회에 걸쳐 발랐고, 또 5년 뒤 손등에 종기가 생기자 정조가 밤낮으로 애를 태우며 혜경궁의 손에 친히 연고를 발랐다는 기록이 있다. 궁궐 생활은 그녀에게 깊은 화병이 생기게 했으나 대신 정조와 같은 지극한 효자도 안겨주었던 것 같다.

의소세손, 온몸에 진물이 흐르다

〈의소세손 가계도〉

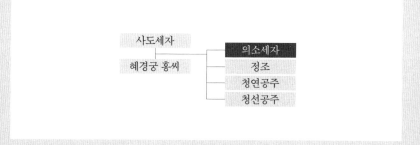

태열이 무척 심한 아기

영조 26년(1750년) 8월 27일, 모두가 기다리던 세손이 마침내 태어났다. 영조는 효장세자를 잃은 뒤 7년의 기다림 끝에 겨우 아들을 얻었다. 그 아들이 세자가 되었고, 이제 그 세자가 아들을 얻어 세손이 태어난 것이다. 왕실의 후사가 더욱 굳건해졌으니 왕실로서는 큰 기쁨이 아닐 수 없었다.

당시 영조는 개창을 앓고 있었다. 와병 중에 태어난 세손은 영조에게 큰 위로가 되었다.

영조는 세손이 건강하게 무럭무럭 자라주기를 원했다. 그런데 안타깝게도 갓 태어난 세손에게 심한 태열 증세가 나타났다. 얼굴에 온통 딱지가 생긴 것이었다. 세손은 가려움이 심한지 연신 얼굴을 강보에 비벼댔다. 갓난아이들에게 태열은 흔히 생기는 증상이다. 자라면 저절로 없어지는 경우가 많았기에 영조는 세손이 안쓰럽긴 했지만 크게 걱정하지는 않았다. 혜경궁이 세손의 태독胎毒(젖먹이의 몸이나 얼굴에 진물이 흐르며 허는 증상)을 걱정할 때마다 괜찮다며 안심시켜주었다.

"나 역시 아기였을 때 태열이 있었다. 크게 걱정하지 않아도 된다."

하지만 모두의 바람과는 달리 태독은 쉽게 가라앉지 않았다. 세손이 태어난 지 넉 달이 되었을 무렵에는 태열이 온몸으로 퍼진 참담한 상태가 되고 말았다.

해를 넘겨 영조 27년(1751년) 1월이 되었다. 세손의 태열은 악화 일로에 있었다. 이제 겨우 5개월이 된 세손의 온몸에서 진물이 흐르는 지경에까지 이르렀다. 그뿐이 아니었다. 세손은 계속 설사를 했다. 원래부터 설사기가 있긴 했지만 이 무렵에는 더욱 심해졌다. 2월이 되었다. 이제는 감기까지 걸려 기침을 계속했다. 설사도 여전했다. 한 달이 더 흘러 3월이 되자 설사가 전보다는 약간 줄어 조금이나마 안심할 수 있었다. 그런데 이번에는 잠을 잘 때 눈을 완전히 감지 않고 뜬 채로 자는 증상이 생겼다. 의관들은 "간의 기운이 강해서 그런 것입니다", "심장의 기운이 약해서 그런 것입니다", "비위의 기운이 부족해서 그런 것입니다" 등 의견이 분분했다. 의논 끝에 천을환이란 약을 세손에게 올렸다.

설사는 점점 호전되었다. 그런데 눈을 뜨고 잠을 자는 증세가 하도 이상해서 영조가 세손의 눈을 자세히 살펴보니 검은자위가 사라져 보이지 않았다. 처음 태열이 보일 때만 해도 그저 별것 아닌 증세로 생각했는데 태열도 심해지고 또 이상한 증세가 하나둘씩 보이니 영조로서는 조금씩 걱정되기 시작했다.

시간이 흘러도 태열은 여전했고 세손은 때때로 몹시 가려워했다. 설사도 완전히 그친 것은 아니었다. 다만 눈을 뜨고 잠을 자는 증세는 4월이 되자 다행히도 사라졌다.

귀 뒤에 종기가 생기다

세손의 태열이 아직 가시지도 않았는데 이번에는 설상가상으로 귀 근처에 크고 기다란 모양의 종기가 생겼다. 영조 27년 4월 10일, 세손은 이제 겨우 만 7개월을 갓 넘긴 아기였다. 태열로 인해 진물이 흐르는 것도 보고 있기 힘든데 이제는 귀 근처에 종기까지 생기니, 참으로 기막힐 노릇이었다.

보름이 지나자 종기에 고름이 가득 찼다. 비록 어린아이였지만 치료를 위해 어쩔 수 없이 종기를 절개해야 했다. 의관은 종기를 절개할 때 사용하는 커다란 침으로 종기 부위를 절개했다. 세손의 울음소리가 방 안을 가득 울렸지만 의관은 인정사정없이 종기를 힘껏 짰다. 고름이 터져 흘러내려 세손의 옷을 적실 정도였다. 옆에서 지켜보던 영조의 가슴은 찢어지는 것 같았다. 치료가 끝나자마자 영조는 세손을 안아주었다. 세손의 두 눈에는 눈물이 그렁그렁했다.

종기는 절개했지만 미열이 계속 있었기에 금은화차에 우황 가루를 타서 세손에게 올렸다. 또 침으로 절개한 부위가 혹시라도 곪지 않도록 상회수로 종기 부위를 잘 소독했다. 4월 28일이 되자 종기는 완전히 아물었다. 치료는 그렇게 잘 끝났다.

태열은 호전과 악화를 반복하고

아이들은 아프면서 자란다고 했던가. 종기를 앓고 나자 어찌된 연유인지 세손의 설사기가 좋아졌다. 그리고 태열도 조금씩 호전되었다. 완전히 나은 것은 아니었지만 그래도 차츰 호전되었기에 세손이 조금만 더 크면 태열도 완전히 나을 수 있겠다 싶었다.

영조 27년 5월, 궁궐에 기쁜 소식이 날아들었다. 혜경궁이 또 잉태한 것이다. 왕실은 번창할수록 좋기에 모두 혜경궁의 임신을 반겼다.

조금 호전되는 듯하던 세손의 태열은 윤5월이 되자 갑자기 악화되었다. 이제 만 9개월의 세손은 제법 몸에 힘이 생겼다. 그래서인지 세손은 가려움을 느낄 때마다 얼굴을 긁었다. 긁어서 그런 것인지 강보에 비벼서 그런 것인지 그만 이마에 피가 났다. 또 그렇게 애태우기를 한 달이 지나자 다시 태열은 조금씩 호전되었다. 대변도 거의 정상이었다. 설사를 덜하니 세손이 쑥쑥 자라는 것이 보였다. 돌 무렵이 되자 세손의 얼굴에 있던 태열이 상당히 호전되었다.

턱 아래 또 종기가 생기다

이 무렵 영조의 마음을 아프게 하는 사건이 생겼다. 영조 27년 11월

14일, 그렇게도 아꼈던 며느리 현빈궁이 사망한 것이다. 세손에게는 큰어머니가 되는 셈이다.

현빈궁의 장례를 치른 지 며칠 되지도 않아, 세손에게 또 종기가 생기고 말았다. 영조의 마음은 며느리를 잃은 슬픔에다가 세손에 대한 걱정까지 더해졌다.

이번에는 턱 아래에 종기가 생겼다. 내의원에서는 패독산을 달여 올렸다. 종기 때문인지 얼굴의 태열이 또 심해졌다. 만 1년 3개월이 된 세손은 가려움을 이기지 못하고 더욱 세게 자신의 얼굴을 긁었다. 손톱으로 벅벅 긁어대니 태열 부위에서 피가 났다.

종기가 생긴 지 8일째가 되자 고름이 차올랐다. 의관은 다시 커다란 침을 집어 들어 종기 부위를 절개한 뒤 고름을 힘껏 짜내었다. 세손의 외할아버지인 홍봉한이 "지난번에는 친림을 하시더니 오늘은 어찌 세손궁으로 가 보시지 않느냐"고 영조에게 물었다.

"내가 가서 본들 무슨 이득이 있으리오. 세손궁의 정황을 시시각각 보고하라고나 일러주시오."

영조는 어린 세손의 얼굴에 칼을 대는 모습을 또다시 지켜볼 자신이 없었다.

세손은 치료를 잘 견뎌냈다. 턱 아래 생긴 종기도 잘 아물었다. 종기를 절개한 후에 미열이 있기는 했지만 약을 복용하고 연고를 바르자 종기가 생긴 지 25일 만에 완전히 나았다.

밤마다 술을 마신 세손의 유모

해가 바뀌어 이제 세손은 세 살이 되었다. 태열만 나으면 되었다. 아직도 낫지 않은 태열이 가장 큰 걱정이었다. 세손이 나이가 좀 더 차면 나을 수 있을 거라고 믿으며 모두 기다렸다.

작년에 세손이 종기를 앓았을 때에 우황을 올렸다. 종기 치료를 위해 올린 것이었지만 희한하게도 우황만 먹으면 세손이 잠을 잘 잤다. 잠을 잘 자니 밤에 얼굴을 긁지 않았다. 그래서 세손이 잠을 못 잘 때는 어쩔 수 없이 우황을 올렸다.

이 무렵에도 태열은 여전히 호전과 악화를 반복했다. 그런데 세손궁 유모에 관한 기막힌 사실이 영조의 귀에 흘러 들어왔다. 세손에게 젖을 주는 유모는 늘 성품을 단정하게 하고 기름진 음식을 피해야 하며 몸과 마음을 건강하게 지켜야 한다. 그런데 다른 아이도 아니고 장차 보위를 물려받을 기대를 받는 세손의 유모가 밤마다 술을 마셨다는 것이 아닌가! 이 사실을 알게 된 영조와 신하들은 기함하지 않을 수 없었다.

세 살 세손이 밤낮으로 살을 부비면서 젖을 빠는 유모였다. 하루아침에 유모를 바꿔버리면 세손이 놀랄 것이 뻔했다. 그렇다고 밤만 되면 술을 마시는 유모의 젖을 세손이 계속 빨게 둘 수는 없는 노릇이었다. 일단 새 유모를 구했다. 그리고 세손이 새 유모와 익숙해지기를 기다린 뒤 술을 마시던 유모는 세손궁에서 내보냈다.

유모의 음주 때문이었을까? 태열이 다시 심해졌다. 밤에 잠을 이루지 못할 정도로 가려움도 심했다. 여기에 감기의 열까지 겹쳐 세손의 피부는 바싹 마를 정도로 건조해졌다. 게다가 오른쪽 귀 위에 또 종기가 생겼다. 한동안 잠잠했던 설사도 다시 시작되었다. 하루에만 설사를 열한 번이나 했다. 신하들은 이 모든 것이 유모의 음주 탓이라고 성토했다.

1월 말부터 나빠지기 시작한 태열은 이후 걷잡을 수 없이 악화되었다. 밤이 되면 세손은 자다가 여러 번 깨어 놀라 울었고 열이 올랐다. 우황을 아무리 먹여도 잠을 이루지 못했다. 입안에 부스럼이 생겨 유모의 젖을 빨지도 못했다. 심지어는 어미인 혜경궁이 옆에 있는 것조차 싫어할 정도로 세손의 기력은 바닥나고 말았다.

열 때문이 아니다

세손의 피부가 건조하고 열이 오르니 내의원에서는 열을 내리는 생지황탕이란 탕약을 달여 세손에게 올렸다. 영조는 세손의 상태가 어떠한지 의관들에게 물었다. 의관들은 열이 조금씩 내리고 있으니 태열도 저절로 좋아질 것이라 아뢰었다. 영조는 의관들을 향해 버럭 소리를 질렀다.

"너희 의관들은 매번 다 나았다고만 하는데 내가 보기에 세손은 하나도 나은 줄을 모르겠다! 병이 잘 나으면 아이가 일어나 앉아 웃으며 놀아야 하는데, 세손은 전혀 그렇지 않거늘 무엇이 나았다는 말이냐! 연이어 차가운 약을 쓰니 세손의 원기가 상했기에 지금 이 지경에 이른 것이 아닌가! 너희들은 매번 태열이 곧 나을 것이라 했거늘 내가 보기에는 태열도 낫지 않고 잠도 제대로 못 자고 있다. 무엇이 낫고 있다는 말이냐? 내가 세손만 보면 걱정이 한 가득이다!"

세손의 오랜 병에 지친 영조는 노기 서린 목소리로 의관들을 꾸짖었다. 할아버지의 간절한 바람에도 불구하고 세손의 병세는 더욱 악화되어 2월 29일에는 소변이 막히는 증세가 나타났다. 태열의 붉은 기는 이제 오히려 허옇게 되었다. 세손의 입술 색도 허옇게 변했다. 허벅지가 부어 손으로 누르면 움푹 꺼졌다. 영조가 무슨 약을 써야겠느냐고 내의원에 물으니 의관들은 음식으로 원기를 보하고 열을 식히는 쪽으로 약을 써야 한다고 대답했다. 영조는 아무래도 그건 아닌 것 같았다.

"세손의 부기가 열 때문은 아닌 것 같다. 반드시 곽향정기산을 써서 비위를 따뜻하게 해주어야 한다."

시간이 더 흘러 3월 3일, 세손의 얼굴빛이 퍼렇게 질렸다. 이제는 대변과 소변이 모두 막혔다. 의관들이 무슨 약을 올릴지 다급하게 논의했다. 의관들이 말하는 약의 이름을 들은 영조는 다시 소리를 높여 버럭 고함을 질렀다.

"엉뚱한 소리들 하지 마라! 지금 세손의 기운이 이리도 약해졌는데 그렇게 찬 약들을 쓸 수는 없다!"

먼저 하늘나라로 떠나다

영조 28년(1752년) 3월 4일, 태어난 뒤부터 극심한 태열로 고생하던 세손이 그만 하늘나라로 떠나고 말았다. 넉 달 전 그리도 사랑하던 며느리 현빈궁을 먼저 앞세운 영조는 연이어 세손마저 잃으니 억장이 무너지는 심정이었다. 자식과 며느리에 이어 이제 손자까지 잃은 것이다. 어린 세손의 시신을 품에 안고 영조는 통곡했다.

"내가 악인이 아닌데도 매번 이러니 혹여 내가 인자하지 못한 바가 있어 벌을 받는 것인가?"

세손이 죽자 의관들은 차비문에 대령하여 죄를 물어달라 청했다. 대신들의 상소가 빗발쳤다. 의관들을 엄히 국문할 것이며 또한 유모된 자로서 함부로 술을 마셔 탕약의 효과가 없게 하고 결국 일을 이 지경에 이르게 만든 유모 역시 엄중하게 처벌할 것을 청했다.

영조는 의관들을 국문하지는 말고 파직만 시키라고 명했다. 그리고 가장 큰 비난을 받는 유모의 처분에 대해서는 매우 고심했다. 세손의 유모로서 밤마다 술을 마신 사실은 도저히 용서할 수가 없었다. 마음 같아서는 형틀에 앉혀 주리라도 틀고 싶었다. 하지만 세손이 태어난 직후부터 젖을 주고 밤낮으로 살을 맞대며 키운 그 공로만큼은 외면할 수 없었다. 게다가 유모는 이미 팔모八母의 반열에 올라 있었다. 팔모라 함은 친어머니 이외의 여덟 명의 어머니를 말하는데, 적모嫡母, 계모繼母, 양모養母, 자모慈母, 가모嫁母, 출모出母, 서모庶母 그리고 유모乳母가 있다. 피를 섞지는 않았지만 유모도 어머니인 것이다. 죄는 괘씸하지만 그동안에 쌓인 인정 때문에 차마 가혹한 처벌은 내릴 수 없었다. 고민 끝에 영조는 유모를 멀리 섬으로 유배를 보내도록 명했다.

세손이 사망한 지 한 달이 지났을 무렵, 영조는 덕성이 맑은 것을 의懿라 하고 용모와 거동이 공손하고 아름다운 것을 소昭라 한다 하여 세손에게 '의소懿昭'라는 시호를 내렸다. 이 의소세손이 바로 정조의 동복형이다. 훗날 아버지인 사도세자가 장조로 추존되었을 때 의소세손 역시 의소세자로 추존되었다. 만약 이렇게 일찍 죽지만 않았더라면 아마도 의소세손이 왕위에 올랐을 것이고, 정조는 그저 이름 없는 종친으로 살았을 것이다.

왜 가려웠고 왜 죽었나

의소세손은 태어난 뒤부터 심각한 태열을 앓았다. 태열이라 함은 지금의 영유아 습진을 말하는데, 흔히들 이야기하는 아토피라고 볼 수 있다. 아토피란 만성적으로 재발하는 심한 가려움증이 동반되는 피부 습진 질환으로 천식, 알레르기 비염, 만성 두드러기와 함께 대표적인 알레르기 질환 가운데 하나다. 즉, 아토피는 과잉 면역 반응을 보이는 알레르기 피부염의 일종이다.

의소세손은 태어난 후부터 심각한 영유아 아토피를 앓았다고 볼 수 있다. 호전과 악화를 반복했고, 가려움이 심할 경우에는 이마에서 피가 날 정도로 피부를 긁었다. 죽기 전에도 태열이 다시 심해졌다.

의소세손의 이 가려움은 아토피로 인한 과잉 면역 반응으로 인해 생긴 것이다.

그런데 의소세손이 세 번이나 종기를 앓았다는 점에 주목할 필요가 있다. 처음에는 귀 근처에, 두 번째는 턱 아래에, 세 번째는 귀 위에 종기가 생겼다. 심한 아토피로 인해 피가 날 정도로 피부를 긁으면서 귀 주변과 턱 아래에 종기가 생겼던 것이다. 이 종기는 위치상으로 보아 임파선염으로 보인다. 그런데 환부를 절개하자 옷을 적실 정도로 고름이 흘러나왔다면 이는 세균 감염에 의한 화농성임파선염이었을 것이다. 가려움으로 인해 피부를 긁다 보니 상처로 세균이 침입해 감염되었던 것이다.

그렇다면 세손은 왜 죽었을까? 아토피가 아무리 심해도 죽음에 이르는 병은 절대 아니다. 세손이 죽음에까지 이른 것에는 세 번째 종기가 결정타로 작용했다. 영조 28년 1월 29일 오른쪽 귀 위에서 또 종기가 생겼다. 이 무렵에 유모의 음주 사건이 발각되어 새 유모로 교체되는 일이 있었다. 그리고 2월 2일이 되자 하루에만 설사를 열한 번이나 했다. 이후 발열이 생겼고 입에 부스럼이 생겼으며 친모가 옆에 있는 것도 싫어할 정도로 기운이 떨어졌다. 그 뒤로 소변이 막히고 부종이 생겼으며 얼굴에 청색증이 나타나면서 사망에 이르렀다. 의소세손의 증상은 세균 감염에 의한 패혈증이었다.

패혈증이란 미생물의 감염에 의해 나타나는 전신적인 반응으로, 패혈증에 걸리면 주요 장기의 기능이 정지되면서 사망에 이를 수 있

다. 발열, 오한, 의식 혼수, 저혈압, 소변량 감소, 청색증 등의 증상이
나타난다. 의소세손은 아토피 탓에 피부를 심하게 긁으면서 세균에
감염되었고 이로 인해 세 차례의 종기를 앓았으며 결국에는 패혈증
으로 사망했던 것이다. 세균이 조선의 역사를 바꾼 셈이다.

소독수로 쓰였던 상회수

조선 시대에 종기와 같은 질병을 앓을 때 고름이 차서 칼로 절개하고
나면 과연 어떻게 소독했을까? 지금이야 온갖 소독액이 있어 환부를
소독하지만 과연 조선 시대에는 절개한 부위를 어떻게 소독하여 세
균에 감염되지 않도록 예방했을까?

조선 시대에도 환부의 감염 방지를 위해 사용한 몇 가지 대표적인
소독수가 있었다. 하나는 염탕으로, 소금을 넣은 물을 끓여 식힌 뒤
이 물을 소독수로 사용했다. 또 하나는 건애탕乾艾湯이라고 해서 말
린 쑥을 달인 물을 소독수로 사용하기도 했다. 그리고 또 하나가 바
로 상회수桑灰水이다. 상회수란 뽕나무 상, 재 회, 물 수 자로 뽕나무
잿물이란 뜻의 단어이다. 먼저 뽕나무 가지를 불에 태워 새까만 재를
만든다. 이 재를 뜨거운 물에 담가 우려낸 뒤 깨끗하게 걸러내어 소
독수를 만드는 것이다.

상회수는 종기가 생겼을 때 환부를 절개한 뒤 사용했고 또 외상을
입었을 때에도 사용했다. 그래서 인조, 현종, 숙종, 영조, 사도세자,
혜경궁이 피부에 상처나 종기가 생겼을 때 상회수로 환부를 소독했

다. 이들뿐만 아니라 충무공 이순신 장군도 상회수를 사용했다고 한다. 왜군과 격렬하게 전투를 치르던 중 한쪽 어깨에 그만 총탄으로 관통상을 입었다. 하지만 전투 중이라 곧바로 치료하지 못하고 갑옷을 계속 입고 있어야만 했다. 나중에 상처가 곪아 진물이 흘렀는데 바로 이 상회수로 상처를 소독했다고 한다. 그러니 상회수는 왕실과 민간에서 두루 쓰였던 대표적인 소독수였음을 알 수 있다.

뽕나무를 태워 만든 재에는 세균을 죽이고 염증을 예방하는 효능이 있다. 마치 숯에 살균 효과가 있는 것과 비슷하다. 게다가 뽕나무는 전국 방방곡곡에 있는 나무이므로 아무리 돈이 없는 백성들이라도 상회수를 만드는 것은 어렵지 않았다. 고려 시대에 간행된 의서에도 기록이 있다고 하니, 상회수는 우리 민족이 오랫동안 애용했던 소독수였다고 짐작해볼 수 있겠다.

유모의 잘못이 그리도 큰 것인가?

젖을 주는 사람이 먹는 음식과 느끼는 감정이 과연 아이에게도 영향을 미치는 것일까? 물론이다. 《동의보감》에서 말하기를, 유모는 술을 자주 마시지 말아야 한다고 했다. 너무 당연한 이야기이다. 또 유모가 술을 자주 마시면 아이에게 기침과 가래가 끓고 경기와 열이 생기며 어지럽고 정신이 혼미해지는 질병이 생긴다고 했다. 유모가 음식을 먹으면 이 음식을 재료로 젖이 바로 만들어지고, 또 감정과 욕심이 마음속에서 끓으면 젖에 바로 영향을 미친다고도 했다.

엄마가 건강한 음식을 먹으면 건강한 젖이 만들어진다. 엄마가 탁한 음식을 먹으면 탁한 젖이 만들어지는 것이다. 엄마가 기쁜 마음을 품으면 기쁜 젖이 만들어진다. 엄마가 분노하는 마음을 품으면 분노의 젖이 만들어지는 것이다. 엄마가 편안해야 젖을 먹는 아이도 편안할 수 있다.

유모는 비록 친어머니는 아니지만, 왕손의 유모로 발탁되면 팔모에 이름이 올라 어머니에 준하는 대우를 받는다. 피는 섞이지 않았지만 갓난아이 때부터 살갗을 부비며 살기에 어머니나 다름없는 존재인 것이다. 그런데도 의소세손의 유모는 젖을 먹이는 몸으로 매일 밤 술을 마셨다니, 가히 경악할 만한 일이 아닐 수 없다. 게다가 의소세손은 심한 태열이 있어 피가 날 정도로 얼굴을 긁어대던 아기였다. 이런 아이에게 젖을 먹이는 유모라면 더더욱 음식과 정서를 단정하게 하는 것이 마땅하지 않은가.

물론 젖을 주기 때문에 먹고 싶은 음식을 마음대로 먹을 수 없는 등 여러 제약이 따르는 것은 분명 불편한 일이다. 의소세손의 유모도 아마 술 생각이 간절해서 그랬을 것이다. 하지만 유모의 방심과 무절제가 결국 의소세손의 몸을 더욱 병들게 했다. 어머니의 마음으로 조금만 더 절제했더라면 세손의 병세가 달라졌을지도 모를 일이다. 젖을 주는 엄마가 자신의 젖을 먹는 아기의 몸을 병들게 했던 셈이니, 의소세손의 유모는 엄마로서의 마음가짐과 세손에 대한 사랑이 부족했던 것 같다.

정조, 더위와 인삼이 싫었던 임금

〈정조 가계도〉

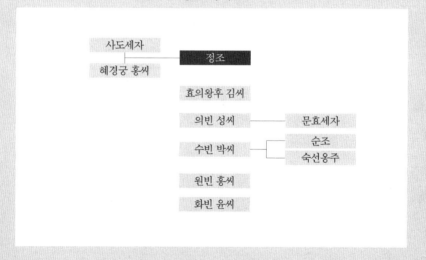

사도세자 ─┬─ 정조
혜경궁 홍씨 ─┘

효의왕후 김씨

의빈 성씨 ──── 문효세자

수빈 박씨 ──┬── 순조
　　　　　　 └── 숙선옹주

원빈 홍씨

화빈 윤씨

의서를 직접 편찬한 임금

사도세자를 죽인 지 2년이 지난 뒤, 영조는 세손인 정조를 효장세자의 아들로 입적시켰다. 훗날 정조가 보위에 오를 때 사도세자의 혈육이라는 점 때문에 혹여라도 반대파의 공격을 받을까 염려한 탓이었다. 노쇠한 영조의 죽음이 다가올수록 사도세자를 죽이는 데 앞장섰던 노론 벽파는 세손이 왕위에 오르는 것을 극력 방해했다. 만약 세손이 이들에 대한 원한을 조금이라도 드러낸다면 권력을 틀어쥐고 있는 이들은 언제 어떻게 세손에게 위협을 가할지 모를 일이었다. 이를 염려한 혜경궁은 아들에게 늘 근신할 것을 당부했다.

정조는 왕위에 오르기 전까지 절대 속내를 드러내지 않고 그저 엎드려 살았다. 마침내 영조가 승하한 그해 3월 10일, 정조는 경희궁(옛 경덕궁)의 숭정문에서 즉위식을 거행했다. 왕비를 높이어 왕대비로,

어머니인 혜빈을 혜경궁으로, 아내인 빈궁을 왕비로 책립했다. 중외에 교문을 반포하여 죄인들에게 사면의 은전을 내렸다. 그리고 할아버지가 자신을 효장세자의 아들로 입적시킨 뒤 12년 동안 가슴속에서 참고 또 참아왔던 말을 외쳤다. 즉위식을 치른 직후 대신들을 처음 만난 자리에서 내린 첫 하교는 바로 이것이었다.

"과인은 사도세자의 아들이다!"

이 말을 대신들 앞에서 떳떳하게 하기 위해 정조는 끓어오르는 울화를 참고 숨기며 지난 세월을 견뎌내었던 것이다. 비록 열한 살 어린 나이였지만 아버지가 어떻게 죽임을 당했는지 정조는 두 눈으로 똑똑히 목격했다. 마침내 왕위에 올랐으니 아버지의 명예를 회복하는 일을 가장 먼저 시작했다. 아버지에게 사도세자 대신 장헌세자라는 시호를 지어 올렸다. 그리고 아버지를 모함하고 자신의 즉위를 방해했던 노론 벽파 인물들을 귀양 보냈다. 이렇게 해서 정조는 24년간의 재위를 시작하게 되었다.

정조는 어려서부터 영특했고 책을 즐겨 읽었다. 규장각을 설치하여 젊은 인재들을 규장각의 관원으로 등용했고 이들에게 후한 녹봉을 주면서 연구에 몰두케 했다. 정조의 책에 대한 사랑은 의서에까지 미쳤다. 《동의보감》을 자신의 관점으로 편집하여 《수민묘전》이라는 의서를 직접 편찬하기까지 했다.

의학에 대한 조예가 깊다 보니 정조와 내의원 의관들의 대화는 여느 임금들과는 자못 달랐다. 의관들이 임금에게 이러한 증세가 있으니 이러한 탕약을 올리고자 한다고 아뢰면, 임금은 그리하라 허락하는 것이 보통이었다. 그런데 정조는 그렇지 않았다. 자신에게 어떠한 증상이 있으니 어떤 탕약을 달여 올 것이며, 이 탕약 속 약재는 얼마큼 넣으라며 의관들에게 아주 구체적으로 지시했다. 때로는 의관들과 함께 처방에 대해 토론하기도 했다. 여느 임금들이 그리하라 명만 내렸던 것에 비한다면, 정조는 자신이 복용할 탕약을 스스로 정했던 것이나 다름없었다.

더위를 잘 이기게 해주는 약

해마다 여름철이 되면 내의원 의관들은 더위를 잘 이기게 하는 특별한 탕약을 지어 임금에게 올렸다. 훅훅 찌는 더위에 땀을 뻘뻘 흘리며 국사를 처리하다 보면 임금은 쉽게 지치기 마련이었다. 더운 여름철에 옥체를 온건히 해서 더욱 건강하게 보낼 수 있도록 청서육화탕淸暑六和湯이라는 탕약을 지어 올렸다. 여름철 더위를 식혀서 계절을 잘 이기게 하는 조화로운 처방이란 뜻이다.

청서육화탕은 향유, 후박, 적복령, 곽향, 백편두, 모과, 사인, 반하, 행인, 감초, 황련, 생강, 대조 그리고 인삼이라는 약재로 구성되어 있다. 향유는 여름철 열기를 식혀주고 후박, 곽향, 백편두, 사인은 더위에 찬물을 들이키느라 차가워진 장을 뜨듯하게 한다. 적복령은 더위의 열기를 소변으로 내려주며, 반하와 행인은 더위에 지친 폐기를 소통시켜주며, 모과는 땀을 흘리느라 진액이 말라 근육이 뻣뻣해지는 것을 치료해준다. 황련은 속에서부터 오르는 열기를 식혀주며, 마지막으로 인삼은 더위에 지쳐 기력이 쇠약해진 것을 보충해준다.

청서육화탕을 여름철에 지어 올린 것은 이미 현종 때부터 시작되었다. 그리고 정조에게도 매해 여름철 청서육화탕이 올라왔다.

더위를 많이 타고 울화가 쌓인 임금

정조는 원래 더위를 많이 탔다. 또 세손 시절부터 쌓인 울화가 많았다. 왕위에 올라서도 온통 정적들에게 둘러싸여 정치를 해나가려니 가슴속 울화는 더 쌓여만 갔다. 정조 스스로도 자신에게 울화가 치미는 병이 있다고 말할 정도였다. 왕좌에 오르긴 했으나 정치라는 것이 임금 뜻대로만 되는 것이 결코 아니기 때문이었다.

이런 정조가 더운 여름철만 되면 올라오는 청서육화탕을 복용할 때 한 가지 불만이 있었다. 다른 약재들은 다 좋았는데 인삼 다섯 푼이 마음에 들지 않았다. 인삼이 많이 들어간 탕약을 복용하면 울화가 많은 자신에게 여지없이 부작용이 생기는 것을 잘 알았기 때문이었다. 그래서 인삼을 빼고 청서육화탕을 달여 올 것을 명했다.

"오늘부터 청서육화탕에 인삼 대신 사삼을 넣을 것이며, 황련은 세 푼으로 하고 여기에 초과 다섯 푼을 추가해 올리도록 하라."

여느 때처럼 정조는 자신이 복용할 약의 약재 하나하나의 정확한 용량까지 지정해서 명을 내렸다. 때로는 인삼을 넣더라도 인삼의 부작용을 제거할 수 있는 약재까지 미리 추가해서 넣기도 했다.

"청서육화탕에 인삼은 두 푼으로 줄이고 황련은 세 푼으로 줄일 것이며, 여기에 빈랑 한 돈을 추가해서 달여 오도록 하라."

인삼의 부작용을 없앨 수 있도록 빈랑이란 약재를 추가하여 달이도록 한 것이다.

정조 8년(1784년) 무더운 여름철이었다. 내의원에서는 청서육화탕을 어찌 달일 것인지 정조에게 물었다. 그런데 이 무렵 더위가 극성이었던 까닭인지 더위를 많이 타는 정조에게 가려움증이 나타났다. 심각할 정도는 아니었으나 울화가 많은 체질에다가 더위까지 겹치니 피부로 열이 올라오면서 가려움증이 생긴 것이었다.

"청서육화탕에 인삼을 빼고 대신 사삼 다섯 푼을 가할 것이며 빈랑 한 돈까지 추가해서 달여 올리도록 하라."

약을 복용하자 가려움은 약간 줄었으나 완전히 사라지지는 않았다. 가려움을 마저 없애기 위해 정조는 다시 약의 용량을 지정하여 내의원에 명을 내렸다.

"전에 올린 청서육화탕 처방에 빈랑 한 돈을 승마 다섯 푼으로 바꾸어 달여 올려라."

승마라는 약재가 피부 가려움을 치료하는 효과가 있었기에 이리 처방을 바꾸었던 것이다. 이렇게 정조는 의학을 익혔기에 자신의 몸에 나타나는 소소한 증상을 스스로 잘 대처하며 치료할 수 있었다.

고모를 용서하기로 하다

정조 23년(1799년) 3월 2일, 정조는 청나라의 칙사를 맞이하기 위해 모화관으로 향했다. 청 황제의 칙서를 받았고 이를 숭정전에서 반포했다. 또 태평관에서 다례를 열어 칙사를 융숭하게 대접한 뒤 다시 청으로 돌려보냈다. 칙사를 대접하면서도 정조는 마음속으로 날짜를 확인하고 있었다. 다가오는 3월 5일은 할아버지인 영조 임금이 승하한 날이기 때문이었다. 3월 4일, 정조는 자신의 고모인 화완옹주의 죄를 용서하겠다는 하교를 내렸다.

"보위에 오른 뒤 24년 동안 선조先朝(이전 대의 왕조, 즉 영조)께서 승하하신 날이 지날 때마다 부모님을 추모하는 생각이 솟구쳐 올라 감정을 억누를 수가 없다. 정치달의 처妻의 죄명을 없애고 특별히 용서하여 조금이나마 내 마음을 펴는 방도로 삼겠다."

영조는 살아생전 자신의 자녀 가운데 화완옹주를 특히나 사랑했다. 화완옹주는 이조판서 정우량의 아들인 정치달과 혼인했다. 그런데 남편이 일찍 죽어서 과부가 되자 시댁 일가의 아들인 정후겸을 양자로 삼았다. 그런데 정후겸이 영조 말년에 정조의 대리청정을 극력 방해했다. 정조 즉위 후 정후겸은 그 죄를 받아 사사되었고, 화완옹주는 옹주의 지위를 박탈당한 뒤 유배형에 처해졌다. 이후 화완옹주는 정치달의 처라고 불리었다. 정조의 모든 고모는 이미 세상을 떠난 상태였고 유일하게 화완옹주만이 죄인의 신분으로 목숨을 부지하고 있었다. 할아버지 영조의 기일을 맞아 정조는 화완옹주를 사면하고 싫었던 것이다.

　예상대로 신하들은 반대 상소를 줄줄이 올렸다. 정조가 하루 종일 올라오는 상소에 일일이 답을 내리고, 또 대전으로 떼로 몰려와 부디 하교를 거두라는 신하들과 날이 저물도록 대응하는 가운데 며칠이 지났다. 3월 10일, 정조는 흉격이 답답함을 느꼈다. 신하들과 늦도록 실랑이하느라 끼니때를 놓쳐 늦은 시간에 수라를 들었더니 그게 탈이 난 것 같았다. 게다가 칙사를 맞이하느라 추운 날씨에 궐 밖 출입을 자주 해서인지 감기까지 겹쳐버렸다. 몸은 추워서 덜덜 떨리고 흉격은 꽉 막혀 답답하니 고통스럽기 이를 데가 없었다. 어의 강명길이 정조를 진찰한 뒤 아뢰었다.

　"인삼양위탕에 패모, 곽향, 창출, 감초의 양을 조절한 후 인삼을 빼고 드시는 것이 좋겠습니다."

　인삼양위탕이란 감기에 걸렸는데 체기까지 겹쳤을 때 이를 동시에 풀어주는 약이다. 어의의 의견을 들은 영조는 자신이 복용할 약의 용량을 정확히 조절하여 명을 내렸다.

　"인삼양위탕 처방에서 인삼을 빼고 창출은 다섯 푼으로 감초는 두 푼으로 양을 내린 후 여기에 패모 한 돈과 곽향 다섯 푼을 추가하여 한 첩 달여 오도록 하라."

내 병은 땀이 나야 나을 수 있다

정조는 3월 12일부터 약을 복용하기 시작했다. 다행히 흉격의 답답함은 조금씩 풀어지기 시작했다. 감기도 금세 나았고 안색도 호전되었다. 그런데 정조는 완전히 나은 것 같지 않았다. 왜냐하면 아직 땀이 나지 않았기 때문이었다.

"나의 병은 한여름이라도 반드시 땀이 나야 나을 수 있다. 탕약을 먹을 때에는 아주 뜨거운 약을 먹거나 혹은 아주 차가운 약을 먹어야 빨리 효과를 볼 수 있다. 이도 저도 아닌 약은 효과를 보기 힘들다. 지금 감기에 걸렸기에 인삼양위탕으로 효과를 볼 수 있을 것 같아 시험 삼아 먹어보는 것이다."

정조는 몸이 안 좋을 때에는 땀을 흘린 뒤에야 호전되는 경험이 있었기에 이번에도 땀이 나기를 기다리고 있었던 것이다. 뜨거운 성질의 약인 인삼양위탕을 먹었던 것도 땀을 내기 위해서였다. 약을 세 첩 먹으니 땀이 나긴 났는데 시원하지가 않았다. 약을 네 첩 먹자 모든 증상이 나았는데 땀이 너무 많이 나서인지 그만 땀띠가 생겨버렸다. 땀띠가 난 곳이 가렵기 시작했다. 증상도 나았고 땀도 충분히 나왔기에 약은 바로 중지했다.

체기와 감기는 금방 나았지만 정조에게 원래 있었던 울화의 증상은 여전했다. 3월 16일, 도승지 이만수가 옥체는 어떠하시냐 묻자 정조는 이렇게 대답했다.

"오늘은 더욱 호전되었다. 다만 침수에 들 때 답답하고 열이 나는 것은 여전하다. 이는 열기가 잠복해 있기에 그런 것이다."

인삼이 든 탕약을 나에게 먹이지 마라

정조 24년(1800년) 6월 24일, 종기를 앓던 임금의 얼굴에 땀띠 모양의 발진이 생겼다. 정조의 머리와 등에 생긴 종기는 이미 심각한 상태였다. 하필 여름철에 종기가 생겨 정조의 몸은 종기와 더위의 열기로 후끈거렸다. 종기의 크기는 벼룻물을 담는 연적만 했고 등에서는 피고름이 몇 되나 쏟아진 상태였다.

내의원에서는 정조에게 올릴 약으로 팔물탕, 생맥산, 경옥고를 준비했다. 열기로 몸이 후끈거리는 와중에도 정조는 이 처방들에 모두 반대했다. 왜냐하면 내의원이 준비하려는 이 처방들에는 모두 인삼이 들어가 있기 때문이었다.

"내가 일전에 여름철 더윗병으로 인하여 육화탕 세 첩을 복용한 적이 있었는데 여기에 인삼 다섯 푼이 들어가 있었다. 한 첩을 복용하자 바로 코가 막히기 시작했고, 두 첩을 복용하자 코에 종기가 났다. 그 뒤로 가슴과 등에 종기가 퍼져버렸다."

평소 청서육화탕에 들어가는 인삼 다섯 푼에도 부작용이 있었기에 이를 아예 빼고 복용하거나 혹은 세 푼으로 줄인 뒤 부작용 예방 약재를 함께 넣고 복용했다. 그런데 종기를 앓는 와중에 인삼이 그의 몇 배나 들어간 약을 복용했다간 순식간에 종기가 악화될 것이 불 보듯 뻔했다. 정신을 다잡은 정조는 이 처방들에 극력 반대했다.

그런데도 어의는 인삼이 들어간 경옥고를 올렸다. 증세는 곧 악화되었다. 어의는 인삼이 다량 들어간 팔물탕과 가감내탁산이란 약을 연이어 올렸다. 사흘에 걸쳐 다량의 인삼이 들어간 약이 정조에게 투여되었다. 결국 정조의 예상대로 종기는 심각하게 악화되었다. 얼굴에 땀띠처럼 생긴 발진이 나타난 지 나흘 만에 정조는 승하하고 말았다.

왜 가려웠을까

정조는 오랜 세월 분노를 숨기고 참은 나머지 가슴속에 울화가 쌓였다. 게다가 여름철을 나기 힘들어 하는 체질이었다. 안에서는 울화가 쌓여 있는데 계절은 푹푹 찌는 여름이다 보니 안팎의 열기가 겹쳤고, 이것이 피부로 뿜어져 가려움증을 일으킨 것이다. 정조 8년의 가려움증은 가렵다는 기록만 있지 피부에 발진이 돋았다는 기록은 없기에 열기에 의한 일시적인 소양증으로 보인다.

의학에 조예가 깊었던 정조는 자신의 가려움증을 치료하기 위해 직접 처방을 내렸다. 여름철 더위를 이기게 해주는 청서육화탕에 본인의 체질에 맞게 인삼 대신 사삼을 넣고 또 피부의 발진을 없애주는 승마를 넣어서 달여 복용한 것이다. 이 가려움증은 곧 사라졌다. 정조는 환자이면서 동시에 의사이기도 했다.

정조 23년의 가려움은 감기와 체기를 치료하기 위해 약을 복용하는 과정에서 지나치게 땀을 흘리다 보니 그만 땀띠가 나 생긴 것이었다. 땀띠는 땀관이나 땀구멍이 막혀 땀이 원활하게 배출되지 못해 생기는 발진으로 가려움증이 동반된다. 정조는 평소 몸에 열이 많았지만 몸이 아플 때에는 한여름에라도 땀을 흘려야 병이 낫는 체질이었다. 그렇기에 땀띠는 체기와 감기를 치료하는 과정에서 생긴 아주 사소한 부작용이었다고 볼 수 있겠다.

정조 24년, 정조는 심각한 종기를 앓던 중 땀띠 모양의 발진이 얼굴에 나타났고 인삼이 다량 들어간 탕약을 복용한 뒤 사망했다. 종기가 터져 고름과 독기가 모두 빠져나온 뒤에는 인삼이 들어간 탕약을 복용하는 것이 의서에 적힌 치료법이다. 어의들은 의서의 내용대로 탕약을 선택했고, 이를 왕에게 투여했다. 하지만 정조는 자신의 체질과 인삼이 맞지 않다는 것을 경험적으로 느끼고 있었다. 어의들이 정조의 말에 좀 더 귀를 기울였더라면 하는 아쉬움이 남는 대목이다.

순조, 성정이 유약하고 겁이 많은 임금

〈순조 가계도〉

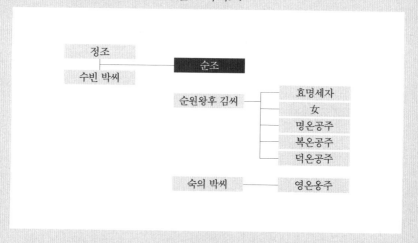

정조
수빈 박씨 ─── 순조

순원왕후 김씨 ─── 효명세자
　　　　　　　女
　　　　　　　명온공주
　　　　　　　복온공주
　　　　　　　덕온공주

숙의 박씨 ─── 영온옹주

준비되지 않았던 즉위

아버지 정조가 너무 갑자기 죽어버렸다. 종기가 생긴 지 24일 만에 사망했다. 아무도 정조가 이렇게 갑작스레 죽을 줄은 예상하지 못했다. 열한 살의 어린 나이였던 순조는 그렇게 느닷없이 임금의 자리에 올라야만 했다. 아버지 정조가 12년의 시간 동안 혈육을 죽게 만든 원수들과 정적들 사이에서 그저 울화를 누른 채 참고 웅크리고 엎드리며 지낸 뒤에야 겨우 임금의 자리에 올랐던 것과는 정반대였다.

준비되지 않았던 즉위였기에 순조 재위 기간 동안 조선 땅에서는 혼란이 계속되었다. 홍경래의 난을 포함한 크고 작은 민란과 역모 사건이 끊이지 않았다. 홍수 등 자연재해 역시 계속 이어졌다. 역병이 돌아 수많은 백성이 죽어야 했다. 순조 21년(1821년) 평양에서 원인을 알 수 없는 괴질이 시작되어 10일 만에 1,000명이 사망하더니, 삽

시간에 팔도로 퍼져 전국의 사망자 수가 수십만 명에 이르렀다. 괴질에 걸리면 설사를 심하게 하고 오한이 생기며 마치 호랑이가 살을 찢어발기는 듯한 통증이 생긴다 하여 훗날 이 괴질을 호열자虎列刺(콜레라)라 불렀다. 괴질에 장마와 흉년까지 겹치니 길거리에 백성의 시체가 쌓여 나뒹구는 지경이 되었다.

나라가 이렇게 혼란에 빠진 배경에는 어린 순조 뒤에서 국사를 전횡하던 안동 김씨 세력이 있었다. 순조가 열한 살의 나이로 즉위한 직후에는 대왕대비(정순왕후)가 수렴청정을 했다. 5년여의 수렴청정이 끝나고 순조가 친정을 시작하자 이제는 순원왕후의 친정인 안동 김씨 김조순 일가의 세도정치가 시작되었다. 안동 김씨의 세도정치는 순조 이후 헌종과 철종 대에까지 이어졌으니 이 시기에 조선의 백성이 얼마나 신음하고 통곡했을지 짐작할 수 있다.

첫 번째 전염병

순조가 왕위에 오른 지도 1년이 흘렀다. 날씨가 추워지기 시작하는 11월 19일, 순조의 몸이 이상했다. 열이 오르내렸다. 체기가 있는 것도 같았다. 얼굴과 등을 비롯한 상체에 발진이 돋고 가려웠다. 내의원에서는 급한 대로 금은화차를 먼저 준비해서 올렸다.

하루가 지났다. 발열과 오한이 왔다 갔다 했다. 발진은 이제 온몸에 퍼져 얼굴에서부터 다리까지 돋아났다. 내의원에서는 두드러기나 원인 불명의 발진을 치료할 때 주로 쓰는 승마갈근탕을 달여 올렸다. 또 하루가 지나자 이제 순조는 두통에 시달렸고 여기저기 관절이 아팠다. 발진은 더욱 볼록하게 솟아 과립이 되었다. 발열, 두통, 근육통, 온몸에서 돋아나는 과립! 내의원에서는 이제 진단을 내릴 수 있었다. 순조는 수두에 걸린 것이었다.

수두에 걸리면 발열이 생기면서 온몸에 발진이 돋고 물집으로 변했다가 딱지가 되면서 떨어져 나간다. 별 이상 없이 진행된다면 3주면 나을 수 있는 병이었다. 다만 수두를 앓는 동안 딱지가 앉으면 심하게 가려운데, 이때 환자가 지나치게 피부를 긁지만 않으면 된다.

수두로 진단을 내린 뒤 내의원에서는 탕약을 해기음으로 바꿔 올렸고 갈증을 해소해주기 위해 사과絲瓜(수세미외)로 차를 만들어 올렸다. 순조의 수두는 순조롭게 진행했다. 발진이 생긴 순서대로 수포가 되고 딱지가 앉았다. 증세가 순조로우니 탕약은 그만 올리고 금은화차를 올리되 어린 임금이 먹기 편하도록 사탕砂糖(사탕수수의 즙을 달여 말린 것)가루를 타서 올렸다.

"입 안에서도 과립이 생겨 음식을 씹는 것이 매우 불편하다. 그래서 수라를 잘 들지 못하겠다."

순조는 수두로 인한 여러 증상이 괴롭기 짝이 없었다.

"다리에 생긴 과립이 바지에 닿으면 매우 불편하다. 배와 등 부위가 옷에 닿으면 매우 괴롭다."

온몸에 발진이 생겼으니 살갖이 옷에 스치기만 해도 괴로웠던 것이다. 내의원에서는 옷에 닿는 부위의 괴로움이 덜하도록 발진 부위에 패초산 가루를 발라주었다.

수포가 생긴 곳들에 하나씩 딱지가 앉았다. 이제는 딱지 부위가 미칠 듯이 가려웠다.

"딱지가 앉은 곳은 절대 긁지 마소서. 손대지 않고 그대로 두면 빠르게 나을 것입니다."

딱지는 빠른 속도로 떨어져 나갔다. 가려움을 참으면 참을수록 가려움의 정도가 줄어들었다. 의관들은 딱지가 떨어진 곳에 흉이 생기지 않도록 향유를 발라주었다.

11월 19일에 시작된 수두는 내의원의 예상대로 3주가량이 지난 12월 10일이 되자 딱지가 모두 떨어지면서 회복되었다. 이것이 순조가 걸린 첫 번째 전염병이었다.

두 번째 전염병

1년의 세월이 또 흘러 순조 2년(1802년) 10월이 되었다. 그동안 비어 있었던 국모의 자리에 드디어 주인이 찾아왔다. 정조가 죽기 전에 이미 세자빈 초간택을 끝내고 재간택까지 진행해둔 상태였다. 그런데 정조가 갑작스럽게 승하하여 왕비의 자리를 비워둔 채 순조가 왕위에 오를 수밖에 없었다. 이제 때가 되었기에 중단된 삼간택을 마저 끝낸 뒤 10월 13일 안동 김씨 일문의 김조순의 딸을 왕비로 올리는 책봉식을 치렀다.

왕비를 맞이한 지 겨우 보름 여가 지난 10월 29일이었다. 순조의 몸이 이상했다. 열이 오르고 땀이 났으며 눈이 충혈되고 기침과 오한이 났다. 그런데 순조만 이런 것이 아니었다. 중전에게서도 똑같은 증세가 나타났다.

11월 1일이 되자 순조의 뺨과 이마에 발진이 돋았다. 내의원에서는 바로 직감했다. 순조는 지금 감기에 걸린 것이 아니었다. 항간에 맹렬하게 퍼지고 있는 홍역에 걸린 것이었다. 그것도 갓 가례를 올린 임금과 중전이 나란히 같은 전염병에 걸린 것이다.

홍역은 수두와 증세가 비슷해 보이지만 좀 다르다. 처음에는 열이 오른다. 그 뒤 눈이 충혈되고 기침이 난다. 그다음에는 입 안에 반점이 생기고 피부에 발진이 돋는다. 이렇게 앓다가 피부 발진과 열이 차츰 사라지면서 홍역이 낫는 것이다.

중전을 맞이한 지 얼마 되지도 않아 부부가 나란히 홍역에 걸려 몸져누우니 내의원에서는 분주히 움직여야 했다. 임금에게는 가미갈근탕을, 중전에게는 가미강활산을 달여 올렸다. 또한 발진이 잘 돋아날 수 있도록 산사차를 끓여 올렸다.

홍역의 발진은 빠른 속도로 피부에 돋아났다. 목구멍이 아파 수라를 넘기기 힘들기도 했다. 그런데 순조를 가장 괴롭힌 증세는 발진이나 목 통증이 아니었다. 바로 기침이었다. 눕기만 하면 기침이 너무 심했다. 가래가 끓어올라 계속 기침하고 가래를 토해내다 보니 배가 당길 지경이었다. 11월 3일이 되자 기침은 견디기 힘들 정도로 심해졌다. 이를 멈추게 하기 위해 어의는 청폐음을 급히 달여 올렸다.

다행히 11월 4일을 기점으로 발진이 수그러들기 시작했다. 하루가 더 지나자 발진이 거의 사라졌다. 또 하루가 더 지나자 팔과 다리에 가려움증이 생겼으나 그리 오래가지는 않았다. 심했던 기침도 조금씩 줄어들었다.

10월 29일부터 순조와 중전은 홍역을 심하게 앓았지만 11월 17일에 이르러 무사히 회복할 수 있었다. 순조는 홍역을 무사히 치렀노라 사직과 종묘에 제사를 올렸다. 이것이 순조가 걸린 두 번째 전염병이었다.

세 번째 전염병

순조 5년(1805년) 1월 12일, 마침내 대왕대비가 사망했다. 그녀는 열다섯에 66세인 영조의 계비로 간택되어 궁에 들어왔다. 영조 대에는 사도세자를 모함하는 일에 앞장섰으나 정조가 즉위한 뒤로는 숨죽여 지낼 수밖에 없었다. 정조의 아들인 순조가 어린 나이로 즉위하자 왕실의 가장 높은 어른으로서 수렴청정할 수 있었다. 권력이 너무나 달콤했기 때문이었을까? 순조에게 친정을 맡기고 물러난 지 1년 만에 61세의 나이로 사망했다.

열여섯 살 순조는 바로 장례 준비를 시작했다. 1월 12일부터 시작된 장례는 매일같이 빈전에서 곡을 하는 것으로 이어졌다. 때마침 계절은 겨울이었다. 2월 13일, 매일 곡을 하던 순조에게 이상한 증세가 나타났다.

처음에는 감기에 체기가 겹친 것으로 여겼다. 그런데 열이 계속되더니 2월 17일에는 피부에 발진이 돋는 것이 아닌가. 어의가 순조의 맥을 짚어보니 손가락 끝에서 강하고 빠르게 요동치는 맥이 잡혔다. 순조의 용포를 벗겨 옥체를 살펴보았다. 이미 가슴과 등에 빽빽하게 발진이 돋아 있었다. 어의는 바로 직감했다. 지금 항간에 유행하는 전염병이 순조에게까지 찾아온 것이다. 바로 두창이었다.

숙종, 경종, 영조, 인원왕후의 두창을 모두 치료했던 유명한 두창 전문의 유상은 이미 죽은 지 오래였다. 하지만 그의 집안에서는 유상의 의술을 대대로 이어받아 후손들이 두창 전문의로 활약하고 있었다. 집안의 의술을 이어받은 유상의 증손자 유증모柳曾模는 이미 의술이 정밀하기로 명성을 떨쳤다. 어의는 유증모를 바로 불러들이고 응급의약관청인 시약청을 설치했다.

대왕대비는 죽는 순간까지도 사도세자와 정조의 혈육인 순조에게 시련을 안겨주고 싶었던 것일까. 대왕대비의 장례를 치르던 중 걸린 두창 탓에 순식간에 순조의 온몸은 과립으로 뒤덮였다.

음식으로 보해야 합니다

천만다행으로 과립의 색깔은 윤택하고 좋았다. 색깔이 윤택할수록 길증이었다. 유증모를 위시한 시약청에서는 순조에게 가미활혈음을 달여 올렸다.

그런데 열이 끓어오르고 온몸이 과립으로 뒤덮인 순조는 몸이 너무 고단했다. 자꾸만 잠이 들었다. 또 식욕이 없어 수라를 들 수가 없었다. 두창은 잘 진행되다가도 순식간에 흉증으로 바뀌어 목숨을 위태롭게 할 수도 있는 병이다. 그러지 않으려면 탕약도 중요했지만 음식으로 체력을 유지하는 식보食補(좋은 음식을 먹어서 원기를 보충함)가 무척 중요했다.

순조가 수라를 들지 않으려 하니 의관들은 애가 바짝 탔다. 소의 위장인 양脾을 진하게 고아 그 국물을 올렸다. 삼키기 편하도록 쌀밥을 죽처럼 질게 지어 올렸다. 갈증이 가라앉도록 찹쌀을 볶아 뜨거운 물로 우려 차를 만든 후 여기에 사탕가루를 타 올렸다. 얼굴에서 먼저 시작된 과립은 이제 고름이 차려고 했으나 진행 속도가 생각보다 느렸다. 앞으로 며칠이 고비인데 이때 순조가 수라를 거른 채 병과 싸운다면 두창이 언제 흉증으로 빠질지 모를 일이었다.

"전하! 앞으로 3일이 고비입니다. 3일간 생사의 갈림길은 오직 식보에 달려 있습니다. 억지로라도 자주 수라를 드셔야 합니다."

순조는 의관들의 말대로 억지로 그리고 조금씩 삼켜지는 대로 음식을 먹었다. 탕약은 고름이 잘 잡히도록 가미귀룡탕이 올라왔다. 온몸에 돋아났던 과립은 얼굴부터 고름이 잡히기 시작했고 고름이 잡힌 곳은 딱지로 변해갔다. 가미귀룡탕과 산사차와 매실차를 계속 올렸다. 양을 고은 즙 또한 떨어지지 않도록 계속 달여 올렸다.

딱지가 본격적으로 앉기 시작하자 순조는 이제 심한 가려움증을 느꼈다. 딱지가 앉는 단계에까지 도달했으면 그래도 죽느냐 사느냐의 큰 고비는 넘긴 셈이다. 하지만 이 심한 가려움증을 견뎌야 두창의 마지막 고비를 넘는 것이다. 이제 신하들은 딱지에 손을 대지 말라고 순조에게 당부했다.

"전하! 두창의 딱지는 늦게 떨어질수록 좋습니다. 가렵더라도 부디 손톱으로 딱지를 떼어내지 마십시오."

내의원에서는 딱지가 잘 떨어지고 살이 돋아나도록 탕약은 감로회천음으로 바꾸어 올렸다. 2월 13일부터 시작된 순조의 두창은 2월 28일이 되자 거의 회복되었다. 시약청 의원들에게 포상을 내렸다. 두창 증세가 약간 남아 있었으나 금은화차와 우황고로 마저 조리했다.

병을 완전히 이겨낸 3월 17일, 순조는 다시 입맛이 돌았다. 두창에 걸리고 나면 100일은 조리해야 한다는데, 무슨 음식을 먹어도 되고 먹으면 안 되는지 의관들에게 먼저 물어보아야 할 것 같았다.

"수라는 어떤 것으로 먹는 것이 좋겠는가? 나는 생선이 먹고 싶도다. 어떤 생선을 먹으면 좋겠는가?"

내의원 도제조가 생선이 드시고 싶으면 붕어찜이 좋겠다고 하니 순조는 먹고 싶었던 생선 종류를 모두 물어보았다.

"대구는 먹어도 되는가? 설어舌魚(양서댓과의 바닷물고기인 서대기)는 먹어도 되는가?"

큰 병을 이기고 나서 입맛이 다시 돌아오니 온갖 음식이 머릿속에서 맴돌았다. 이렇게 해서 순조는 세 번째 전염병의 고비도 무사히 넘길 수 있었다.

치료에 소극적인 임금

순조 14년(1814년) 9월 5일, 내의원에서는 순조의 다리를 진찰하기 위해 대전에 들었다. 임금의 한쪽 정강이가 살짝 부어 있었다. 순조는 뭐라 말로 표현하기 힘든 불편함을 다리에서 느꼈다. 의관은 순조의 다리를 안마했다. 부은 부위에 고약을 바르고 탕약을 복용하니 괜찮아지는 듯싶어 이렇게 낫는 줄 알았다.

그런데 한 달이 지나도 증세가 완전히 사라지지 않자 의관은 다리를 살펴볼 수 있기를 청했다. 진찰도 해야 했지만 정강이의 부은 부위에 고약을 붙인 지도 며칠이 지났기에 새것으로 바꾸어야 하기도 했다. 순조는 그냥 두라고 하면서 의관의 진찰을 거절했다.

처음 다리에 이상을 느낀 지도 이제 한 달 반이 흘러 10월 21일이 되었다. 의관이 계속 상태를 보여달라고 청해도 거절하기만 하던 순조는 이날 정강이에 붙여두었던 고약을 떼고 자신의 환부를 보여주었다. 환부는 이전보다 더 두껍고 단단하게 변해 있었다. 손으로 만지면 아팠다. 상태가 전보다 나빠진 것 같기에 그제야 의관들에게 병세를 보인 것이다. 순조의 환부를 확인한 의관들은 고약을 새로 만들어 붙여두었다.

순조의 병은 종기였다. 정강이에 종기가 생겼는데 이 부위에 차츰 독기가 몰려 두껍고 단단해진 것이었다. 사흘이 지나자 순조의 맥이 전보다 빨라졌다. 종기를 앓을 때 맥이 빨라지면 독기가 더 치성하는 징조였다. 내의원에서는 환부를 진찰한 뒤 고약을 새것으로 교환

하자고 했으나 순조는 매번 거절했다. 만지기만 해도 아픈 환부를 의관이 건드리는 것이 싫었기 때문이다. 의관이 환부를 보여달라고 청하면 순조는 나중에 하자, 다음 날 하자, 지금 말고 경연이 끝난 뒤에 하자며 매번 뒤로 미루기 일쑤였다. 이러니 의관들은 애가 탔다. 종기가 결코 가벼운 병이 아니거늘, 왕이 환부를 보여주지 않고 치료에 소극적이니 혹여라도 종기의 독이 더 깊이 들어가지나 않을까 하는 걱정을 떨칠 수 없었다.

이렇게 시간이 흘러 11월 2일이 되었다. 순조의 다리에 수포가 생겼다. 또 환부에 홍반이 뚜렷하게 나타났다. 종기가 더 진행된 것이었다. 종기의 상태에 따라 고약과 탕약의 종류를 바꿔가야 하거늘, 순조가 환부를 자주 보여주지 않고 손도 대지 못하게 하니 내의원으로서는 답답할 노릇이었다. 순조를 겨우 달래 환부를 확인하고 고약을 붙여두면 또 며칠이 지나도록 환부를 보여주지 않았다. 매일같이 대전에 들어 환부를 진찰하게 해달라고 청해도 순조는 다음에 하자, 그만 물러가라고 말하기 일쑤였다. 목청이 터지도록 진찰을 청해야 순조는 겨우 환부를 보여주었다.

11월 18일이 되자 종기가 더 진행되었다. 환부의 종기 뿌리가 손가락 크기만큼 부풀어 올랐다. 순조는 다리 통증을 더 심하게 느꼈다. 의관들은 치료가 잠시라도 느슨해서는 안 되니 부디 환부를 살피고 다리를 안마하게 해달라며 천만 번 엎드려 빈다고 읍소했으나 순조는 흔쾌히 허락하지 않았다.

의관들은 애가 타는데

11월 24일, 마침내 종기가 터졌다. 종기가 진행되면서 속에서 익었던 고름이 차올랐기에 저절로 터졌던 것이다. 종기가 터졌다는 소식을 들은 의관들은 더욱 애가 타서 대전으로 달려갔다. 의관이 순조의 맥을 짚었다. 예상대로 빨랐다. 종기의 독기가 절정에 이른 것이었다. 이 시점에 꼭 해야 할 일은 종기를 손으로 힘껏 짜서 깊은 곳에 남아 있는 고름을 마저 짜내는 것이었다. 그러지 않으면 독기가 남아 다시 종기는 악화된다. 성정이 유약하고 겁이 많아 유달리 통증을 무서워하는 순조를 어떻게 설득해서 종기를 짜낼지 의관들은 암담했다. 대전에 모인 신하들과 의관들이 번갈아가며 순조에게 읍소했다.

"종기의 입구가 열렸으니 지금 남은 고름을 짜내지 않으면 남은 뿌리가 다시 고름이 될 것입니다. 독기를 제거하고 새살을 돋우는 길은 오직 고름을 짜내는 것입니다."

"종기의 치료법은 크기의 대소를 막론하고 고름이 다 나오게 하는 것이고, 그 방법은 손으로 눌러 짜내는 것입니다. 어찌 유념하지 않으십니까!"

"종기의 고름은 결코 오래 두어서는 안 됩니다. 의학의 이치만 그런 것이 아니라 신이 경험한 바로도 그렇습니다. 일순간의 고통만 참으시면 되옵니다."

대전의 모든 신하들이 간청했으나 순조는 끝끝내 자신의 종기에 손대는 것을 허락하지 않았다.

그렇다면 전하께서 직접 넣어보소서!

잠시 물러났던 의관들은 궁여지책 끝에 새로운 대안을 들고 찾아왔다. 손으로 짜내면 고통이 심하기에 대신 창호지를 돌돌 말아 심지 모양으로 만든 뒤 이를 종기의 입구에 밀어 넣는 방법을 생각해낸 것이다. 이 방법은 손으로 짜는 것에 비하면 통증이 거의 없었다. 또 창호지가 고름을 빨아들이기에 종기 속 남은 고름을 어지간히 빼낼 수 있었다.

"애끓는 마음으로 아뢰옵니다. 종이를 말아 뾰족하게 심지를 만들어 종기의 입구로 밀어 넣으면 고름을 빨아낼 뿐 아니라 고름이 다 나오기 전에 입구가 막히는 것을 막을 수 있습니다. 지금 이렇게라도 하지 않으면 회복이 늦어지게 되니 초조한 마음으로 아뢰옵니다. 잠시의 불편함만 참으면 되오니 부디 허락해주소서."

여러 의관이 또 돌아가면서 읍소하고 간청하고 설득했다. 의관들의 얘기를 들은 순조는 이렇게 대답했다.

"나중에 하자."

의관들은 속이 터질 것 같았지만 일단 물러날 수밖에 없었다. 다음 날 다시 대전으로 몰려왔다. 또 설득에 들어갔다. 심지어는 항간의 부녀자와 아이도 쉽게 심지를 넣는다며 순조를 자극하기까지 했지만 끝내 순조는 허락하지 않았다. 그런데 대신 다리 안마는 해도 된다고 허락하는 것이 아닌가. 기회다 싶었던 의관 백시창과 이의춘이 순조 가까이 다가가 임금의 다리를 안마했다. 눈치를 살피던 영돈녕부사이시수가 백시창에게 얼른 심지를 넣으라고 했다. 백시창이 환부에 심지를 넣으려고 하자 놀란 순조가 언성을 높였다.

"당장 멈춰라! 백시창은 뒤로 물러나라!"

억지로라도 심지를 넣으려 했으나 실패하고 만 것이다. 대전의 공기는 살벌해졌다. 순조는 통증이 두려웠고 신하들은 순조의 유약함이 답답하기 이를 데 없었다.

"그렇다면 지금 전하의 손으로 직접 심지를 넣어보소서! 넣어보시고 터럭만큼이라도 고통이 있다면 신들이 전하께 망언한 죄를 청하겠습니다!"

아무리 간청한들 순조는 끝끝내 허락하지 않았다.

환부가 가렵다고 자꾸 고약을 떼지 마소서

이러지도 저러지도 못한 채 시간만 자꾸 흘렀다. 종기의 고름이 터진 지 이제 열흘이 지났다. 손으로 짜는 것도, 심지를 넣는 것도 허락하지 않은 순조에게 의관들은 마지막으로 훈세법을 권했다. 지유란 약재를 달여 약액을 만든 뒤 여기에 환부를 담가보자고 한 것이다. 이 방법만큼은 허락할 줄 알았으나 순조는 이마저도 거절했다. 순조가 허락한 것은 탕약을 마시는 것과 종기 부위에 고약을 붙이는 것, 딱 두 가지뿐이었다. 이제 탕약과 고약의 효과에 의지할 수밖에 없었다.

종기가 저절로 터진 부위에서 고름이 나오긴 나왔기에 어지간히는 회복되고 있었던 것일까. 순조는 종기 부위가 가려웠다. 전에는 통증과 부기와 열감을 느꼈지만 고름이 터지고 나자 환부가 가려워지기 시작했다.

사실 순조도 종기가 걱정되지 않는 것은 아니었다. 하지만 가뜩이나 아픈 부위를 자꾸 짜내자 하니 통증이 두려워 회피했던 것이다. 그런데 이제는 살살 가려움이 올라오니 환부가 어떤 상태인지 궁금해졌다. 순조는 의관들 몰래 고약을 떼어 보았다. 종기가 어떤 상태인지 확인한 뒤 다시 고약을 덮었다. 이러기를 몇 차례 반복하다가 그만 의관에게 딱 들키고 말았다.

"다리에 붙인 고약을 자꾸 떼어 들여다보신다고 들었습니다. 통증과 가려움을 느끼시니 고약의 약효가 잘 미치는지 보고자 하는 성심은 알겠으나, 무릇 약력이 잘 퍼지게 하려면 고약을 충분히 붙여두어야 합니다. 고약을 붙인 뒤에 자꾸 열어보면 약력이 새 나가고 바깥 기운이 침입하게 되니 그러지 마시기를 바라옵니다."

하늘이 도왔던 것일까? 온갖 소동과 우여곡절을 치른 끝에 순조의 종기가 낫기는 나았다. 9월 5일부터 증세가 시작되어 11월 2일에 수포와 홍반이 보이더니 11월 24일에 고름이 터졌다. 12월 17일에 새살이 돋기 시작하더니 12월 25일이 되어서 마침내 길고도 길었던 종기 치료가 완전히 끝났다.

이 종기를 치료하기까지 내의원에서는 탕약으로 가미소요산, 탁리소독산, 청심온담탕, 가감양영탕, 가미귤여탕, 가감대보탕, 가미지황탕 등을 썼다. 환부에 바르는 약으로는 가미음양산, 교감병, 향인병,

사향산, 유황산, 비마병, 전라산, 계시병, 구담즙 등을 썼다. 간간히 마시는 차로는 인동차, 산조인차, 삼령차 등을 썼다. 이렇게 해서 순조의 종기는 칼을 대지도 않고 손으로 짜내지도 않고서 온전히 먹고 바르는 약의 힘으로 나았던 것이다.

영민한 세자에게 대리청정을 시키다

순조는 순원왕후와의 사이에서 1남 4녀의 자손을 보았다. 그 가운데 아들인 효명세자는 순조 9년(1809년)에 얻었는데, 자라면 자랄수록 영특하기 이를 데가 없었다. 순조는 왕좌의 자리를 지킬수록 안동 김씨의 세도정치에 염증을 느끼게 되었다. 하지만 스스로 안동 김씨 세력을 견제할 정치적인 자질이 부족함을 이미 잘 알고 있었다. 그런데 세자가 자라는 모습을 지켜보니 자신보다도 아들이 왕재로서의 자질이 훨씬 뛰어남을 알게 된 것이다. 그래서 순조 27년(1827년)이 되던 해에, 38세의 임금은 19세의 아들에게 대리청정을 맡겼다.

"내가 신미년(순조 11년) 이후 병으로 조섭하는 때가 많았다. 비록 약간 호전되었다고는 하나 항상 국사를 처리함에 정체됨이 많았다. 세자는 총명하고 영리하며 장성했으니 대리청정을 맡기고자 한다."

보통 임금이 세자에게 대리청정을 맡긴다는 명을 내리면 신하들은 이에 반대하는 상소를 올리는 것이 보통이다. 말년의 병든 숙종이 세자에게 대리청정을 명했을 때에도, 경종이 세제에게 대리청정을 명했을 때에도, 팔순이 넘은 영조가 세손에게 대리청정을 명했을 때에도 신하들은 모두 극력 반대하는 상소를 올렸다. 그런데 순조가 세자에게 대리청정을 맡기노라 비망기를 내리자 신하들은 열렬히 환영했다. 영중추부사 김재찬은 이렇게 말했다.

"신들은 비망기를 보고난 뒤 발을 구르고 춤을 추며 기쁨을 이루 형용할 수가 없었습니다. 우리 동방에 막대한 경사가 어찌 이보다 더 할 수 있겠습니까!"

판중추부사 한용귀는 이렇게 말했다.

"삼가 생각건대 세자께서는 덕이 날로 새로워지고 아름다운 소문이 퍼져 신하와 백성이 목을 빼고 기다리지 않는 이가 없었습니다. 이에 명이 내려지자 더욱 기뻐서 발을 구르고 춤을 추면서 나라의 형세가 태산과 반석과 같음을 우러르게 되었으니 신들이 오직 찬축할 뿐입니다."

대리청정의 명을 접한 모든 신하가 기뻐했다. 이 명에 반대하는 이는 오직 한 명, 효명세자 본인뿐이었다. 세자는 명을 거두어달라 세 번이나 상소를 올렸지만 순조는 이를 받아들이지 않았다. 왕재로서는 순조보다 효명세자가 훨씬 뛰어남을 모두가 알고 있었던 것이다.

아버지의 명을 받들어 효명세자는 대리청정을 시작했다. 안동 김씨의 전횡을 견제하고자 노론에 힘을 실어주었고 인재를 발굴하면서 파격적인 인사를 단행해나갔다. 효명세자의 노력으로 안동 김씨 가문의 세력들은 차츰 관직에서 밀려났고, 당파를 초월한 성리학적 이상 정치가 눈앞에 다가오는 듯했다.

그러나 세자가 대리청정을 시작한 지 4년이 채 지나지 않은 순조 30년(1830년) 5월 6일, 스물두 살의 젊은 효명세자는 갑작스럽게 사망하고 말았다. 조선의 희망이었던 효명세자가 사망함으로써 안동 김씨 가문의 세도정치는 더욱 활개를 띠었다. 그리고 안동 김씨 일가에서 효명세자를 독살했다는 풍문만 무성하게 나돌았다.

두드러기가 생기다

젊은 아들을 먼저 보낸 순조는 심신이 더욱 병들어갔다. 자신과는 너무나 맞지 않았던 저 임금이라는 자리에 다시 앉아야만 했다.

아들을 보내고 2년이 지난 순조 32년(1832년) 7월 30일, 순조의 몸에 두드러기가 생겼다. 내의원에서 가미사물탕과 가감육화탕을 올리자 순조의 두드러기는 얼마 되지 않아 사라졌다.

두드러기가 생긴 것이 이번이 처음은 아니었다. 순조 2년에도 생겼는데 승마갈근탕을 복용하자 금세 사라졌다. 순조 5년에도 생겼는데 승갈음을 복용하니 금세 사라졌다. 순조 8년(1808년)에도 생겼는데 이 역시 금세 사라졌다. 약을 복용하니 마치 별것 아닌 듯 두드러기가 금세 없어졌다.

하지만 아들을 잃은 슬픔은 아무리 약을 먹어도 사라지지 않았다. 순조는 차라리 슬픔을 잊게 해주는 약이 있다면 복용하고 싶었다. 그렇게 아들을 그리워하고 한탄하면서 세월을 보내다가 순조 34년(1834년) 11월 13일, 45세의 나이로 승하했다. 효명세자가 사망한 지

4년 후였다. 다음 보위는 효명세자의 아들이자 순조의 손자인 여덟 살 헌종에게 이어졌다.

순조가 겪었던 여러 종류의 가려움

순조는 네 차례에 걸친 원인 불명의 두드러기를 앓았다. 약을 복용하자 금세 사라졌기에 이 두드러기는 순조를 그리 괴롭힌 질병이 아니었다. 오히려 임금의 자리에 즉위한 얼마 뒤에 앓았던 감염 질환들 탓에 순조는 무척이나 고생했다.

순조 1년(1801년), 열두 살의 순조는 수두를 앓았다. 수두란 수두 바이러스에 의한 감염 질환으로, 발열, 두통, 근육통, 식욕부진과 함께 피부에 발진이 돋으면서 가려움증이 나타난다. 또 순조 2년, 열세 살 때 홍역을 앓았다. 홍역이란 홍역 바이러스에 의한 감염 질환으로, 발열, 기침, 구강 내 반점, 식욕부진과 함께 피부에 발진이 돋으면서 가려움증이 나타난다. 순조 5년, 열여섯에 이르러 순조는 천연두를 앓았다. 천연두는 천연두 바이러스에 의한 감염 질환으로, 고열, 오한, 두통, 식욕부진과 함께 전신에 발진이 돋으면서 가려움증이 나타난다. 세 질병 모두 바이러스에 의한 전염병으로, 이 가운데 천연두가 치사율이 가장 높다. 순조는 수두, 홍역, 천연두라는 당시 유행한 3대 바이러스성 전염병을 모두 앓았던 것이니, 임금이 되고 난 뒤 혹독한 신고식을 치른 셈이다.

순조가 수두와 천연두에서 회복될 무렵, 발진이 딱지로 변하면서 심한 가려움증이 생겼다. 이는 회복을 알리는 증상이었다. 어의와 신하 들이 긁지 말라고 당부한 이유도 여기에 있었다.

순조 14년 순조는 정강이 부위에 종기가 났다. 처음에는 정강이가 붓다가 환부에 수포가 생겼고 붉은색으로 변하는 홍반이 뚜렷해졌다. 통증이 점점 심해졌으며 이후 종기가 터지면서 고름이 나왔다. 종기의 부위와 증상으로 보았을 때 당시 순조는 봉와직염을 앓았던 것으로 보인다.

봉와직염이란 피부에 세균이 침범하여 생기는 염증으로 진피와 피하조직을 침범한다. 세균이 침범한 부위에 홍반, 열감, 부종, 통증이 생기며 환부가 곪으면서 고름이 나오기도 한다. 잘 치료하지 않으면 피부가 괴사하거나, 뼈에까지 염증이 침범하여 골수염이 되거나, 심한 경우 패혈증에까지 이를 수 있다.

순조는 종기가 극심했을 때에는 통증을 느꼈다. 고름이 터지고 종기가 회복되어가자 가려움을 느꼈다. 새살이 돋으면서 나타나는 가려움이었다. 일반적으로 종기는 독기가 맹렬할 때에는 통증이 생기고 나을 때에는 가려움증이 나타난다.

이런 가려움은 긁지 말아야 합니다

가려움이 나타나는 형태에는 크게 두 종류가 있다. 하나는 염증이 심할 때 느끼는 가려움이고 또 하나는 거의 나아갈 때 새살이 차오르면서 느끼는 가려움이다. 둘 다 가렵고 참기 힘들지만 후자의 경우 절대 긁지 말아야 한다. 그래서 순조의 병이 나아갈 때에는 신하들이 부디 긁지 말라 특별히 당부했었다.

순조 1년 11월, 순조가 수두에 걸렸다. 열이 나고 피부에 과립이 돋아났다. 수두의 기세가 잦아들면서 과립은 차츰 딱지로 변해갔고 이때 가려움증이 생겼다. 딱지가 생긴다는 것은 거의 나아간다는 반증이다. 가려움으로 힘들어하는 어린 순조에게 좌승지 박종보는 이렇게 아뢰었다.

"딱지가 생긴 곳은 절대 긁지 마십시오."

비록 가렵더라도 긁지 말고 그냥 그대로 두어야 더 빨리 수두가 나을 수 있다는 말이다.

순조 5년 2월, 순조는 천연두에 걸려 열이 오르고 피부에 빽빽한 과립이 돋았다. 천연두의 맹렬한 기세가 잦아들 무렵 과립은 딱지로 변했고 여기서 또 가려움증이 몰려왔다. 이 역시 천연두를 거의 이겨내었다는 징조였다. 순조의 천연두를 애태우며 지켜보던 좌의정 서매수는 순조에게 이렇게 말했다.

"딱지는 늦게 떨어질수록 더 좋습니다."

가렵다고 자꾸 긁어서 새살이 올라오기도 전에 딱지가 떨어지면 피부가 얽는다는 뜻이다. 큰 고비는 넘겼고 이제 가려움만 견디면 되니, 괜히 긁어 딱지가 억지로 떨어지지 않도록 하라는 당부였다.

순조 14년 순조의 다리에 종기가 생겼다. 곧 종기가 터져 고름이 나온 뒤 새살이 돋자 환부가 가렵기 시작했다. 순조는 고약을 붙여둔 종기 부위가 어떤 상태인지 궁금하여 의관들 몰래 고약을 떼 종기를 들여다 본 뒤 다시 고약을 덮었다. 이러기를 반복하다 의관에게 들켜 책망을 들었다고 한다. 낫고 있는 부위가 가렵다면 되도록 손을 대지 말고 그대로 두어야 한다. 회복을 알리는 신호인 가려움을 참지 못하면 치료는 그만큼 더 늦어지기 때문이다.

순조와 같은 환자는 되지 말자

질병을 치료할 때는 의사의 처방도 중요하지만 환자의 태도도 매우 중요하다. 환자는 치료에 대한 의지가 충만해야 하며 치료에 적극적으로 임해야 한다. 아무리 의사가 잘 고쳐주려고 한들 환자가 치료를 회피한다면 화타나 편작이 온들 무슨 소용이겠는가? 이런 점에서 순조의 태도는 환자로서는 최악이었다.

순조 14년 9월부터 시작된 종기는 11월이 되자 절정에 달했다. 환부는 더욱 부었고 더욱 붉어졌으며 더욱 아팠다. 그리고 11월 24일, 마침내 종기는 곪고 곪아서 저절로 터질 지경에 이르렀다.

종기가 진행되다가 고름이 충분히 익으면 칼로 절개해 배농 통로를 열어준 뒤 환부에 고인 고름을 깨끗하게 짜내야 한다. 그런데 순조는 제때 환부를 보여주지 않았기에 종기가 곪고 곪다 저절로 터질 지경에 이른 것이다. 그렇다면 환부에 고인 고름을 짜내는 것이라도 허락해야거늘 잠시 아픈 것이 두려워 치료를 한사코 거부했다. 환자가 치료에 적극적이지 않은데 의관들만 애가 탄들 무엇하겠는가.

게다가 고통이 덜한 다른 대안을 제시해도 순조는 끝내 받아들이지 않았다. 《승정원일기》에 의관들의 마음까지 기록해놓지는 않았지만 순조와의 대화 내용으로 미루어볼 때 무척이나 속이 터졌을 것이다. 임금만 아니라면 한 대 때려주고 싶었을 것 같다.

내의원에서는 종기 치료로 민간에 명성이 자자한 이의춘과 박기성이라는 의원을 궁으로 초빙했다. 순조가 이렇게 속을 썩이니 종기 전문가의 의견을 구해보려고 한 것이다. 하지만 무슨 소용이 있었겠는가? 순조는 환부를 잘 보여주려고도 하지 않았기에 이들은 의술을 제대로 발휘하지도 못했다.

다행히 천운으로 종기가 잘 낫기는 했지만 순조 같은 환자는 되지 말아야 한다. 종기 치료에 이 정도의 태도를 보였다면 국사를 처리할 때는 어떠했을지 짐작할 수 있지 않을까? 게다가 권력을 틀어쥐고 있는 안동 김씨 세력이 임금을 깔보고 서슬 퍼렇게 협박이라도 했다면 순조가 과연 어떤 태도를 보였을지 미루어 짐작할 수 있다. 신하들이 효명세자의 대리청정을 발을 구르고 춤을 추면서 격렬하게 환영했던 이유가 여기에 있었던 것 같다.

고종, 녹두장군이 체포될 때

<〈고종 가계도〉

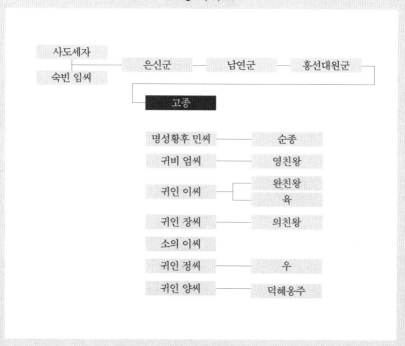

고종의 즉위

여덟 살 어린 나이로 즉위한 헌종은 스물세 살에 승하했다. 헌종에게
는 후사가 없었다. 이에 안동 김씨 일가와 순원왕후는 자신들의 권력
유지에 가장 적합한 인물로 사도세자의 증손자인 이원범을 궁중에
불러들여 왕위에 올렸다. 그가 바로 철종이다.

철종 역시 후사 없이 사망했다. 그런데 안동 김씨가 세도정치를 유
지하는 데 중요한 버팀목이었던 순원왕후는 이미 사망한 뒤였기에
왕실의 최고 어른은 효명세자의 부인인 대왕대비 조씨(신정왕후)가
되었다. 이에 대왕대비는 기나긴 안동 김씨의 세도정치에 종지부를
찍고자 흥선대원군의 아들인 이명복을 자신과 효명세자의 양자로 입
적시킨 뒤 왕위에 올렸다. 그가 바로 고종이다.

고종이 즉위한 뒤 대왕대비는 고종의 어머니 자격으로 수렴청정을

했으나 얼마 되지 않아 흥선대원군에게 전권을 넘기고 뒤로 물러났다. 자신의 친정 일가에서 왕비를 세우고자 했으나 이 또한 흥선대원군의 반대로 무산되었다. 외척의 세도정치에 환멸을 느끼던 흥선대원군은 한미한 가문의 딸인 민씨를 왕비로 들였으니 그가 바로 명성황후이다.

고종은 쇠락해가는 나라의 임금이 되어 외세에 짓눌린 채 끝없는 고초를 겪어야 했다. 나라를 빼앗기지 않고자 많은 노력을 기울였으나 결국 일본의 식민지가 되는 것을 막을 수는 없었다. 열두 살 나이로 보위에 오른 뒤 56세에 일본에 의해 강제로 퇴위당하고 68세에 승하하기까지 고종은 두 번의 가려움증을 앓았다. 한 번은 스물세 살 때였는데 얼굴에 살짝 가려움을 느꼈으나 곧 괜찮아졌다. 또 한 번은 한참 세월이 흐른 43세에 찾아왔다.

고종의 얼굴에서 시작된 가려움

고종 31년(1894년) 11월, 나라 안은 동학농민운동으로 한창 시끄러웠다. 전봉준이 이끄는 동학 농민군은 11월 9일 공주 우금치를 공격했다. 죽창과 곡괭이를 든 2만 명의 농민군은 대포와 기관총으로 무장한 5,000명의 조선과 일본 군인들에게 무참하게 죽임을 당했다. 살아남아서 후퇴한 농민군은 500여 명에 불과했다.

이 무렵 고종의 얼굴이 이상해졌다. 11월 26일, 한눈에 봐도 고종의 얼굴이 분명 부어 있었다. 사흘이 지나자 고종은 심한 가려움증이 생겼다. 온몸이 가렵고 눈에는 열감이 올라왔다. 게다가 체기도 함께 느껴졌다.

이무렵 고종의 다섯 번째 아들이자 귀인 장씨의 소생인 의화군 이강(의친왕)은 내의원의 도제거都提擧를 맡고 있었다. 환부가 늘어나고 가려움이 사라지지 않는데 아버지 고종은 괜찮다면서 내의원의 진료를 계속 마다하고 있었다. 자세히 살펴볼 수 있도록 진찰을 청했으나 이마저도 허락하지 않았다.

11월 26일에 시작된 증상은 12월 2일이 되자 절정에 치달아 밤새 온몸이 가려운 지경이 되었다. 그런데 바로 이날 중요한 사건이 발생했다. 동학농민운동을 지휘한 전봉준이 생포된 것이다. 우금치 전투의 패배 이후 전봉준은 정읍과 순창을 전전하며 은신하고 있었다. 그를 잡기 위해 막대한 포상금을 내걸었고, 결국 돈에 눈이 먼 옛 부하가 밀고하여 전봉준은 붙잡히고 말았다.

한편 의화군 이강은 아버지 고종을 위해 가미소풍산이란 약을 달여 올렸다. 피부에 바를 약으로는 파초즙에 우황을 개어 올리기로 했다. 아들이 올린 처방이니 고종은 마다하지 않고 복용했다. 그런데 약을 복용하는데도 어쩐 일인지 효과가 느렸다. 매일 탕약을 복용해도 가려움은 여전했다. 어떨 때는 좀 덜하다가도 또 어떨 때는 확 악화되는 등 증상의 정도가 일정하지 않았다. 12월 7일, 이강은 효과를 높이기 위해 가미소풍산에 승마와 갈근이란 약재를 추가해서 달였다. 승마와 갈근은 피부에 돋은 발진과 가려움을 해소시켜주는 효과가 있기 때문이었다.

하루가 지나자 야간의 가려움이 줄어들더니 이틀이 지나자 고종은 확실히 차도를 느끼기 시작했다. 약을 계속 복용하자 차츰 가려움이 줄고 열감도 사라져 12월 10일이 되자 모든 증상이 없어졌다. 그리고 바로 이날 전라감사의 전보가 도착했다.

"비적의 괴수인 전봉준을 산 채로 잡았으니 압송하여 올려 보내겠습니다."

이후 서울로 압송된 전봉준은 이듬해인 고종 32년(1895년) 3월 29일 역적의 죄목으로 사형에 처해졌다. 죽임을 당하기 전 녹두장군 전봉준은 정도를 위해 죽는 것은 원통하지 않으나 역적의 이름을 받고 죽는 것이 원통하다고 외쳤다 한다.

적어도 몸은 편안하지 않았다

고종의 증상은 얼굴의 부종과 야간의 전신 가려움, 눈의 열감 그리고 체기였다. 고종의 이 증상은 아마도 음식에 의한 두드러기가 아니었을까 싶다. 증상이 좋아지고 나빠지는 것이 일정하지 않다고 한 것을 보아도 두드러기 종류를 앓았던 것 같다.

고종에게 가려움증이 생겼을 바로 그 무렵, 동학 농민군이 우금치 전투에서 패배함으로써 동학농민운동은 실패로 막을 내렸다. 이 전투에 가담했던 농민들은 처참하게 학살당했고 지도자들은 붙잡혀 처형당했다. 나라에서는 동학운동에 참여한 농민들을 비적이라고 불렀다. 11월 9일 우금치 전투가 발발한 뒤 '비적'들을 잡고 죽이고 효수했다는 장계가 계속해서 올라왔다. 아마도 죽임을 당하는 백성들의 어버이였던 고종의 마음이 그다지 편안하지는 않았을 것 같다.

전봉준이 숨어 지내다가 체포되었던 12월 2일에 고종의 가려움이 절정에 달했다. 전봉준을 서울로 보내겠다는 전라감사의 전보가 도착한 12월 10일에 고종은 쾌차했다. 이것이 단순한 우연이었는지 혹은 필연이었는지는 잘 모르겠다. 다만 그들이 역도이건 혹은 혁명군이건 간에 2만 명의 백성이 관군과 일본군의 총칼에 의해 죽임을 당한 그 사실 앞에서, 적어도 고종의 몸이 편안하지 않았던 것만은 확실해보인다.

왕처럼 살면 병과 가려움증이 생긴다

지금까지 보존되어 전해져오는 《승정원일기》에는 인조에서 순종까지의 기록이 남아 있으며 이 중 고종까지의 기록이 전산화되어 있다. 인조에서 고종까지 총 11명의 왕과 그 옆을 지킨 17명의 왕비에 대한 기록을 살펴볼 수 있는 것이다. 그런데 가려움(癢, 痒)이라는 검색어로 찾아본 결과 11명의 왕 가운데 9명의 왕이 크고 작은 가려움증을 겪었다. 반면 17명의 왕비 중에서는 2명의 왕비가 가려움증을 겪었다. 물론 《승정원일기》가 왕 위주의 기록이기에 왕비들의 질병은 비교적 간략하게 기술한 면이 있다. 이를 고려한다고 해도 분명 왕비에 비해서 왕이 월등하게 가려움증이 많았다는 것을 알 수 있다.

도대체 왕들은 어떻게 살았기에 이렇게 가려움증을 많이 느꼈던 것일까? 만인이 우러러보는 가장 높고 고귀한 자리가 분명 왕이라는 자리이다. 이 자리에 오르기 위해 혹은 이 자리를 지키기 위해 피를 나눈 형제를 죽이는 일까지 서슴지 않았던 임금도 있었다. 그렇다면 이 임금이란 자리에 오르면 하루하루 행복한 나날을 영위해야 하는 것 아닐까?

임금의 일과를 자세히 들여다보면 전혀 그렇지 않다는 것을 알 수 있다. 행복은커녕 오히려 살인적이라는 느낌이 든다. 해가 뜨기 전에 기상해서 해 뜨는 시간에 맞춰서 아침 조회를 연다. 이것이 하루의 첫 일정이다. 그다음엔 시사視事라고 해서 공무를 집행한다. 팔도에서 올라온 공문서를 결재하거나 혹은 상소문이나 탄원서에 답을 내리는 일을 한다. 다음 일정은 윤대輪對인데, 각 행정부서에서 파견된 관리를 왕이 돌아가면서 만나 업무를 처리하는 것이다.

윤대가 끝나면 점심 식사를 하고 경연經筵을 한다. 경연이란 유학 경전이나 역사책을 교재로 신하들과 공부를 하는 것이다. 경연이 끝나면 팔도에서 올라온 관찰사나 지방 수령들을 만나 업무를 보고 받았다. 이러면 저녁 시간이 된다.

저녁 식사를 하고 잠시 쉰 뒤 다시 야간 업무를 보았다. 잠자기 전에는 대비나 왕대비와 같은 왕실 어른들에게 문안을 올렸다. 왕은 밤 10시는 되어야 비로소 자기만의 시간을 가질 수 있었다. 잠자리에 드는 것은 밤 11, 12시에야 가능했다.

이러니 왕이 운동할 기회는 거의 없었다. 하루 종일 앉아서 신하들을 접견하고, 앉아서 문서를 읽고 결재한다. 혹시 다른 전각으로 이

동해야 할 일이 있으면 가마를 타고 이동했다. 자신의 다리로 직접 움직여야 할 일은 거의 없었다. 세수, 식사, 대소변도 모두 옆에서 도와주었다. 임금은 궁궐에서 가장 움직이지 않는 사람이었다.

어디 그뿐인가. 하루 종일 격무에 시달려야 하니 정신적인 스트레스도 극심했을 것이다. 이러니 임금 노릇을 하다 보면 병에 안 걸릴 수가 없었다. 가장 높은 자리에 있었지만 실은 가장 혹사당하고 있었다. 이런 생활을 하는 임금들의 몸이 순환이 잘될 리 없다. 그러다보니 병도 생길 수밖에 없었고 가려움증도 생길 수밖에 없었다.

가장 오래 그리고 가장 건강하게 살았다는 영조가 실은 가장 심각한 가려움증 환자였다. 조선 후기 왕 가운데 영조 다음으로 장수했던 숙종은 영조 다음으로 심각한 가려움증 환자였다. 비교적 오래 살았건 혹은 일찍 죽었건 간에 임금의 자리에 올라 이렇게 살인적인 일정에 쫓기다보면 병에 안 걸리기가 더 어려운 것이다. 그래서 임금의 삶이 그리 행복해 보이지만은 않는다.

왜 그리도 가려웠는가?

지금까지 시간의 강을 거슬러 올라가 조선 왕실 인물들의 가려움증에 대해 엿보았다. 그들은 왜 그리도 가려움을 느꼈던 것일까? 그 원인을 크게 분류하자면 이렇게 나눌 수 있다.

첫 번째는 염증이 생기면서 그 찌꺼기로 인해 조직이 오염되어 가려움이 생긴 것이다. 인조의 중이염, 소현세자의 피부 혈관염, 현종의 습진, 숙종의 중이염, 사도세자의 습진은 모두 염증 찌꺼기로 피부가 오염되면서 가려웠던 것이다.

두 번째는 과잉 면역 반응에 의해 가려움증이 생긴 것이다. 동일한 자극에 대해 다른 사람보다 더 과도한 반응이 나타나는 과잉 면역이 생기면 이 역시 염증으로 이어진다. 효종의 알레르기, 영조의 알레르기성 결막염, 의소세손의 영유아 아토피는 과잉 면역 반응 탓에 가려웠던 것이다.

세 번째는 정체와 순환 장애로 인해 가려움이 생긴 것이다. 흘러가야 할 구조물이 특정 이유로 인해 흐르지 못하고 정체가 생기면 순환 장애가 발생해서 가려움이 생긴다. 인조는 담즙이 정체되면서 피부의 가려움이, 숙종 역시 담즙이 정체되면서 피부 가려움이, 장렬왕후는 상하로의 순환이 막히면서 얼굴의 가려움이, 경종은 땀관이 막히면서 땀띠가 생겨 가려움이 일어났다.

네 번째는 심리적인 이유로 가려움증이 생긴 것이다. 극도의 스트레스가 인체에 가해지면 이 역시 가려움증을 일으킬 수 있다. 경종은 어머니의 갑작스런 죽음 때문에, 사도세자는 아버지의 끝없는 구박 때문에, 혜경궁은 지옥 같은 궁궐 생활 때문에 가려움증이 생겼다.

다섯 번째는 새살이 생기느라 가려움이 생긴 것이다. 염증이 종료되어 가면서 조직이 재생될 때 가려움증이 생긴다. 숙종의 종기가 나아갈 때, 인원왕후의 종기가 나아갈 때, 순조의 종기와 천연두가 나아갈 때 모두 가려움증이 생겼다.

여섯 번째는 노화나 쇠약으로 인해 혈허血虛해져서 피부가 건조해져 가려움이 생긴 것이다. 진물과 고름과 같은 축축한 찌꺼기가 쌓이고 배출되는 염증의 상태가 아니더라도, 피부와 조직이 건조해지면 가려움이 생길 수 있는 것이다. 영조의 마른 눈병이 그러했고 노인성 소양증이 그러했다.

일곱 번째는 기생하는 생물에 의해 가려움증이 생긴 것이다. 인체 내에 기생하는 생물이 뿜어내는 특정 성분에 대한 반응으로 가려움증이 생긴다. 현빈궁의 옴, 영조의 옴과 기생충 질환은 개선충과 회충이 몸에 기생하면서 가려움을 유발한 것이다.

21세기의 가려움

지금까지 우리가 살펴본 가려움증은 분명 과거의 역사 기록 속에 담겨 있었다. 그런데 오직 과거에만 일어났던 일일까? 역사는 되풀이된다는데 혹시 이 가려움증의 역사도 지금 똑같이 되풀이되고 있는 것은 아닐까? 이런 의문을 품고 다시 강을 따라 내려와 현재를 둘러보자.

조금만 관심을 가지고 우리 주변을 둘러보면 왕실 인물들과 똑같은 이유로 가려움증을 앓는 사람들을 어렵지 않게 발견할 수 있다. 우선 왕처럼 생활하고 있는 현대인들은 주변에 지천으로 있는 것 같다. 조선 시대에는 오직 임금 한 사람만이 가마를 타고 궐내를 이동했지만 이제는 대부분의 사람이 가까운 거리도 차량으로 편안하게 이동한다. 두 다리를 써서 운동하는 것은 상당한 의지가 있어야만 한다. 직장에서는 격무로 인해 야근도 빈번하다. 정신적인 스트레스도 상당하다. 가만히 보면 현대인의 생활이 바로 왕들의 생활과 자못 유사해 보인다.

게다가 왕이나 왕비 들이 앓았던 온갖 염증, 과잉 면역 질환, 정체와 순환장애, 심리적인 스트레스, 염증이 종료될 때 조직의 재생, 노화나 쇠약으로 인한 건조증 등 이 모든 것이 21세기 현재에도 똑같이 발생하고 있다. 오히려 더 심하면 심했지 덜하지 않다. 과잉 면역 질환의 경우 환경오염이 심해지고 과잉 의료가 이와 맞물리면서 과거보다 더 증가했다. 현대의 여러 오염 물질과 화학 물질에 대한 접촉이 늘어날수록 과잉 면역 질환은 증가할 수밖에 없기에, 알레르기나 아토피와 같은 질환은 계속 증가하고 있다. 교통의 발달과 과잉 의료로 인해 정체와 순환장애도 더 심해진 것 같다. 옴이나 기생충에 의한 가려움증만이 과거에 비해 확연히 줄었을 뿐이다. 어쩌면 21세기 현재가 조선 시대보다 더 가려움증이 생기기 좋은 환경이 되었을지도 모른다.

과거가 곧 현재이자 미래

왕실 인물들이 앓았던 가려움증은 화석 속에 흔적만 남은 죽은 이야기가 아니다. 그 가려움은 바로 지금도 생생하게 우리 옆에서 벌어지고 있다. 과거가 곧 현재를 비추어주는 거울인 셈이다.

왕실 이야기 속에는 실은 우리들의 이야기도 녹아 있다. 패배의 치욕을 겪은 뒤 몸과 마음이 차츰 병들어갔던 인조, 남편의 사랑을 받지 못하고 별거를 해야 했던 장렬왕후, 추운 날 먼 거리를 이동하다가 중병을 얻었던 소현세자는 21세기에도 존재한다. 알레르기로 눈병과 피부병을 앓았던 효종, 중병을 앓으면서도 직업을 바꾸지 못했던 현종, 아내를 귀하게 여기지 않았던 숙종, 자신의 의지와는 무관하게 어머니를 잃어야 했던 경종, 아들을 미워했던 영조와 아버지에게 사랑을 받지 못했던 사도세자, 가족 간의 불화로 화병을 얻었던 혜경궁, 태어나자마자 중증 아토피로 고생했던 의소세손은 지금 21세기에도 지천에 있다. 그러니 저들의 이야기가 곧 우리들의 이야기인 셈이다.

그 과거의 이야기를 들여다보고 나니 그들의 생로병사와 희로애락을 엿볼 수 있었다. 우리들의 생로병사와 희로애락이 그들과 그리 달라 보이지 않는다. 혹시 그들이 저질렀던 실수가 보인다면 그저 재미있는 과거의 이야기로만 그치지 말고 현재를 비추는 거울로 삼으면 어떨까? 그 거울이 맑을수록 미래도 밝아질 수 있을 것 같다.

가려움 연보

⊙ 인조

　　인조 17년 8월 18일: 옆구리가 가렵다 脅下癢候.

　　인조 18년 1월 9일: 구토와 가려움이 생기다 嘔吐 搔痒.

　　인조 24년 10월 28일: 귀에서 가려움이 심하다 頗有耳痒之候.

　　인조 27년 5월 4일: 두드러기가 심하다 癮疹還盛.

　　인조 27년 5월 8일: 사망하다.

⊙ 소현세자

　　인조 23년 2월 18일: 청나라에서 귀국하여 한양에 당도하다.

　　인조 23년 4월 1일: 오른쪽 다리가 두드러기처럼 가렵다 右脚下 若癮疹 爬痒.

　　인조 23년 4월 26일: 사망하다.

⊙ 효종

　　인조 24년 8월 19일: 눈꼬리 안쪽이 매우 가렵다 目內眥 極痒.

　　효종 5년 8월 10일: 다리의 습진 부위가 가렵다 脚部有濕瘡 爬癢.

　　효종 7년 10월 7일: 오른쪽 귀가 붓고 가렵고 아프다 右耳 浮氣痒痛.

　　효종 9년 6월 23일: 두드러기가 온 몸에 퍼져 가렵다 癮疹遍散 爬癢.

　　효종 10년 윤3월 3일: 두드러기가 생겼다 癮疹 亦發.

⊙ 장렬왕후

　　효종 8년 12월 3일: 얼굴이 붉어지고 가렵다 面部 赤暈 搔癢.

　　효종 9년 10월 30일: 얼굴이 가렵고 붓는다 面部搔癢 浮氣.

⊙ **현종**

현종 즉위년 6월 25일: 발이 붉어지고 가렵다足部紅暈 搔癢.

현종 1년 6월 9일: 왼쪽 발가락이 가렵다左足指 搔癢.

현종 2년 1월 8일: 오른쪽 손등이 가렵다右手背 瘙痒.

현종 6년 4월 6일: 가슴과 등이 습진으로 가렵다胸背上濕瘡 搔癢.

⊙ **숙종**

숙종 15년 8월 15일: 양쪽 손목이 살짝 가렵다左右手腕 微痒.

숙종 23년 6월 20일: 왼쪽 발등이 가렵다左足部背上 搔痒.

숙종 31년 10월 6일: 종기 생긴 곳이 가렵다腫處 瘙癢.

숙종 32년 9월 8일: 왼쪽 귓속이 가렵다左邊耳內作癢.

숙종 34년 윤3월 28일: 왼쪽 귀 앞이 가렵다左耳前 搔癢.

숙종 36년 5월 11일: 서혜부 부스럼이 매우 가렵다便癰 癧斑處 癢甚.

숙종 36년 11월 4일: 음낭 아래에 가려움이 있다腎囊下 有癢氣.

숙종 40년 1월 26일: 목구멍이 가렵다喉間微癢.

숙종 40년 7월 13일: 변비가 여전히 있고 가렵다便道尙有祕滯 搔癢.

숙종 41년 2월 21일: 몸이 붓고 가려운 곳이 있다浮氣 有瘙痒處.

숙종 41년 7월 28일: 열이 나서 가려움이 심하다以燻熱 搔癢頗甚.

숙종 41년 11월 23일~46년 2월 29일: 가려움이 매우 심하다搔癢頗甚.

숙종 46년 6월 8일: 사망하다.

⊙ **경종**

숙종 16년 2월 16일: 태열이 생기다元子 胎熱.

숙종 17년 8월 21일: 얼굴에 태열이 생기다面部 有胎熱.

숙종 18년 5월 23일: 얼굴과 발목에 두드러기가 생기다面部 足踝 癮疹.

숙종 27년 10월 10일: 희빈 장씨가 사망하다.

숙종 27년 10월 10일: 어제 저녁부터 등과 배가 가렵다 自昨夕 背腹部 搔癢.

경종 3년 6월 27일: 오른쪽 등에 땀띠가 생기다 右邊肩甲 汗疹.

경종 4년 5월 24일: 등에 땀띠가 생기다 背部 汗疹.

경종 4년 8월 25일: 사망하다.

⊙ 인원왕후

숙종 37년 12월 4일: 두창에 걸렸다고 진단하다 痘患分明.

숙종 37년 12월 17일: 양쪽 눈꼬리가 약간 붉어지고 가렵다 左右眼眥 微赤且癢.

영조 12년 7월 12일: 여러 군데에 절종이 생기다 數處 生小癤.

영조 12년 8월 4일: 종기 부위가 가렵다 腫處搔癢.

⊙ 영조

경종 3년 4월 4일: 눈이 깔깔하고 가렵다 眼部 澁癢.

경종 4년 윤4월 3일: 눈이 깔깔하고 가렵다 眼部澁痒.

영조 즉위년 12월 29일: 다래끼가 생겨 많이 가렵다 偸針 多癢.

영조 원년 11월 19일: 항상 가려울 때가 많다 常多搔癢之時.

영조 2년 4월 17일: 바깥쪽 눈꼬리가 가렵고 아프다 外眥 痒痛.

영조 2년 7월 5일: 두드러기가 생기다 癮疹之症.

영조 4년 11월 6일: 눈이 붉어지고 가렵다 眼部 赤痒.

영조 4년 11월 16일: 효장세자 사망하다.

영조 7년 8월 2일: 두드러기가 생기려고 한다 有癮疹之候.

영조 8년 2월 29일: 눈이 약간 가렵다 眼部 微有癢氣.

영조 9년 8월 14일: 쑥 허리띠를 차니 가렵다 艾腰帶 爲搔癢.

영조 9년 8월 21일: 직구를 뜬 곳이 매우 가렵다 灸瘡 癢甚.

영조 10년 2월 17일: 눈에서 가려움증이 있다 眼部 痒症.

영조 10년 12월 28일: 담핵이 생긴 곳이 가렵다 痰處 搔癢.

316

영조 13년 5월 1일: 왼쪽 팔에 뜸 뜬 곳이 매우 가렵다左臂 灸處 甚覺瘙癢.

영조 20년 2월 19일: 근래에 가려움증이 매우 심하다頃者 搔癢 特甚.

영조 20년 4월 30일: 뜸 뜬 곳이 매우 가렵다灸處 甚癢.

영조 21년 3월 4일: 배꼽뜸을 뜬 후 배꼽 옆이 가렵다煉臍後 臍傍搔癢.

영조 22년 9월 14일: 배에 가려움증이 있다腹部 搔癢.

영조 24년 7월 9일: 땀띠로 가렵다汗疹 搔癢.

영조 25년 8월 28일~26년 5월 10일: 개창으로 미친 듯 가렵다疥瘡 搔痒時若狂.

영조 26년 7월 4일: 가려움이 매우 심하다搔癢特甚.

영조 26년 8월 21일~26년 12월 23일: 다시 가려움이 생긴다痒症 復發.

영조 27년 윤5월 23일~27년 6월 28일: 손가락 사이가 가렵다指間瘙症.

영조 27년 10월 5일: 밤에 갑자기 가렵다今夜忽搔癢.

영조 27년 12월 10일: 갑자기 가렵다輒致搔癢.

영조 28년 1월 21일: 가렵다痒症.

영조 29년 2월 21일: 가려움이 재발했다痒症復作.

영조 29년 7월 3일: 목구멍이 가렵고 회충이 올라왔다喉中似痒 蛔已上.

영조 30년 6월 7일: 가려움이 재발하다搔癢症 復發.

영조 30년 10월 2일: 머리가 매우 가렵다頭部甚癢.

영조 31년 5월 24일: 가려움증이 있다搔癢之症.

영조 31년 7월 8일: 가려움증이 완전히 안 가셨다搔癢症 未快去.

영조 32년 1월 3일: 가려움증이 근래에 심하다搔癢 近甚.

영조 33년 4월 14일: 얼굴이 붉어지고 가려움이 심하다面部 紅暈 癢甚.

영조 33년 7월 4일: 올 여름에 땀띠가 많이 났다今夏 多發汗疹.

영조 35년 1월 12일: 가려움증이 있다有搔癢之症.

영조 35년 9월 26일: 가려움증이 있다搔癢之症.

영조 37년 3월 30일: 가려움증이 심하다甚 多搔痒之氣.

영조 37년 10월 17일: 가려움증이 심하다癢症甚.

영조 37년 12월 14일: 목구멍이 가렵더니 회충을 토했다喉間有痒氣 吐蛔.

영조 40년 3월 12일: 팔이 가렵다臂部 搔痒.

영조 43년 2월 2일: 머리카락이 새로 나는 곳이 가렵다新生之髮 癢.

영조 43년 9월 8일: 가려움증이 있다搔癢之候.

영조 45년 5월 2일: 검은 머리가 새로 날 때 가렵다黑髮還生 瘙癢.

영조 45년 6월 15일: 요즘 가려운 곳이 많다近來多癢處.

영조 45년 7월 8일: 가려움증이 심해진 것 같다搔癢症候似添.

영조 46년 윤5월 7일: 가려움증이 있다搔痒之症.

영조 48년 5월 23일: 가려움증이 너무 심하다癢症太甚.

영조 48년 12월 27일: 가려움증이 특히 심하다搔癢之症特甚.

영조 49년 2월 26일: 머리가 매우 가렵다頭部甚痒.

영조 50년 2월 23일: 머리가 매우 가렵다頭甚癢.

영조 50년 6월 26일: 치질로 매우 가렵고 아프다痔漸 甚覺癢痛.

영조 51년 10월 29일: 왼쪽 발목이 매우 가렵다左部外踝上 痒甚.

영조 51년 12월 17일: 갑자기 가려움증이 생겼다忽生癢症.

영조 52년 3월 5일: 사망하다.

⊙ **현빈궁**

영조 25년 8월 7일~26년 11월 14일: 가려움증이 매우 심하다搔癢太甚.

영조 27년 5월 2일: 조금 낫더니 갑자기 확 생긴다少愈而有時忽發.

영조 27년 10월 5일: 갑자기 가렵다忽搔癢.

영조 27년 11월 14일: 사망하다.

⊙ **사도세자**

영조 19년 7월 23일: 팔다리 끝에서 작은 과립이 생겼다肢末小顆之症.

영조 20년 7월 5일: 무릎 위에 작은 종기가 생겼다小癤生於膝上.

영조 20년 7월 12일: 두드러기가 생겼다癮疹之候.

영조 20년 7월 28일: 오른쪽 무릎 아래가 가렵다右邊三理下 四面搔痒.

영조 25년 1월 23일: 세자의 대리청정을 하교하다.

영조 25년 8월 5일: 발목에 작은 종기가 생겼다外踝 小癤.

영조 26년 7월 15일: 다리 습진이 가볍지 않다脚部濕瘡 非細.

영조 27년 7월 2일: 발 부스럼이 아직 안 나았다足瘡 尙今不差.

영조 27년 8월 9일: 다리에 부스럼이 있다兩脚間瘡處.

영조 27년 12월 5일: 습진은 나을 수가 없다濕瘡 不可愈.

영조 28년 8월 24일: 발목에서 부스럼이 생기려 한다足部外踝 瘡患之漸.

영조 30년 5월 26일: 다리에 습진이 있다脚部 有濕瘡.

영조 35년 10월 29일: 치질이 있어 가렵다痔證 有癢氣.

영조 36년 7월 16일: 습진은 똑같다濕瘡 一樣.

영조 38년 윤5월 21일: 사망하다.

⊙ **혜경궁**

정조 19년 10월 25일: 왼쪽 발목 안쪽이 아프고 가렵다左足部內踝上 痛癢俱緊.

⊙ **의소세손**

영조 26년 8월 27일: 출생하다.

영조 26년 11월 5일: 태열이 있다有胎毒之候.

영조 26년 11월 19일: 태열이 심해서 딱지도 생긴다胎瘡甚盛 或有作痂.

영조 26년 12월 24일: 태열이 온 몸에 퍼졌다胎瘡 今則遍體.

영조 27년 1월 4일: 태열 부위에서 진물이 흐른다胎瘡 濃汁之流出.

영조 27년 4월 5일: 간간히 심한 가려움증이 있다間多搔癢症.

영조 27년 윤5월 7일: 태열이 심해져 이마에서 피가 난다胎毒有加 額上出血.

영조 27년 11월 29일: 얼굴을 손톱으로 긁어서 피가 난다面部胎毒 因爪破而血出.

영조 27년 12월 5일: 가려움이 심하다搔癢亦甚.

영조 28년 1월 29일: 매우 가렵다甚心痒矣.

영조 28년 3월 4일: 사망하다.

◉ 정조

정조 8년 7월 3일: 가려움증이 있다搔癢症候.

정조 23년 3월 14일: 땀이 나서 간혹 가렵다汗氣 或有搔癢之症.

◉ 순조

순조 1년 5월 27일: 날이 더워 홍반과 가려움이 있다暑熱 紅瘢 搔癢.

순조 1년 9월 15일: 다래끼가 생겨서 아프고 가렵다眼部 偸鍼 痛痒.

순조 1년 11월 21일: 수두에 걸렸다是水痘矣.

순조 1년 11월 26일: 딱지가 앉은 곳이 매우 가렵다收靨處 頗有癢症.

순조 2년 2월 3일: 두드러기가 생겼다有隱疹之症.

순조 2년 10월 29일: 마진에 걸렸다疹候.

순조 2년 11월 6일: 팔과 다리가 매우 가렵다臂部 脚部 頗有癢症.

순조 5년 2월 17일: 두창에 걸렸다明是痘候.

순조 5년 2월 25일: 딱지 앉은 곳이 매우 가렵다結痂之後 頗有癢症.

순조 5년 11월 5일: 두드러기처럼 등이 매우 가렵다背部 搔癢 如癮疹.

순조 8년 4월 20일: 두드러기가 살짝 생겼다微有癮疹之症.

순조 14년 11월 24일: 다리 종기가 터져 고름이 많이 나오다脚部 腫候自潰 膿水旣多.

순조 14년 12월 3일: 다리가 아프고 가렵다脚部 痛癢.

320

순조 19년 5월 30일: 잇몸이 살짝 가렵다齒齦 微癢.

순조 23년 2월 28일: 팔에 종기가 생겼다臂部癤候.

순조 23년 3월 1일: 팔이 가려운 것 같다似有癢候.

순조 32년 7월 30일: 두드러기가 생겨 가려움이 심하다癮疹 搔痒 似甚.

순조 34년 11월 13일: 사망하다.

⊙ **고종**

고종 11년 11월 7일: 얼굴에 약간 검은 곳이 간혹 가렵다天顏 一處微黑 或有癢證.

고종 31년 11월 29일: 가려움이 심하다搔癢現甚.

한의학 용어 해설

가감내탁산加減內托散

큰 종기의 고름이 터졌을 때 원기를 보강해 새살이 잘 돋도록 하는 처방. 인삼人蔘, 황기黃芪, 당귀當歸, 후박厚朴, 길경桔梗, 육계肉桂, 천궁川芎, 방풍防風, 백지白芷, 감초甘草, 백작약白芍藥 등의 약재를 물에 달여 만든다.

가감대보탕加減大補湯

몸이 약하고 기혈이 허해 생기는 여러 증상을 치료하는 처방. 인삼人蔘, 백출白朮, 백복령白茯苓, 감초甘草, 숙지황熟地黃, 백작약白芍藥, 천궁川芎, 당귀當歸, 황기黃芪, 육계肉桂, 생강生薑, 대조大棗 등의 약재에 몸의 상태에 따라 필요한 약재를 추가한 뒤 물에 달여 만든다.

가감양영탕加減養榮湯

몸이 허약해 여위면서 몸에 기운이 없고 추웠다 더웠다를 반복하며 땀나는 것을 치료하는 처방. 백작약白芍藥, 당귀當歸, 인삼人蔘, 백출白朮, 황기黃芪, 진피陳皮, 감초甘草 등의 약재에 몸의 상태에 따라 필요한 약재를 추가한 뒤 물에 달여 만든다.

가감육화탕加減六和湯

여름철 더운 날씨에 몸이 상하여 생긴 여러 증상을 치료하는 처방. 향유香薷, 후박厚朴, 적복령赤茯苓, 곽향藿香, 백편두白扁豆, 모과木瓜, 축사縮砂, 반하半夏, 행인杏仁, 인삼人蔘, 감초甘草, 생강生薑, 대조大棗 등에 몸의 상태에 따라 필요한 약재를 추가한 뒤 물에 달여 만든다.

가미갈근탕加味葛根湯

홍역을 앓을 때 발진이 빨리 돋지 않는 것을 치료하는 처방. 갈근葛根, 연교連翹, 형개荊芥, 방풍防風, 백작약白芍藥, 승마升麻, 부평浮萍, 감초甘草를 물에 달여 만든다.

가미강활산加味羌活散

두드러기로 인해 가려움증이 생긴 것을 치료해주는 처방. 강활羌活, 전호前胡, 인삼
人蔘, 길경桔梗, 지각枳殼, 천궁川芎, 천마天麻, 적복령赤茯苓, 감초甘草, 선각蟬殼, 박
하薄荷, 생강生薑을 물에 달여 만든다.

가미귀룡탕加味歸茸湯

체질이 약한 어린이가 병에 걸렸을 때 원기를 북돋아줌으로써 병을 잘 이기도록
도와주는 처방. 녹용鹿茸, 진피陳皮, 사인砂仁, 백출白朮, 황기黃芪, 당귀當歸 등의 약
재를 물에 달여 만든다.

가미귤여탕加味橘茹湯

위胃에 열이 있어 갈증과 구역질 및 딸꾹질이 나는 것을 치료하는 처방. 귤피橘皮,
죽여竹茹, 적복령赤茯苓, 비파엽枇杷葉, 맥문동麥門冬, 반하半夏, 인삼人蔘, 감초甘草,
생강生薑 약재를 물에 달여 만든다.

가미사물탕加味四物湯

혈血의 문제로 생긴 여러 증상을 치료하는 처방. 숙지황熟地黃, 백작약白芍藥, 천궁
川芎, 당귀當歸에 몸의 상태에 따라 필요한 약재를 추가한 뒤 물에 달여 만든다.

가미생맥산加味生脈散

열병을 앓는 중에 숨이 몹시 차고 손발이 싸늘해지는 증상이 나타날 때 사용하는
처방. 오미자五味子, 인삼人蔘, 맥문동麥門冬, 행인杏仁, 진피陳皮, 생강生薑, 대조大棗
를 물에 달여 만든다.

가미소시호탕加味小柴胡湯

간이나 간 경락에 생긴 일체 병증을 치료하는 처방. 시호柴胡 황금黃芩, 인삼人蔘,
반하半夏, 감초甘草, 생강生薑, 대조大棗 약재에 몸의 상태에 따라 필요한 약재를 추
가한 후 물에 달여 만든다.

가미소요산加味逍遙散

혈이 부족해 생기는 열과 식은땀, 가래 기침을 치료하는 처방. 백작약白芍藥, 백출

白朮, 지모知母, 지골피地骨皮, 당귀當歸, 백복령白茯苓, 맥문동麥門冬, 생지황生地黃, 치자梔子, 황백黃柏, 길경桔梗, 감초甘草를 물에 달여 만든다.

가미소풍산加味消風散

머리가 어지럽고 귀에서 소리가 나며 피부가 가려운 증상을 치료하는 처방. 형개荊芥, 감초甘草, 인삼人蔘, 복령茯苓, 백강잠白殭蠶, 천궁川芎, 방풍防風, 곽향藿香, 선각蟬殼, 강활羌活, 진피陳皮, 후박厚朴 등의 약재에 몸의 상태에 따라 필요한 약재를 추가한 뒤 물에 달여 만든다.

가미유령탕加味藘苓湯

구토와 설사로 인해 열이 나고 갈증이 나는 것을 치료하는 처방. 천화분天花粉, 적복령赤茯苓, 저령猪苓, 택사澤瀉, 향유香薷, 갈근葛根, 황련黃連, 백출白朮, 감초甘草, 생강生薑을 물에 달여 만든다.

가미음양산加味陰陽散

피부에 생긴 부스럼이 절반은 음陰의 성질을, 절반은 양陽의 성질을 띨 때 사용하는 처방. 자형피紫荊皮, 적작약赤芍藥, 백지白芷, 석창포石菖蒲, 독활獨活 등의 약재를 가루 낸 뒤 술에 개어 환부에 바른다.

가미지황탕加味地黃湯

신장의 수水 기운이 부족하여 생기는 여러 증상을 치료하는 처방. 숙지황熟地黃, 산약山藥, 산수유山茱萸, 택사澤瀉, 목단피牧丹皮, 백복령白茯苓 등의 약재에 몸의 상태에 따라 필요한 약재를 추가한 후 물에 달여 만든다.

가미패독산加味敗毒散

오한과 발열을 동반하는 일체 피부 질환에 쓰이는 처방. 강활羌活, 독활獨活, 시호柴胡, 전호前胡, 적복령赤茯苓, 인삼人蔘, 지각枳殼, 길경桔梗, 천궁川芎, 감초甘草에 몸의 상태에 따라 필요한 약재를 추가한 뒤 물에 달여 만든다.

가미활혈음加味活血飮

천연두의 초기에 과립의 색깔이 붉고 독기가 심할 때 사용하는 처방. 자초紫草, 생지황生地黃, 백작약白芍藥, 당귀當歸, 천궁川芎, 홍화紅花 등의 약재를 물에 달여 만든다.

갈근葛根

콩과에 속하는 칡의 뿌리. 성질은 보통이고 맛은 달며 독이 없다.

감국甘菊

국화과에 속하는 국화의 꽃봉오리. 성질은 보통이고 맛은 달며 독이 없다.

감로회천음甘露回天飮

천연두 딱지가 생겨야 할 때 생기지 않고 열이 후끈후끈 나는 것을 치료하는 처방. 사탕砂糖(사탕수수의 즙을 달여 말린 것)가루 반잔을 끓는 물 한 사발에 타 복용한다.

감초甘草

콩과에 속하는 감초의 뿌리. 성질은 보통이고 맛은 달며 독이 없다.

강기탕降氣湯

여러 일로 인해 마음이 상하거나 억울함과 고민이 쌓여 가슴속이 그득하고 답답한 것을 치료하는 처방. 향부자香附子, 복신茯神, 감초甘草를 물에 달여 만든다.

거풍청열산祛風淸熱散

눈이 충혈되고 붓고 아프며 깔깔한 것을 치료해주는 처방. 당귀當歸, 적작약赤芍藥, 천궁川芎, 생지황生地黃, 황련黃連, 황금黃芩, 치자梔子, 연교連翹, 박하薄荷, 방풍防風, 형개荊芥, 강활羌活, 길경桔梗, 지각枳殼, 감초甘草, 백지白芷를 물에 달여 만든다.

건강乾薑

생강과에 속하는 생강의 뿌리줄기를 말린 것. 성질이 몹시 뜨겁고 맛은 매우며 독이 없다.

경옥고瓊玉膏

원기를 보강하여 노화를 방지하고 제반 허약증을 치료해주는 처방. 생지황生地黃, 인삼人蔘, 백복령白茯苓을 꿀에 버무려 항아리에 넣고 3일간 중탕하여 고아 만든다.

계시병鷄屎餠

계시鷄屎 등의 약재를 이용하여 만든 납작한 모양의 외용제.

고삼苦蔘

콩과에 속하는 고삼의 뿌리. 성질은 차고 맛은 쓰며 독이 없다.

곽향藿香

꿀풀과에 속하는 배초향의 지상부. 성질은 약간 따뜻하고 맛은 매우며 독이 없다.

곽향정기산藿香正氣散

찬 기운에 몸이 상해 두통과 전신통증이 생긴 것을 치료하는 처방. 곽향藿香, 자소엽紫蘇葉, 백지白芷, 대복피大腹皮, 백복령白茯苓, 후박厚朴, 백출白朮, 진피陳皮, 반하半夏, 길경桔梗, 감초甘草, 생강生薑, 대조大棗를 물에 달여 만든다.

교갑병蕎甘餠

교맥蕎麥 등의 약재로 만든 납작한 모양의 외용제.

구담즙狗膽汁

개과에 속하는 개의 쓸개즙. 성질은 차고 맛은 쓰며 독이 약간 있다.

구미청심환九味淸心丸

흉부에 쌓인 열독을 치료하는 처방. 포황蒲黃, 서각犀角, 황금黃芩, 우황牛黃, 영양각羚羊角, 사향麝香, 용뇌龍腦, 웅황雄黃을 가루 내어 꿀에 반죽해서 알약으로 만든다.

귀비탕歸脾湯

지나친 근심으로 인해 심장과 비장이 상해 기억력이 떨어지고 심장 두근거림이 생긴 것을 치료하는 처방. 당귀當歸, 용안육龍眼肉, 산조인酸棗仁, 원지遠志, 인삼人蔘, 황기黃芪, 백출白朮, 복신茯神, 목향木香, 감초甘草, 생강生薑, 대조大棗를 물에 달여 만든다.

귤치죽여탕橘梔竹茹湯

위胃의 열기로 인해 구토가 생길 때 쓰는 처방. 귤피橘皮, 치자梔子, 죽여竹茹를 물에 달여 만든다.

금은화金銀花

인동과에 속하는 인동덩굴의 꽃. 성질은 약간 차고 맛이 달며 독이 없다.

길경桔梗

초롱꽃과에 속하는 도라지의 뿌리. 성질이 약간 따뜻하고 맛은 맵고 쓰며 독이 약간 있다.

남과南瓜

박과에 속하는 호박의 과육. 성질은 보통이고 맛은 달며 독이 없다.

남초南草

가지과에 속하는 담뱃잎. 성질은 따뜻하고 맛은 맵다.

내탁강활탕內托羌活湯

엉덩이에 큰 종기가 생겨 단단하게 붓고 통증이 생긴 것을 치료하는 약. 강활羌活, 황백黃柏, 황기黃芪, 방풍防風, 고본藁本, 당귀當歸, 연교連翹, 창출蒼朮, 진피陳皮, 감초甘草, 육계肉桂를 물에 달여 만든다.

녹두菉豆

콩과에 속하는 녹두의 종자. 성질이 차고 맛은 달며 독이 없다.

녹황산菉黃散

녹두菉豆 등의 약재로 만든 가루 형태의 외용제.

당귀當歸

산형과에 속하는 당귀의 뿌리. 성질이 따뜻하고 맛은 달고 매우며 독이 없다.

당귀음자當歸飮子

온몸에 옴이 생겨 가렵고 고름이 나오는 것을 치료해주는 처방. 당귀當歸, 적작약赤芍藥, 천궁川芎, 생지황生地黃, 방풍防風, 형개荊芥, 백질려白蒺藜, 하수오何首烏, 황기黃芪, 감초甘草, 생강生薑을 물에 달여 만든다.

당귀점통탕當歸拈痛湯

다리가 붓고 아픈 것을 치료하는 처방. 강활羌活, 인진茵蔯, 황금黃芩, 감초甘草, 지모知母, 택사澤瀉, 적복령赤茯苓, 저령猪苓, 백출白朮, 방기防己, 인삼人蔘, 고삼苦蔘, 승마升麻, 갈근葛根, 당귀當歸, 창출蒼朮을 물에 달여 만든다.

대연교음大連翹飮

태열을 치료해주는 처방. 감초甘草, 시호柴胡, 황금黃芩, 형개荊芥, 연교連翹, 차전자車前子, 구맥瞿麥, 활석滑石, 악실惡實, 적작약赤芍藥, 치자梔子, 목통木通, 당귀當歸, 방풍防風, 선각蟬殼, 죽엽竹葉, 등심燈心을 물에 달여 만든다.

대조大棗

갈매나무과에 속하는 대추나무의 잘 익은 열매. 성질이 보통이고 맛은 달며 독이 없다.

대황大黃

마디풀과에 속하는 대황의 뿌리. 성질이 몹시 차고 맛은 쓰며 독이 없다.

도수환導水丸

대소변을 원활하게 배출케 함으로써 습기와 열기를 소통시켜주는 처방. 흑축黑丑, 활석滑石, 대황大黃, 황금黃芩을 가루 내어 알약으로 만든다.

마자인麻子仁

뽕나무과에 속하는 삼의 씨. 성질은 보통이고 맛은 달며 독이 없다.

마치현馬齒莧

쇠비름과에 속하는 쇠비름의 지상부. 성질은 차고 맛은 시며 독이 없다.

마황麻黃

마황과에 속하는 초마황의 줄기. 성질은 따뜻하고 맛은 쓰며 독이 없다.

망초芒硝

황산나트륨. 성질은 몹시 차고 맛은 쓰고 짜며 독이 조금 있다.

모과木瓜

장미과에 속하는 모과나무의 열매. 성질은 따뜻하고 맛은 시고 독이 없다.

박하薄荷

꿀풀과에 속하는 박하의 줄기와 잎. 성질은 따뜻하고 맛은 맵고 쓰며 독이 없다.

반총산蟠葱散

냉기로 인한 하복부의 통증을 치료하는 처방. 창출蒼朮, 감초甘草, 삼릉三稜, 봉출蓬朮, 백복령白茯苓, 청피靑皮, 축사縮砂, 정향丁香, 빈랑檳榔, 현호색玄胡索, 육계肉桂, 건강乾薑, 총백葱白을 물에 달여 만든다.

반하半夏

천남성과에 속하는 반하의 덩이뿌리. 성질은 보통이고 맛은 매우며 독이 있다.

발독고拔毒膏

큰 종기가 생겨 붓고 통증이 있을 때 이를 치료하는 처방. 백렴白斂, 창출蒼朮, 연교連翹, 황금黃芩, 백지白芷, 목별자木鼈子, 천산갑穿山甲, 적작약赤芍藥, 치자梔子, 대황大黃, 피마자蓖麻子, 금은화金銀花, 생지황生地黃, 당귀當歸, 황백黃柏, 황련黃連을 마유麻油에 넣고 끓여 연고를 만든다.

방풍防風

산형과에 속하는 방풍의 뿌리. 성질은 따뜻하고 맛은 달고 매우며 독이 없다.

방풍통성산防風通聖散

일체 열독으로 피부병, 경련, 중풍, 언어장애, 파상풍 등의 증세를 치료하는 처방. 활석滑石, 감초甘草, 석고石膏, 황금黃芩, 길경桔梗, 방풍防風, 천궁川芎, 당귀當歸, 적작약赤芍藥, 대황大黃, 마황麻黃, 박하薄荷, 연교連翹, 망초芒硝, 형개荊芥, 백출白朮, 치자梔子, 생강生薑 약재를 물에 달여 만든다.

백반白礬

황산알루미늄칼륨의 결정물. 성질은 차고 맛은 시고 떫으며 독이 없다.

백복령白茯苓

구멍장이버섯과에 속하는 복령의 균핵을 건조시킨 것 가운데 속이 흰 것. 성질은 보통이고 맛은 달며 독이 없다.

백지白芷

산형과에 속하는 구릿대의 뿌리. 성질은 따뜻하고 맛은 매우며 독이 없다.

백출白朮

국화과에 속하는 삽주의 덩이줄기. 성질은 따뜻하고 맛은 쓰고 달며 독이 없다.

백편두白扁豆

콩과에 속하는 까치콩의 흰색 종자. 성질은 약간 따뜻하고 맛은 달며 독이 없다.

법초法醋

원칙대로 제대로 빚어 만든 식초.

보원탕保元湯

천연두를 앓을 때 환자가 흉증을 보이거나 환자의 체력이 떨어졌을 때 쓰는 처방. 인삼人蔘, 황기黃芪, 감초甘草, 생강生薑을 물에 달여 만든다.

보중익기탕補中益氣湯

과로하거나 음식을 제때 먹지 못해 생기는 일체 허약증을 치료하는 처방. 황기黃芪, 인삼人蔘, 백출白朮, 감초甘草, 당귀當歸, 진피陳皮, 승마升麻, 시호柴胡를 물에 달여 만든다.

부자附子

미나리아재비과에 속하는 바꽃의 곁뿌리. 성질은 몹시 뜨겁고 맛은 맵고 달며 독이 많다.

불환금정기산不換金正氣散

몸이 찬 사람이 감기에 걸려 두통과 전신 통증이 생기고 추웠다 더웠다를 반복할 때 사용하는 처방. 창출蒼朮, 후박厚朴, 진피陳皮, 곽향藿香, 반하半夏, 감초甘草, 생강生薑, 대조大棗를 물에 달여 만든다.

비마병草麻餅

비마자草麻子 등의 약재를 이용하여 만든 납작한 모양의 외용제.

빈랑檳榔

종려나무과에 속하는 빈랑나무의 종자. 성질은 따뜻하고 맛은 매우며 독이 없다.

사과絲瓜

박과에 속하는 수세미외의 성숙한 열매. 성질은 차갑고 맛은 달며 독이 없다.

사군자使君子

사군자과에 속하는 사군자의 종자. 성질은 따뜻하고 맛은 달며 독이 없다.

사삼沙蔘

초롱꽃과에 속하는 잔대의 뿌리. 성질은 약간 차고 맛은 쓰며 독이 없다.

사상자蛇床子

산형과에 속하는 사상자의 열매. 성질은 보통이고 맛은 쓰고 맵고 달며 독이 없다.

사열황련탕瀉熱黃連湯

갑자기 눈이 충혈되고 붓고 아픈 것을 치료하는 처방. 황련黃連, 황금黃芩, 용담초龍膽草, 생지황生地黃, 시호柴胡, 승마升麻를 물에 달여 만든다.

사인砂仁

생강과에 속하는 축사의 열매. 성질은 따뜻하고 맛은 매우며 독이 없다.

사향산麝香散

종기가 이미 곪았는데 고름이 터지지 않을 때 쓰는 처방. 백정향白丁香, 반묘斑猫, 용뇌龍腦, 사향麝香 약재를 가루 내어 식초에 개어 환부에 바른다.

사화청폐탕瀉火淸肺湯

폐에 화火의 기운이 차서 생긴 기침과 천식을 치료하는 처방. 황금黃芩, 치자梔子, 지실枳實, 상백피桑白皮, 진피陳皮, 행인杏仁, 적복령赤茯苓, 소자蘇子, 맥문동麥門冬,

패모貝母를 물에 달여 만든다.

산사山楂

장미과에 속하는 산사나무의 열매. 성질은 따뜻하고 맛은 시고 달며 독이 없다.

산수유山茱萸

층층나무과에 속하는 산수유나무의 과육. 성질은 약간 따뜻하고 맛은 시고 떫으며 독이 없다.

산약山藥

마과에 속하는 마의 뿌리줄기. 성질은 따뜻하고 맛은 달며 독이 없다.

산조인酸棗仁

갈매나무과에 속하는 묏대추나무의 종자. 성질은 보통이고 맛은 달며 독이 없다.

삼령차蔘苓茶

인삼人蔘과 복령茯苓으로 만든 차.

삼소음蔘蘇飮

찬 기운에 몸이 상해 두통, 발열, 기침이 생기는 것과 스트레스로 인해 가슴이 답답하고 열이 오르는 것을 동시에 치료하는 처방. 인삼人蔘, 자소엽紫蘇葉, 전호前胡, 반하半夏, 갈근葛根, 적복령赤茯苓, 진피陳皮, 길경桔梗, 지각枳殼, 감초甘草, 생강生薑, 대조大棗 약재를 물에 달여 만든다.

상륙商陸

자리공과에 속하는 자리공의 뿌리. 성질은 보통이고 맛은 맵고 시며 독이 많다.

상회수桑灰水

뽕나무 가지를 태워 뜨거운 물에 담근 뒤 걸러낸 물.

생맥산生脈散

여름철 더위에 기운이 상하여 몸이 지치는 것을 치료하는 처방. 맥문동麥門冬, 인삼人蔘, 오미자五味子 약재를 물에 달여 만든다.

생지황탕生地黃湯

  태열을 치료하는 데 쓰는 처방. 생지황生地黃, 적작약赤芍藥, 천궁川芎, 당귀當歸, 과루근瓜蔞根 약재를 물에 달여 만든다.

서경탕舒經湯

  기혈이 경락에서 잘 흐르지 못하고 막혀 생기는 팔의 통증을 치료하는 처방. 강황薑黃, 당귀當歸, 해동피海東皮, 백출白朮, 적작약赤芍藥, 강활羌活, 감초甘草, 생강生薑을 물에 달여 만든다.

석고石膏

  황산칼슘. 성질은 차고 맛은 맵고 독이 없다.

석창포石菖蒲

  천남성과에 속하는 석창포의 뿌리. 성질은 따뜻하고 맛은 매우며 독이 없다.

선퇴백비탕蟬退白沸湯

  가려움증을 치료하는 처방. 선퇴蟬退를 가루낸 뒤 끓인 물에 타서 복용한다.

소독고消毒膏

  독기를 사그라뜨리는 고약. 당귀當歸, 황기黃芪, 천궁川芎, 행인杏仁, 백지白芷, 백렴白斂, 영릉향零陵香, 괴백피槐白皮, 유지柳枝, 목별자木鼈子, 감송甘松, 유향乳香, 몰약沒藥, 경분輕粉, 주사朱砂, 사향麝香, 황단黃丹, 황랍黃蠟에 참기름을 붓고 끓여 고약으로 만든다.

소맥小麥

  화본과에 속하는 밀의 완숙된 열매. 성질은 약간 차고 맛은 달며 독이 없다.

소시호탕小柴胡湯

  간이나 간 경락에 생긴 일체 병증을 치료하는 처방. 시호柴胡, 황금黃芩, 인삼人蔘, 반하半夏, 감초甘草, 생강生薑, 대조大棗를 물에 달여 만든다.

소엽蘇葉

꿀풀과에 속하는 차조기의 잎. 성질은 따뜻하고 맛은 매우며 독이 없다.

소풍순기환疎風順氣丸

장에 열이 쌓여 생긴 변비를 치료하는 처방. 대황大黃, 차전자車前子, 욱리인郁李仁, 빈랑檳榔, 마자인麻子仁, 토사자兎絲子, 우슬牛膝, 산약山藥, 산수유山茱萸, 지각枳殼, 방풍防風, 독활獨活을 가루 내어 알약으로 만든다.

송지松脂

소나무과에 속하는 소나무 나무껍질에서 채취한 수지. 성질은 따뜻하고 맛은 쓰며 독이 없다.

수조고水調膏

악성 부스럼으로 인해 붓고 통증이 생긴 것을 치료하는 처방. 황련黃連, 황백黃柏, 황금黃芩, 울금鬱金, 대황大黃, 치자梔子, 백개자白芥子, 오어골烏魚骨, 지룡地龍, 백강잠白殭蠶, 밀타승密陀僧, 백급白芨 약재를 가루낸 뒤 물에 개어 종이 위에 발라 환부에 붙인다.

승갈음升葛飮

두드러기를 치료하는 처방. 승마升麻, 갈근葛根 등의 약재를 물에 달여 만든다.

승마升麻

미나리아재비과에 속하는 승마의 뿌리. 성질은 보통이고 맛은 달면서도 쓰며 독이 없다.

승마갈근탕升麻葛根湯

두드러기, 홍역, 수두, 천연두와 같이 피부에 생기는 일체 병증을 치료하는 처방. 갈근葛根, 백작약白芍藥, 승마升麻, 감초甘草, 생강生薑, 총백蔥白을 물에 달여서 만든다.

승마황련탕升麻黃連湯

얼굴에 열감이 생기는 증상을 치료하는 처방. 승마升麻, 갈근葛根, 백지白芷, 백작약

白芍藥^{白芍藥}, 감초甘草, 황련黃連, 서각犀角, 천궁川芎, 형개荊芥, 박하薄荷를 물에 달여 만든다.

시호사물탕柴胡四物湯

간과 간 경락에 혈이 부족해 생기는 열을 치료하는 처방. 시호柴胡, 생지황生地黃, 천궁川芎, 적작약赤芍藥, 당귀當歸, 황금黃芩, 인삼人蔘, 반하半夏, 감초甘草, 생강生薑, 대조大棗 약재를 물에 달여 만든다.

시호양격산柴胡涼膈散

간이나 간 경락에 생긴 열을 식히는 처방. 시호柴胡, 황금黃芩, 인삼人蔘, 반하半夏, 감초甘草, 연교連翹, 대황大黃, 망초芒硝, 박하薄荷, 치자梔子, 생강生薑, 대조大棗를 물에 달여 만든다.

시호죽여탕柴胡竹茹湯

몸이 허약해서 생기는 열을 치료하는 처방. 시호柴胡, 죽여竹茹 등의 약재를 물에 달여 만든다.

시호지모탕柴胡知母湯

열이 심한 학질과 위중한 학질을 치료하는 처방. 시호柴胡, 지모知母, 창출蒼朮, 황금黃芩, 갈근葛根, 진피陳皮, 반하半夏, 천궁川芎, 감초甘草, 생강生薑, 오매烏梅를 물에 달여 만든다.

시호청간탕柴胡淸肝湯

간담肝膽이나 간담 경락이 흐르는 부위에 생긴 종기를 치료하는 처방. 시호柴胡, 치자梔子, 황금黃芩, 인삼人蔘, 천궁川芎, 청피靑皮, 연교連翹, 길경桔梗, 감초甘草를 물에 달여 만든다.

신성산神聖散

악성 부스럼과 상세 불명의 종기로 인해 살이 잘 아물지 않는 것을 치료하는 처방. 고반枯礬, 유황硫黃, 황단黃丹, 주사朱砂, 호동루胡桐淚, 경분輕粉, 사향麝香 약재로 작은 알약을 만들어 부스럼 속으로 밀어 넣는다.

십향고十香膏

악성 부스럼의 독기를 사그라지게 하는 처방. 침향沈香, 정향丁香, 백단향白檀香, 감송향甘松香, 울금鬱金, 유향乳香, 목향木香, 백교향白膠香, 용뇌龍腦, 소합유蘇合油, 사향麝香으로 고약을 만들어 환부에 바른다.

안회이중탕安蛔理中湯

복부가 차갑고 회충 탓에 복통이 생기는 것을 치료하는 처방. 백출白朮, 건강乾薑, 인삼人蔘, 백복령白茯苓, 화초花椒, 오매烏梅를 물에 달여 만든다.

양격산凉膈散

열이 쌓여 갈증이 나고 구강과 혀에 부스럼이 생기며 눈이 충혈되고 머리가 어지럽고 대소변이 시원하지 않는 것을 치료하는 처방. 연교連翹, 대황大黃, 망초芒硝, 감초甘草, 박하薄荷, 황금黃芩, 치자梔子, 죽엽竹葉을 물에 달여 만든다.

양혈거풍탕養血祛風湯

간의 기운이 허약하여 머리가 어지러운 것을 치료하는 처방. 당귀當歸, 천궁川芎, 생건지황生乾地黃, 방풍防風, 형개荊芥, 강활羌活, 세신細辛, 고본藁本, 석고石膏, 만형자蔓荊子, 반하半夏, 선복화旋覆花, 감초甘草, 생강生薑, 대조大棗를 물에 달여서 만든다.

양혈지황탕凉血地黃湯

출산 후에 생기는 발열을 치료하는 처방. 생지황生地黃, 적작약赤芍藥, 당귀當歸, 천궁川芎을 물에 달여 만든다.

양혈지황탕養血地黃湯

혈이 부족하여 생기는 근육의 당김 증상을 치료하는 처방. 숙지황熟地黃, 생지황生地黃, 백작약白芍藥, 당귀當歸, 아교阿膠, 맥문동麥門冬, 백출白朮을 물에 달여서 만든다.

연교連翹

물푸레나무과에 속하는 산개나리의 열매. 성질은 보통이고 맛이 쓰며 독이 없다.

연교방풍탕連翹防風湯

간장과 비장의 문제로 얼굴에 부스럼이 생겼을 때 이를 치료하는 처방. 연교連翹, 방풍防風, 황련黃連, 진피陳皮, 작약芍藥, 당귀當歸, 독활獨活, 백질려白蒺藜, 형개荊芥, 복령茯苓, 감초甘草, 황금黃芩, 우방자牛蒡子를 물에 달여 만든다.

연교패독산連翹敗毒散

큰 종기가 생기려고 할 때 오한과 발열, 그리고 두통이 생기는 것을 치료하는 처방. 강활羌活, 독활獨活, 시호柴胡, 전호前胡, 길경桔梗, 천궁川芎, 적복령赤茯苓, 금은화金銀花, 지각枳殼, 연교連翹, 방풍防風, 형개荊芥, 박하薄荷, 감초甘草, 생강生薑을 물에 달여 만든다.

오매烏梅

장미과에 속하는 매실나무의 미성숙한 열매. 성질이 따뜻하고 맛은 시큼하며 독이 없다.

오적산五積散

찬바람에 몸의 안팎이 상하여 두통, 전신통증, 구토, 설사 등이 생기는 것을 치료하는 처방. 창출蒼朮, 마황麻黃, 진피陳皮, 후박厚朴, 길경桔梗, 지각枳殼, 당귀當歸, 건강乾薑, 백작약白芍藥, 백복령白茯苓, 백지白芷, 천궁川芎, 반하半夏, 계피桂皮, 감초甘草, 생강生薑, 총백蔥白 약재를 물에 달여 만든다.

오행탕五行湯

갑자기 눈이 충혈되면서 붓고 아픈 것을 치료하는 처방. 솥에 황백黃柏을 넣고 물로 끓일 때 올라오는 김을 눈에 쏘이고 그 물로 눈을 씻어주는 치료법.

옥녀영玉女英

땀띠로 인해 가려운 것을 치료하는 처방. 활석滑石, 녹두菉豆를 가루 내어 솜에 묻혀 환부에 뿌려준다.

용뇌龍腦

용뇌향과에 속하는 용뇌수 수지의 가공품. 성질은 차고 맛은 맵고 쓰며 독이 없다.

우황牛黃

소과에 속하는 황소의 담낭 속 결석을 말린 것. 성질은 보통이고 맛은 쓰며 독이 약간 있다.

우황고牛黃膏

열을 내리는 처방. 주사朱砂, 울금鬱金, 우황牛黃, 목단피牡丹皮, 감초甘草, 용뇌龍腦를 가루낸 뒤 꿀에 반죽하여 환약으로 빚는다.

우황육일산牛黃六一散

열로 인해 소변이 잘 나오지 않는 것을 치료하는 처방. 기운을 소통시키고 약, 술, 음식에 의한 중독을 풀어준다. 활석滑石, 감초甘草, 우황牛黃을 가루 내어 꿀물에 타 복용한다.

우황해독단牛黃解毒丹

부스럼과 여러 종류의 열을 치료하는 처방. 감초甘草, 금은화金銀花, 자초紫草, 우황牛黃을 가루 낸 후 알약으로 빚어 복용한다.

욱리인郁李仁

장미과에 속하는 이스라지나무의 종자. 성질은 보통이고 맛은 쓰고 매우며 독이 없다.

웅황雄黃

이황화비소 혹은 삼황화비소를 주성분으로 하는 비소 화합물. 성질은 차갑고 맛은 달고 쓰며 독이 있다.

유근피楡根皮

느릅나무과에 속하는 느릅나무의 나무껍질과 뿌리껍질. 성질은 보통이고 맛은 달며 독이 없다.

유향산통고乳香散痛膏

유향乳香을 이용하여 만든 고약으로, 통증이 있는 곳에 파스처럼 붙이는 외용제.

유황硫黃

황. 성질이 몹시 뜨겁고 맛은 시며 독이 있다.

유황산硫黃散

붉게 충혈된 피부의 염증을 가라앉히는 처방. 유황硫黃, 행인杏仁, 경분輕粉을 가루 낸 후 술에 개어 환부에 바른다.

육군자탕六君子湯

기운이 허약한데 체액이 탁해지면서 순환이 정체되어 생기는 일체 증상을 치료하는 처방. 반하半夏, 백출白朮, 진피陳皮, 백복령白茯苓, 인삼人蔘, 감초甘草, 생강生薑 대조大棗를 물에 달여 만든다.

육화탕六和湯

더운 날씨에 심장과 비장이 상하여 구토, 설사, 근육경련, 부종 등이 생긴 것을 치료하는 처방. 향유香薷, 후박厚朴, 적복령赤茯苓, 곽향藿香, 백편두白扁豆, 모과木瓜, 축사縮砂, 반하半夏, 행인杏仁, 인삼人蔘, 감초甘草, 생강生薑, 대조大棗를 물에 달여서 만든다. 육화탕六和湯에 황련을 추가하여 만든 것을 청서육화탕淸暑六和湯이라고 한다.

이모영수탕二母寧嗽湯

오랫동안 가래와 기침이 낫지 않는 것을 치료하는 처방. 석고石膏, 패모貝母, 지모知母, 치자梔子, 황금黃芩, 상백피桑白皮, 적복령赤茯苓, 과루인瓜蔞仁, 진피陳皮, 지실枳實, 감초甘草, 오미자五味子, 생강生薑을 물에 달여 만든다.

이중탕理中湯

복부에 찬 기운이 있어 복통, 설사가 생긴 것을 치료하는 처방. 인삼人蔘, 백출白朮, 건강乾薑, 감초甘草를 물에 달여 만든다.

인동忍冬

인동과에 속하는 인동덩굴의 덩굴. 성질이 약간 차고 맛은 달며 독이 없다.

인삼강활산人蔘羌活散

감기로 인해 생긴 발열, 두통, 전신통증, 기침, 코막힘을 치료하는 처방. 강활羌活, 독활獨活, 시호柴胡, 전호前胡, 지각枳殼, 길경桔梗, 천궁川芎, 적복령赤茯苓, 인삼人蔘, 감초甘草, 생강生薑, 박하薄荷, 천마天麻, 지골피地骨皮를 물에 달여 만든다.

인삼양위탕人蔘養胃湯

바깥으로는 찬바람에 상하고 안으로는 찬 음식에 상해 오한, 발열, 두통, 전신통증이 생긴 것을 치료하는 처방. 창출蒼朮, 진피陳皮, 후박厚朴, 반하半夏, 복령茯苓, 곽향藿香, 인삼人蔘, 초과草果, 감초甘草, 생강生薑, 대조大棗, 오매烏梅를 물에 달여 만든다.

인진茵蔯

국화과에 속하는 사철쑥의 어린 싹. 성질이 약간 차고 맛은 쓰쓸하고 매우며 독이 없다.

자신통이탕滋腎通耳湯

신장의 기운이 허약하여 생긴 이명과 난청을 치료하는 처방. 당귀當歸, 천궁川芎, 백작약白芍藥, 생건지황生乾地黃, 지모知母, 황백黃柏, 황금黃芩, 시호柴胡, 백지白芷, 향부자香附子를 물에 달여 만든다.

자음건비탕滋陰健脾湯

심장과 비장의 기운이 허약하여 어지러운 것을 치료하는 처방. 백출白朮, 진피陳皮, 반하半夏, 백복령白茯苓, 당귀當歸, 백작약白芍藥, 생건지황生乾地黃, 인삼人蔘, 백복신白茯神, 맥문동麥門冬, 원지遠志, 천궁川芎, 감초甘草, 생강生薑, 대조大棗를 물에 달여 만든다.

자초고紫草膏

피부에 생긴 일체 태열이나 발진을 치료하기 위한 고약. 자초紫草, 황련黃連, 황백黃柏, 누로漏蘆, 적소두赤小豆, 녹두菉豆를 가루 내어 돼지기름이나 참기름에 개어 바른다.

작약芍藥

미나리아재비과에 속하는 작약의 뿌리. 성질이 약간 차며 맛은 쓰고 시며 독이 약간 있다.

적복령赤茯苓

구멍장이버섯과에 속하는 복령의 균핵을 건조시킨 것 가운데 속이 붉은 것. 성질은 보통이고 맛이 달며 독이 없다.

전라산田螺散

피부에서 나는 악취를 치료하는 처방. 전라田螺(우렁이) 속에 파두巴豆를 넣은 뒤 생기는 물을 환부에 바른다.

조협皁莢

콩과에 속하는 쥐엄나무의 열매. 성질은 따뜻하고 맛은 매우며 독이 약간 있다.

죽력竹瀝

화본과에 속하는 솜대의 진액. 성질은 매우 차갑고 맛은 달며 독이 없다.

죽력청심원竹瀝淸心元

청심원淸心元을 죽력과 함께 마시는 것으로 추정된다.

지실枳實

운향과에 속하는 탱자나무의 덜 익은 열매. 성질은 차고 맛은 쓰고 시큼하며 독이 없다.

지유地楡

장미과에 속하는 오이풀의 뿌리. 성질이 약간 차갑고 맛은 쓰고 달고 시큼하며 독이 없다.

진사오령산辰砂五苓散

소변을 원활하게 보게 함으로써 열병을 앓고 난 뒤 남은 열을 제거하는 처방. 택사澤瀉, 적복령赤茯苓, 저령猪苓, 백출白朮, 육계肉桂, 진사辰砂를 가루 내어 만들거나 물에 달여 만든다.

차전자車前子

질경이과에 속하는 질경이의 종자. 성질이 차고 맛은 달고 짜며 독이 없다.

창출蒼朮

국화과에 속하는 삽주의 뿌리줄기이다. 성질이 따뜻하고 맛은 쓰고 매우며 독이 없다.

천궁川芎

산형과에 속하는 천궁의 뿌리줄기. 성질이 따뜻하고 맛은 매우며 독이 없다.

천을환天乙丸

소변을 잘 보게 함으로써 심장의 열을 내려주는 처방. 등심燈心, 적복령赤茯苓, 백복령白茯苓, 복신茯神, 활석滑石, 저령猪苓, 택사澤瀉, 인삼人蔘을 가루 내어 환약으로 빚는다.

천초川椒

운향과에 속하는 산초나무의 열매. 성질이 뜨겁고 맛은 매우며 독이 있다.

청간탕清肝湯

간이나 간 경락에 혈이 부족해 생기는 일체 열증을 치료하는 처방. 백작약白芍藥, 천궁川芎, 당귀當歸, 시호柴胡, 치자梔子, 목단피牡丹皮를 물에 달여 만든다.

청기산清肌散

붉은색 혹은 흰색 두드러기가 생겨서 가려운 것을 치료하는 처방. 강활羌活, 독활獨活, 시호柴胡, 전호前胡, 지각枳殼, 길경桔梗, 천궁川芎, 적복령赤茯苓, 인삼人蔘, 감초甘草, 생강生薑, 박하薄荷, 형개荊芥, 방풍防風, 천마天麻, 선퇴蟬退를 물에 달여서 만든다.

청상방풍탕清上防風湯

머리와 얼굴에 생긴 작은 부스럼이나 여드름을 치료하는 처방. 방풍防風, 연교連翹,

342

백지白芷, 길경桔梗, 황금黃芩, 천궁川芎, 형개荊芥, 치자梔子, 황련黃連, 지각枳殼, 박하薄荷, 감초甘草를 물에 달여 만든다.

청서육화탕清暑六和湯

더운 날씨에 심장과 비장이 상하여 구토, 설사, 근육경련, 부종 등이 생긴 것을 치료하는 처방. 향유香薷, 후박厚朴, 적복령赤茯苓, 곽향藿香, 백편두白扁豆, 모과木瓜, 축사縮砂, 반하半夏, 행인杏仁, 인삼人蔘, 감초甘草, 생강生薑, 대조大棗, 황련黃連을 물에 달여 만든다.

청심온담탕清心溫膽湯

간장의 기운을 고르게 하고 심장의 혈을 보충해서 열을 내려주는 처방. 진피陳皮, 반하半夏, 복령茯苓, 지실枳實, 죽여竹茹, 백출白朮, 석창포石菖蒲, 황련黃連, 향부자香附子, 당귀當歸, 백작약白芍藥, 맥문동麥門冬, 천궁川芎, 원지遠志, 인삼人蔘, 감초甘草, 생강生薑을 물에 달여 만든다.

청위사화탕清胃瀉火湯

심장과 위胃의 열로 인해 얼굴, 목구멍, 혀가 붓고 아픈 것을 치료하는 처방. 연교連翹, 길경桔梗, 황련黃連, 황금黃芩, 치자梔子, 갈근葛根, 현삼玄蔘, 승마升麻, 생지황生地黃, 박하薄荷, 감초甘草를 물에 달여 만든다.

청폐음清肺飲

폐의 열로 인하여 기침이 나는 것을 치료해주는 처방. 전호前胡, 형개荊芥, 상백피桑白皮, 지각枳殼, 지모知母, 패모貝母, 박하薄荷, 적복령赤茯苓, 길경桔梗, 자소엽紫蘇葉, 아교주阿膠珠, 행인杏仁, 천문동天門冬, 감초甘草, 생강生薑, 오매烏梅를 물에 달여 만든다.

청폐탕清肺湯

오랜 가래 기침을 치료하는 처방. 황금黃芩, 길경桔梗, 적복령赤茯苓, 상백피桑白皮, 진피陳皮, 패모貝母, 당귀當歸, 천문동天門冬, 치자梔子, 행인杏仁, 맥문동麥門冬, 오미자五味子, 감초甘草, 생강生薑, 대조大棗를 물에 달여 만든다.

체침환替鍼丸

종기가 곪았는데도 터지지 않거나 고름이 시원하게 나오지 않을 때 사용하는 처방. 석회石灰, 노회爐灰, 백정향白丁香, 망사硇砂, 몰약沒藥, 유향乳香을 가루 내어 알약으로 만들어 종기 부위에 바른다.

초과草果

생강과에 속하는 초과의 열매. 성질이 따뜻하고 맛은 매우며 독이 없다.

초목椒目

운향과에 속하는 산초나무의 종자. 성질은 차고 맛은 쓰며 독이 없다.

촉농고促膿膏

종기가 생겼을 때 고름이 빨리 생기도록 해주는 처방. 호국好麴, 웅서시雄鼠屎 약재를 가루 내어 환부에 바른다.

치자梔子

꼭두서닛과에 속하는 치자나무의 열매. 성질이 차고 맛은 쓰며 독이 없다.

탁리소독산托裏消毒散

종기를 잘 사그라지게 하고 고름이 잘 터지게 해서 독기가 내부로 침입하지 않게 하고 새살이 빨리 생기게끔 해주는 처방. 금은화金銀花, 진피陳皮, 황기黃芪, 천화분天花粉, 방풍防風, 당귀當歸, 천궁川芎, 백지白芷, 길경桔梗, 후박厚朴, 천산갑穿山甲, 조각자皁角刺를 물에 달여 만든다.

탁리소독음托裏消毒飲

종기가 터졌을 때 고름이 잘 배출되고 새살이 잘 돋아나게 해주는 처방. 인삼人蔘, 황기黃芪, 백작약白芍藥, 당귀當歸, 백출白朮, 백복령白茯苓, 진피陳皮, 연교連翹, 금은화金銀花, 백지白芷, 감초甘草를 물에 달여 만든다.

파두巴豆

대극과에 속하는 파두의 종자. 성질이 뜨겁고 맛은 매우며 독이 많다.

파초芭蕉

파초과에 속하는 파초의 뿌리. 성질이 차고 맛은 달며 독이 없다.

팔물탕八物湯

기혈氣血이 허약하여 생긴 일체 증상을 치료하는 처방. 인삼人蔘, 백출白朮, 백복령
白茯苓, 감초甘草, 숙지황熟地黃, 백작약白芍藥, 천궁川芎, 당귀當歸를 물에 달여서 만
든다.

팔미원八味元

신장의 양기가 부족하여 생기는 여러 증상을 치료해주는 처방. 숙지황熟地黃, 산약
山藥, 산수유山茱萸, 목단피牧丹皮, 백복령白茯苓, 택사澤瀉, 육계肉桂, 부자附子를 가
루 내어 꿀에 반죽해 알약으로 빚는다.

패독산敗毒散

감기 혹은 오한과 발열을 동반하는 일체 피부 질환에 쓰이는 처방. 강활羌活, 독활
獨活, 시호柴胡, 전호前胡, 적복령赤茯苓, 인삼人蔘, 지각枳殼, 길경桔梗, 천궁川芎, 감
초甘草를 물에 달여 만든다.

패모貝母

백합과에 속하는 중국패모의 비늘줄기. 성질은 보통이고 맛이 맵고 쓰쓸하며 독이
없다.

패초산敗草散

천연두나 수두에 걸려 가려움이 심할 때 환부에 뿌려주는 약. 옥상란초屋上爛草를
말려 가루 낸 다음 환부에 뿌려준다.

피마자蓖麻子

대극과에 속하는 피마자의 종자이다. 성질은 보통이고 맛이 달고 매우며 독이 조
금 있다.

해기음解肌飮

감염 질환에 걸려 발열이 생긴 것을 풀어주는 처방인데 어떤 약재로 구성되어 있

느지는 기록이 없어 찾을 수가 없다.

행인杏仁

장미과에 속하는 살구나무의 종자. 성질이 따뜻하고 맛은 달고 쓰며 독이 있다.

행인고杏仁膏

진물이 나는 부스럼을 치료하는 처방. 행인杏仁, 유향乳香, 유황硫黃, 경분輕粉을 가루 내어 마유麻油와 황랍黃蠟에 넣고 끓여 연고를 만든다.

향유香油

참깨과에 속하는 참깨의 성숙한 종자에서 추출한 기름. 성질이 몹시 차갑고 독이 없다.

향유香薷

꿀풀과에 속하는 꽃향유의 지상부. 성질은 약간 따뜻하고 맛은 매우며 독이 없다.

향인병香仁餠

납작한 모양의 외용제인데 어떤 약재로 구성되어 있는지는 기록이 없어 찾을 수가 없다.

형개荊芥

꿀풀과에 속하는 형개의 지상부. 성질이 따뜻하고 맛은 맵고 쓰며 독이 없다.

호초胡椒

후추과에 속하는 후추나무의 열매. 성질이 몹시 따뜻하고 맛은 맵고 독이 없다.

화담청화탕化痰淸火湯

가슴이 몹시 답답하고 괴로워 편안하지 못한 증상을 치료하는 처방. 남성南星, 반하半夏, 진피陳皮, 창출蒼朮, 백출白朮, 백작약白芍藥, 황련黃連, 황금黃芩, 치자梔子, 지모知母, 석고石膏, 감초甘草, 생강生薑을 물에 달여 만든다.

화독탕化毒湯

천연두가 생겼을 때 구슬이 잘 돋도록 하는 처방. 자초紫草, 승마升麻, 감초甘草, 나미糯米를 물에 달여 만든다.

화피 樺皮

자작나무과에 속하는 자작나무의 나무껍질. 성질은 보통이고 맛이 씁쓸하며 독이
없다.

화해산 和解散

소시호탕小柴胡湯의 다른 이름.

활석 滑石

규산마그네슘. 성질은 차고 맛은 달며 독이 없다.

황기 黃芪

콩과에 속하는 황기의 뿌리. 성질이 약간 따뜻하고 맛은 달며 독이 없다.

황랍 黃蠟

꿀벌과에 속하는 토봉 혹은 양봉에서 분비되는 납질蠟質. 성질이 약간 따뜻하고 맛
은 달며 독이 없다.

황련죽여탕 黃連竹茹湯

위胃에 열이 있어 구토와 갈증이 생기는 것을 치료하는 처방. 황련黃連, 치자梔子,
죽여竹茹, 인삼人蔘, 백출白朮, 적복령赤茯苓, 백작약白芍藥, 진피陳皮, 맥문동麥門冬,
감초甘草, 대조大棗, 오매烏梅를 물에 달여 만든다.

황련해독탕 黃連解毒湯

심한 열독으로 인한 갈증과 불면을 치료하는 처방. 황련黃連, 황금黃芩, 황백黃柏,
치자梔子를 물에 달여 만든다.

황련 黃連

미나리아재비과에 속하는 황련의 뿌리줄기이다. 성질이 차갑고 맛은 씁쓸하며 독
이 없다.

황백黃柏

운향과에 속하는 황벽나무의 나무껍질. 성질이 차고 맛은 쓰며 독이 없다.

후박厚朴

녹나무과에 속하는 중국후박나무의 나무껍질. 성질이 따뜻하고 맛은 씁쓸하며 독이 없다.

참고 문헌

*웹사이트

국사편찬위원회, 《승정원일기》, http://sjw.history.go.kr

국사편찬위원회, 《조선왕조실록》, http://sillok.history.go.kr

한국한의학연구원, 《한의고전명저총서》, http://jisik.kiom.re.kr

*논문

김혁규, 〈조선 인조의 치병기록에 대한 의사학적 연구: 《승정원일기》의 의안을 중심으로〉, 경희대학교 박사 학위논문, 2013.

윤석희, 〈학질의 개념과 말라리아의 관계 연구: 소현세자의 질병기록을 중심으로〉, 경희대학교 석사 학위논문, 2012.

강도현, 〈《승정원일기》의 의안을 통해 살펴본 효종의 질병과 사인〉, 경희대학교 석사 학위논문, 2010.

박주영, 〈조선 장렬왕후의 치병기록에 대한 의사학적 연구: 《승정원일기》의 의안을 중심으로〉, 경희대학교 석사 학위논문, 2015.

이상원, 〈조선 현종의 치병기록에 대한 의사학적 연구: 예송논쟁이 현종 질병에 미친 영향〉, 경희대학교 박사 학위논문, 2011.

고대원, 〈조선 숙종의 치병에 관한 《승정원일기》의 기록 연구〉, 경희대학교 박사 학위논문, 2015.

김동율, 〈장희빈의 죽음이 경종의 건강에 미친 영향: 《승정원일기》의안을 중심으로〉, 경희대학교 석사 학위논문, 2013.

곽영롱, 〈혜경궁 홍씨의 임신 및 출산에 대한 醫史學적 연구: 《승정원일기》 내 用藥 기록을 중심으로〉, 경희대학교 석사 학위논문, 2015.

*단행본

허준,《동의보감》, 남산당, 1987.07.

김남일 외,《韓醫學通史》, 대성의학사, 2006.08.

김두종,《韓國醫學文化大年表》, 탐구당, 1982.02.

박영규,《한권으로 읽는 조선왕조실록》, 웅진지식하우스, 2004.11.

최병권,《장중경코드 3》, 의성당, 2010.12.

방성혜,《조선, 종기와 사투를 벌이다》, 시대의창, 2012.07.

다카사히 시게키,《STEP 내과》 1, 6, 7권, 한국의학, 2011.09.

프랭크 H. 네터,《CIBA원색도해의학총서》 3-II, 3-III권, 정담, 2000.04.

아서 C. 가이턴, 존 E. 홀,《의학 생리학》, 정담, 2002.10.

사토 치후미, 이노우에 도모코,《병태생리》 2, 4, 5권, 군자출판사, 2014.01.

강원형,《피부질환 아틀라스》, 한미의학, 2006.03.

동양의학대사전편찬위원회,《東洋醫學大事典》 5, 10, 11권, 경희대학교 출판국, 1999.09.

안덕균,《韓國本草圖鑑》, 교학사, 1998.08.

과학백과사전종합출판사,《재편집 동의학사전》, 까치글방, 1990.04.